建设行业
职业发展规划与法律风险防范

JIANSHE HANGYE ZHIYE
FAZHAN GUIHUA YU FALÜ FENGXIAN FANGFAN

廖玉凤　王　伟　著

四川大学出版社

责任编辑:毕　潜
责任校对:杨　果
封面设计:墨创文化
责任印制:王　炜

图书在版编目(CIP)数据

建设行业职业发展规划与法律风险防范 / 廖玉凤,王伟著. —成都:四川大学出版社,2018.6
ISBN 978-7-5690-1880-6

Ⅰ.①建… Ⅱ.①廖… ②王… Ⅲ.①建筑业-职业道德②建筑法-中国 Ⅳ.①F407.961.5②D922.297

中国版本图书馆 CIP 数据核字(2018)第 111964 号

书名　**建设行业职业发展规划与法律风险防范**

著　　者　廖玉凤　王　伟
出　　版　四川大学出版社
地　　址　成都市一环路南一段 24 号(610065)
发　　行　四川大学出版社
书　　号　ISBN 978-7-5690-1880-6
印　　刷　四川盛图彩色印刷有限公司
成品尺寸　185 mm×260 mm
印　　张　11.5
字　　数　293 千字
版　　次　2018 年 6 月第 1 版
印　　次　2018 年 6 月第 1 次印刷
定　　价　45.00 元

◆读者邮购本书,请与本社发行科联系。电话:(028)85408408/(028)85401670/(028)85408023　邮政编码:610065
◆本社图书如有印装质量问题,请寄回出版社调换。
◆网址:http://www.scupress.net

前　言

2008年，雪灾反映出中国基础设施建设领域的不足，之后的刺激经济的“四万亿计划”，大多数投入了基础设施建设领域，高速铁路、公路路网建设，房地产业飞速发展，让整个建设行业都“欣欣向荣”，进军建设行业成为很多年轻学子的追求。然而，建设工程从业者在行业兴旺的同时，也难以逃脱枯竭现象。有调查表明，多数建设工程从业专业人员都认为自己进入了职业徘徊停滞期。调查显示，对于底层的建设工程师来说，枯竭感主要体现在对自我价值的质疑以及跟客户周旋的能力方面；对于中高端建设工程从业者来说，主要体现在建设工程行业复杂，风险多，应对风险情况能力不足，导致公司盈利能力不足。

要解决建设工程从业者关心的问题，一是要搞清楚自己的兴趣是否与该行业相匹配，制定合理的职业发展规划，有的放矢，尽快定位；二是要认识到建设工程行业的复杂性、多样性，了解风险点所在，在工作中做好预防。本书通过取样调查的方式向建设工程从业者展示了不同路径的发展方向，指导初步从业者更好地进行职业发展规划。针对建设工程实施过程中涉及的法律风险，本书通过大量的典型案例向从业人员揭示建设工程项目各阶段（签约前、履约中和竣工后）的法律风险，帮助其提高风险防范意识。

全书共5章：第1章绪论；第2章建设行业从业人员职业发展规划；第3章签约前法律风险防范；第4章履约中法律风险防范；第5章竣工后法律风险防范。

本书可作为土木工程专业“职业规划与建设法规”课程用书、建设工程行业从业人员继续教育教材，也可作为将要或刚刚步入工作岗位的建设工程师关于基础法律知识和职业发展规划方面的参考资料，还可作为工程监理单位、建设单位、勘察设计单位、施工单位和政府各级建设管理部门项目管理有关人员的参考用书。

本书在撰写过程中，查阅和检索了许多建设工程职业规划和建设工程风险防范等方面的信息、资料和有关专家的著述，并得到了同行的大力帮助和支持，在此谨向这些文献的作者表示诚挚的谢意。同时，本书的编写也得到了出版社和各位同仁的指导，在此一并表示忠心的感谢。限于著者水平，书中疏漏和不足之处在所难免，希望同行专家和广大读者批评指正。

著　者

2018年3月

目　录

第1章　绪　论

建设工程是指土木建设工程、线路管道和设备安装工程、建筑装修装饰工程等工程项目的新建、扩建和改建，是形成固定资产的基本生产过程及与之相关联的其他建设工作的总称。其中，土木建设工程包括矿山、铁路、公路、道路、隧道、桥梁、堤坝、电站、码头、飞机场、运动场、房屋（如厂房、剧院、商店、学校和住宅）等工程，线路管道和设备安装工程包括电力、通信线路、石油、燃气、给水、排水、供热等管道系统和各类机械设备、装置的安装工程，其他工程建设工作包括建设单位及其主管部门的投资决策活动，以及征用土地、工程勘察设计、工程监理等。这些工作是工程建设必不可少的内容。建设工程活动是指从事土木建设工程、线路管道和设备安装工程的新建、扩建、改建及建筑装饰装修活动。本书仅讨论土木建设工程。

1.1　建设工程行业职业规划的内涵和意义

建设工程行业的发展与人民群众的生活息息相关，与社会经济的发展紧紧相连。在我国建设工程蓬勃发展的今天，国家为了提高勘察设计、造价监理、施工管理等人员的水平，保证建设工程质量安全，使我国建设工程从业人员与世界接轨，本着“以人为本、和谐发展”的宗旨，对从事建设工程行业的相关人员进行注册考试，经考试合格并注册后方可以注册师资格执业。注册师在执业过程中要遵守法律法规和有关规定，恪守职业道德，保证执业成果的质量，并承担相应的责任；不断接受继续教育学习，努力提高职业水准；按相关注册师执业规定，正确使用注册证书和执业印章，认真履行自己的职责。针对国家出台的相关注册执业政策，建设工程从业人员有必要对自己的职业发展进行规划设计。

1.1.1　建设工程行业职业规划的内涵

职业规划（career planning）也就是职业生涯规划。职业规划是指建设工程从业人员自身根据就业环境、就业能力等相关因素，为创业、择业、就业提供确定的行动方案、行动目标以及方向的过程。从动态方面分析，职业规划就是自身对职业发展方向进行的准备和规划，体现预测未来潜力、现实条件、影响因素的能力，制定建设工程从业人员职业规划以及实现规划目标的相关活动。从静态方面分析，职业规划包括的主要内容就是职业环境分析、职业目标、职业方向、职业实践策略、职业能力分析等。进行职业规划的主要目的就是让建设工程从业人员了解自身的能力和条件，在全面分析影响因素的前提下，做出合理的职业定位以及职业选择。

1.1.2 建设工程行业职业规划的意义

从社会发展的角度来看，建设工程从业人员的主力军是当代大学生。大学生在职业规划过程中存在着一些典型误区，如从众心理、过于自信、先入为主、安于现状、决策偏差等。从职业规划类型来看，大学生职业规划大致有三个方面的取向，即就业（择业和创业）、读研和出国。无论是哪个取向，良好的职业规划具有以下三方面的意义。

1.1.2.1 对建设工程从业人员确定发展目标和发展方向有帮助

在传统理论的影响下，建设工程从业人员从学生时代开始，不管是其自身或者家庭，还是学校、社会，都具备比较明确的目标，最终目的就是上大学，学生自身始终处于巨大压力中，因此，在实现上大学目标之后，部分学生出现了一定的思想松懈，形成了比较模糊的发展目标和发展方向。对于上述问题，需要进行有目标、有步骤、有规划的职业生涯计划，促使建设工程从业人员在所有学习阶段都知道自身该怎样学习和努力，明确自身的发展目标和方向，保证建设工程从业人员能够健康成长。

1.1.2.2 对建设工程从业人员进行自我了解以及自我定位有帮助

大多数建设工程从业人员在学生时代就和家长一样把上大学作为最重要的人生目标，很少有人把上大学当作未来职业的准备和积累，因此，当学生进入大学以后，需要合理地规划自身职业，分析“我想干什么”“我是谁”“我想成为谁”“我能干什么”等相关问题。建设工程从业人员职业规划可以促使其在大学阶段就发展潜在资质、个性特质，为以后就业提供帮助。

1.1.2.3 对建设工程从业人员发掘自身潜力和提高竞争力有帮助

随着改革的不断发展，社会竞争越来越激烈，建设工程从业人员在求学过程中不能充分了解和分析职业规划的重要性和意义，毕业时带着求职简历四处投递，浪费了很多时间、资金和精力，最后仍不能得到满意的工作。想要在社会竞争中体现出自身的优势，需要做好长远的职业生涯规划，明确自身目标，然后进行实践，这样可以取得一定效果，也是更加科学和经济的方式。

因此，需要不断提高建设工程从业人员职业生涯规划理念和意识，促使其更早建立和明确奋斗方向和目标，了解和掌握目前社会就业形势、社会急需职业、职业发展空间以及现实和个人发展目标之间的差距，促使建设工程从业人员在学生时代不断丰富和充实大学生活，为以后就业奠定基础。

1.2 建设工程法律风险概述

建设工程为国民经济的发展和人民生活的改善提供重要的物质技术基础，并对众多产业的竞争发挥促进作用，因此，它在国民经济中占有相当重要的地位，国家也十分重视运用法律手段，通过制定和实施建设工程管理法规，加强对建设工程的管理。

经过改革开放以来的高速发展，中国经济进入了“新常态”，增长速度从高速增长转向中高速增长，经济发展方式从规模速度型粗放增长转向质量效率型集约增长，经济结构从增量扩能为主转向调整存量、做优增量并存的深度调整，经济发展动力从传统增长点转向新的增长点。整个宏观经济按照四个“转向”在调整，作为传统行业的建筑业不可能置身事外。在此背景之下，建筑行业呈现出以下新特点：第一，投资增速放缓，建筑业依赖国家固定资产投资拉动的高速增长已经成为历史，企业追求规模效益的时代已经结束，产业的供求矛盾将更加突出；第二，行业无序竞争的局面正在扭转，市场回归理性，企业将面临诚信与严管新的考验；第三，企业在转型中寻求新的经济增长点，商业模式与服务内涵将逐步发生变化；第四，建筑人力成本持续增高，企业运营成本将进一步增加。

任何商业活动都存在着不同程度的风险，任何企业效益的背后都不是绝对的零风险。在“新常态”之下，市场中的不确定因素增多，要求市场主体进一步提高准确识别和管控风险的能力，其中的重点之一便是法律风险的识别与防范。

建筑行业因产业链条长、牵涉主体广泛、项目流程复杂，在业务运作中风险重重。建筑企业风险来源多种多样，既受到宏观层面政策、法律变更的影响，又受到公司内部管理制度能否得到有效贯彻执行的制约。在众多风险中，法律风险是企业经营中极为关键，也是最可控的风险之一。

建设工程企业法律风险防范，具体可分为事前防范、事中管控、事后处理三个阶段。

（1）注意事前风险防范。

①严格执行合同审核流程，做到工作留痕，权责分明。

②加强合同主体背景审查，通过互联网等平台，多方面、全方位地收集合同主体的相关信息，如资信等级、涉诉涉罚信息等，综合判断合同相对方的履约能力。

③在合同审核过程中，严格仔细审核合同相关条款，尤其是涉及本公司权利义务的条款，对于其中不合法、不合理的内容应当进行有效交涉、予以规避，尽力做到趋利避害。

④不断加强自身学习能力，加强与同行之间的交流互动，深入理解建筑行业特点和商业模式，及时掌握行业发展动态，进一步提高实质审核能力。

⑤前期招投标工作是建设工程中法律风险防范的关键。在编制招投标文件时应采用合理的计价方法，注意国内外合同中的专用条款和通用条款，并确保协议书和投标书的严密性。对招投标工作中的法律工作和技术工作应采用相协调的原则。

（2）加强事中过程控制。

建筑工程合同最重要的就是体现三点：工期、质量、价款。一个好的工程是工期要保证，质量要优良，价钱要合理。在建设工程合同执行阶段，要特别注意工期拖延造成的法律风险与防范措施、工程质量方面存在的法律风险与防范措施、价款纠纷的防范措施。对已签订的各种合同和文件形成完备的电子档案，找到合同签订、履行过程中可能出现的薄弱环节，总结经验教训，提前制定各种减少合同纠纷的预防措施。在工程进展中，根据分公司和其他部门的反馈信息，检查发现合同执行过程中存在的问题，依照法律的规定和合同的约定加以解决，以提高合同的履约效率。在事后仲裁、诉讼阶段，全面综合研究案情，根据个案特点制定合理可行的诉讼策略，提高仲裁和诉讼水平。

（3）重视事后结算索赔。

建设工程完工后的风险主要是在竣工验收与结算，涉及索赔、优先受偿权等方面。该阶段应注意工程结算纠纷、建筑索赔与反索赔的证据问题。

法律风险涉及建设工程的各个环节。对此，需要依靠的是企业的全体职员，而不单单是法律专业人员。因此，在应对法律风险的过程中，必须要强调全员参与的重要性，提高职工的法律风险意识，认真做好识别、分析与防范工作，从而保证项目建设在不违反相关法律制度的前提下减少发生损失的可能性，取得良好的工程效益。

第 2 章　建设工程从业人员职业发展规划

建设工程从业人员应了解本行业的职业发展领域，在具备一定的专业技术能力后，通过学习和实践不断进行自我提高与发展，才能满足不断提高的行业要求和不断发展的社会需求。从事建设工程活动的专业技术人员，应当依法取得相应的职业资格证书，并在执业资格证书许可的范围内从事建设工程活动。本章从建设工程从业人员的发展领域、能力培养和执业资格等方面阐述其职业发展历程，指引从业人员关注在职业发展途径及职业发展过程中的重要因素。

2.1　建设工程从业人员职业发展领域

建设工程从业人员大多毕业于土木工程专业，土木工程专业大体可分为道路与桥梁工程、建筑工程和岩土工程三个不同的方向。在职业生涯中，这三个方向的职位既有大体上的统一性，又有细节上的区别。如图 2.1（a）、（b）所示，通过对已毕业 15 年的某高校 326 名学生进行职业发展调查，可以看出，土木工程专业的主要就业方向有工程施工技术方向，设计、规划及预算方向，质量监督及工程监理方向，工程检修方向，公务员、教学及科研方向。建设工程从业人员具体从业范围有工程施工、建设开发、工程咨询、科技研发、专业教育和行政管理。除此之外，还包括专业杂志编制、软件编制和专业知识产权管理性，限于篇幅，仅对下面几种职业发展领域进行简单阐述。

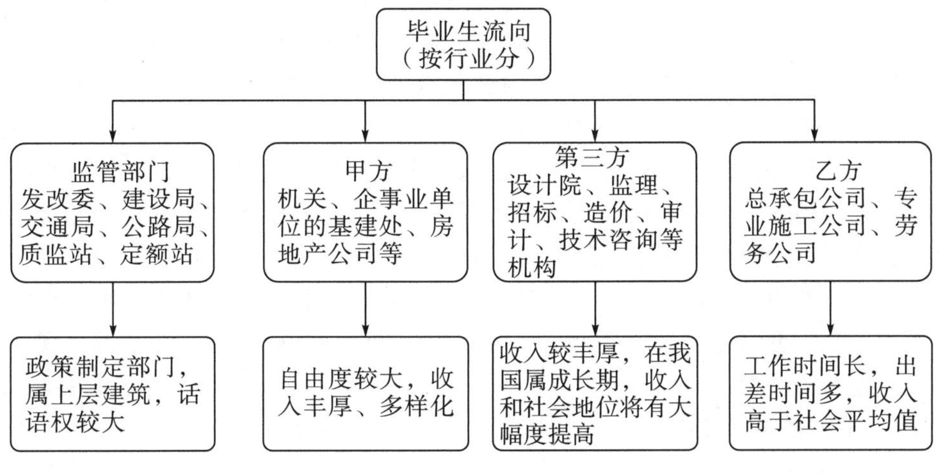

（a）

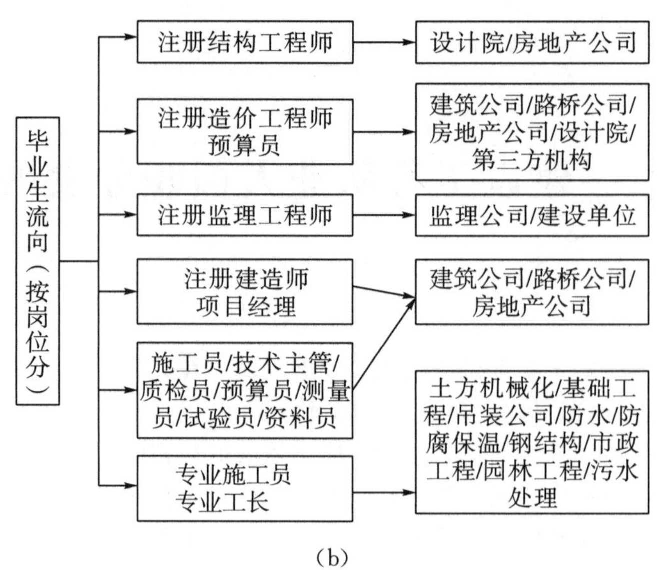

(b)

图 2.1　土木工程专业毕业生流向

2.1.1　工程施工技术方向

建设工程从业人员绝大多数会进入建设单位从事工程施工。建设单位是指从事土木工程、建筑工程、线路管道设备安装工程、装修工程的新建、扩建、改建等活动的施工企业，也就是通常所说的建设施工企业。建设施工企业是一个开放性组织，对各种人才都能包容兼顾，个人发展空间大。具有组织才能和交际天赋（健谈、好动、善交友）、能吃苦、喜欢大自然的学生宜朝这个方向发展。随着经济发展和路网改造、城市基础设施建设工作的不断深入，土建工程技术人员在当前和今后一段时期内需求量还将不断上升。再加上路桥和城市基础设施的更新换代，只要人才市场上没有出现过度饱和的状况，可以说土木工程技术人员一直有着不错的就业前景。其典型的职业通路是：施工员/技术员—工程师/工长、标段负责人—技术经理—项目经理/总工程师。在校期间应在学习力学、结构类专业基础课的基础上，重点学好土木工程测量、土木工程施工、施工组织与管理、工程项目管理、工程概预算、工程制图与 CAD、结构试验等课程。在施工企业成才的机会多，选择的余地也大。在施工一线干上 4～5 年后，选择技术、预算、质监岗位都能得心应手，跳槽时选择甲方、监理、造价咨询单位时，在施工企业的经历就是资本。此后如果跳槽去设计院，因有过现场施工经验，设计图纸很大程度上考虑了施工的便利性，因此会比没有施工经历的设计员设计的图纸更受欢迎。

从事工程施工的职位有施工员、建筑工程师、道桥工程师、岩土工程师、技术经理和项目经理等。就业单位有建筑施工企业、房地产开发企业和路桥施工企业等。现在大多数施工人员会进入建设集团（如成都八建、重庆六建等）、建工集团（如华西集团、湖南建工集团等）、中铁系统（如中铁二局、中铁三局等）、中铁建（如中铁建十三局、中铁建十九局等）、中交系统（如中交二航局、中交二工局等）、路桥集团（如四川路桥集团、成都路桥集团等）等众多施工企业，具体施工企业的选择取决于个人。随着我国执业资格认证制度的不断完善，建设行业工程技术人员不但需要精通专业知识和技术，还需要取得必要的执业资格证书。工程技术人员的相关执业资格认证主要有全国一、二级注册建造师，全国注册土木工程师，全国一、二级注册结构工程师等。需要注意的是，这些执业资格认证均需要一定年限的相关工作经验才能报考，因此，土木工程专业的毕业生即使走上工作岗位后也要注意知识结构的更新，尽早报考以取得相关的执业资格。想要从事工程技术工作的大学生，在实习中可选择建筑工地上的测量、建材、土工及路桥标段的路基、路面、小桥涵的施工和测量工作等。

2.1.2　设计、规划及预算方向

近年来，随着城市建设的不断深入，城市规划作为一种新兴职业，在各类勘察设计院中需要更多的现代化工程设计规划人才。随着咨询业的兴起，工程预决算等建设行业的咨询服务人员也成为土木建筑业内新的就业增长点。有美学及绘图天赋，喜欢工程制图、力学、结构类课程的学生可以朝这个方向发展。其典型的职业通路是：设计员/规划员/预算员—设计师/规划师/预算师。在校期间需学好三大力学、三大结构、各类绘图软件及有限元计算软件。

从事设计、规划及预算工作的职位有设计师、结构审查师、城市规划师、预算员和预算工程师等。就业单位有工程勘察设计单位、房地产开发企业、交通或市政工程类的相关职能部门、工程造价咨询机构等。此类人员不仅需要精通专业知识，更要求有足够的大局观和工作经验。一般情况下，其薪酬与工作经验成正比。以建筑设计师为例，现代建筑还要求环保和可持续发展，这些都需要建筑设计师拥有扎实的功底以及广博的阅历，同时善于学习，并在实践中去体会。目前，市场上对建筑设计人才大多要求 5 年以上的工作经验，具有一级注册建筑师资质，并担任过大型住宅或建设工程开发的设计。同时，此类人员也需要取得相应的执业资格证书，如建筑工程师需要通过国家组织的注册建筑师执业资格考试，并拿到注册建筑师资格证书才能上岗。预算工程师需要取得注册造价师或预算工程师资格。另外，从事此类职业还需要全方面地加强自身修养，如需要熟悉电脑操作和维护，能熟练运用 CAD 绘制各种工程图以及用有限元软件进行结构计算等。有的职位如建筑设计师还需要对人类学、美学、史学，以及不同时代、不同国家的建筑精华有深刻的认知，并且能融会贯通，锻造出自己的设计风格。这些都需要从学生时代开始积累文化底蕴。实习时应尽量选取一些相关的单位和工作，如房地产估价、工程预算、工程制图等。

根据单位性质和工作内容的不同，此类人员从事的工作又细分为工程勘察、工程设计、施工图审查、工程招标代理、工程造价咨询以及工程项目管理等。后三种工作更倾向于工程项目管理和造价专业学生，此处仅讨论前三种建设工程参与较多的职业领域。

2.1.2.1　工程设计

工程设计是指根据建设工程的要求对建设工程所需的技术、经济、资源、环境等条件进行综合分析、论证，编制建设工程设计文件的活动。根据设计单位资质的不同，其主要人员的从业资格要求也有所不同，见表 2.1。

表 2.1 工程设计主要技术负责人从业资格和条件

资质	级别	主要技术负责人或总工程师从业资格（60 周岁及以下）
工程设计综合资质	甲级	应当具有大学本科以上学历，15 年以上设计经历，主持过大型项目工程设计不少于 2 项，具备注册执业资格或高级专业技术职称
工程设计行业资质	甲级	应当具有大学本科以上学历，10 年以上设计经历，主持过所申请行业大型项目工程设计不少于 2 项，具备注册执业资格或高级专业技术职称
	乙级	应当具有大学本科以上学历，10 年以上设计经历，主持过所申请行业大型项目工程设计不少于 1 项，或中型项目工程设计不少于 3 项，具备注册执业资格或高级专业技术职称
	丙级	应当具有大专以上学历，10 年以上设计经历，主持过所申请行业项目工程设计不少于 2 项，具有中级以上专业技术职称
工程设计专业资质	甲级	应当具有大学本科以上学历，10 年以上设计经历，主持过所申请行业相应专业设计类型的大型项目工程设计不少于 2 项，具备注册执业资格或高级专业技术职称
	乙级	应当具有大学本科以上学历，10 年以上设计经历，主持过所申请行业相应专业设计类型的中型项目工程设计不少于 3 项，或大型项目工程设计不少于 1 项，具备注册执业资格或高级专业技术职称
	丙级	应当具有大专以上学历，10 年以上设计经历，主持过所申请行业相应专业设计类型的工程设计不少于 2 项，具有中级及以上专业技术职称
	丁级（限建筑工程设计）	企业专业技术人员总数不少于 5 人。其中，二级以上注册建筑师或注册结构工程师不少于 1 人；具有建筑工程类专业学历、2 年以上设计经历的专业技术人员不少于 2 人，具有 3 年以上设计经历、参与过至少 2 项工程设计的专业技术人员不少于 2 人
工程设计专项资质	不设级	具备工程设计专项资质的企业专业配备齐全、合理，企业的主要技术负责人或总工程师、主要专业技术人员配备符合相应工程设计专项资质标准的规定

注：本表中“大型项目”及“中型项目”标准详见《工程设计资质标准》。

由表 2.1 可以了解工程设计机构主要技术负责人或总工程师的从业资格和条件。其他从业人员的从业资格在国家文件中未作明确要求，各工程设计机构一般在公司管理制度中加以明确，具体可查阅各公司的相关岗位资格和职责类文件。

2.1.2.2 工程勘察

工程勘察是指根据建设工程的要求，查明、分析、评价建设场地的地理、地质、环境特征和岩土工程条件，编制建设工程勘察文件的活动。根据勘察单位资质的不同，其主要人员的从业资格要求也有所不同，见表 2.2。

表 2.2 工程勘察主要技术负责人从业资格和条件

资质	级别	主要技术负责人从业资格（60 周岁及以下）
工程勘察综合资质	甲级	应当具有大学本科以上学历，10 年以上工程勘察经历，作为项目负责人主持过本专业工程勘察甲级项目不少于 2 项，具备注册土木工程师（岩土）执业资格或本专业高级专业技术职称

续表2.2

资质	级别	主要技术负责人从业资格（60 周岁及以下）
工程勘察专业资质	甲级	应当具有大学本科以上学历，10 年以上工程勘察经历，作为项目负责人主持过本专业工程勘察甲级项目不少于 2 项，具备注册土木工程师（岩土）执业资格或本专业高级专业技术职称
	乙级	应当具有大学本科以上学历，10 年以上工程勘察经历，作为项目负责人主持过本专业工程勘察乙级项目不少于 2 项或甲级项目不少于 1 项，具备注册土木工程师（岩土）执业资格或本专业高级专业技术职称
	丙级	应当具有大专以上学历，10 年以上工程勘察经历，作为项目负责人主持过本专业工程勘察类型的项目不少于 2 项，其中乙级项目不少于 1 项，具备注册土木工程师（岩土）执业资格或中级以上专业技术职称
工程勘察劳务资质	不设级	工程钻探：具有 5 年以上从事工程管理工作经历，并具有初级以上专业技术职称或高级工以上职业资格 凿井：具有 5 年以上从事工程管理工作经历，并具有初级以上专业技术职称或高级工以上职业资格

注：本表中“甲级项目”及“乙级项目”标准详见《工程勘察资质标准》。

由表 2.2 可以了解工程勘察机构主要技术负责人的从业资格和条件，其他从业人员的从业资格要求可在《工程勘察资质标准》中查询。

2.1.2.3　施工图审查

施工图审查是指建设主管部门认定的施工图审查机构按照有关法律、法规，对施工图涉及公共利益、公共安全和工程建设强制性标准的内容进行的审查。国务院建设主管部门负责规定审查机构的条件、施工图审查工作的管理办法，并对全国的施工图审查工作实施指导、监督。

根据中华人民共和国建设部第 134 号令《房屋建筑和市政基础设施工程施工图设计文件审查管理办法》，审查机关按承接业务范围分为一类和二类施工图审查机构，不同类别对审查人员的从业资格要求见表 2.3。

表 2.3　施工图审查人员从业资格及条件

类别	审查人员从业资格及条件
一类、二类共同要求	审查人员应当有良好的职业道德。已实行执业注册制度的专业，审查人员应当具有一级注册建筑师、一级注册结构工程师或者勘察设计注册工程师资格；未实行执业注册制度的专业，审查人员应当有高级工程师以上职称。审查人员原则上不得超过 65 岁，60 岁以上审查人员不超过该专业审查人员规定数的 1/2
一类	审查人员应具有 15 年以上所需专业勘察设计工作经历，主持过不少于 5 项一级以上建筑工程或者大型市政公用工程或者甲级工程勘察项目相应专业的勘察设计。承担超限高层建筑工程施工图审查的，除具备上述条件外，还应当具有超限高层建筑工程或者 100 m 以上建筑工程结构专业设计的审查人员
二类	审查人员应具有 10 年以上所需专业勘察、设计工作经历，主持过不少于 5 项二级以上建筑工程或者中型以上市政公用工程或者乙级以上工程勘察项目相应专业的勘察设计

2.1.3 工程检测及监理方向

工程质量检测是指工程质量检测机构（以下简称检测机构）接受委托，依据国家有关法律、法规和工程建设强制性标准，对涉及结构安全项目的抽样检测和对进入施工现场的建筑材料、构配件的见证取样检测等。工程监理是近年来新兴的一个职业，随着我国对建筑、路桥施工质量监管的日益规范，监理行业自诞生以来就面临着空前的发展机遇，并且随着国家工程监理制度的日益完善有着更加广阔的发展空间。社交能力强，善于沟通，喜欢工程施工、建设法规、合同管理类课程的学生可以朝这个方向发展。其典型的职业通路是：检测员/监理员—专业检测工程师/专业监理工程师—总检测工程师/总监理工程师。在校期间需学好土木工程测量、土木工程施工、施工组织与管理、工程项目管理、建设法规、合同管理等课程。

从事工程检测及监理工作的职位有检测工程师和监理工程师等。就业单位有工程质量检测公司、建筑监理公司及路桥监理公司等。检测和监理行业是一个新兴行业，因此也是一个与执业资格制度结合得相当紧密的行业，其职位的晋升与个人资质的取得密切相关。一般来说，监理员（检测员）需要取得省市或行业颁发的上岗证才能执业，且要求工作经验丰富、工作能力较强。专业监理工程师（专业检测工程师）需要取得省监理工程师（省检测工程师）上岗证，总监理工程师（总检测工程师）需要取得国家注册监理工程师（国家交通部试验检测师）执业资格证。土木工程专业的大学生想要进入这个行业，在校期间就可以参加省公路系统、建筑系统举办的监理培训班，通过考试后取得监理员上岗证，此后随工作经验的增加考取相应级别的执业资格证书。在实习期间，可选择与路桥、建筑方向等与自己所学方向相一致的监理公司，从事现场监理、测量、资料管理等工作。

工程检测和监理所涉及的内容和性质是有所区别的，下面分别进行简单介绍。

2.1.3.1 工程检测

建设工程检测人员相应的从业资格和条件根据地方或行业要求有着不同的规定，一般必须取得通过地方或行业协会颁发的上岗证后方可执业。例如，上海市检测从业人员的要求如下：

（1）从事建设工程检测活动的专业技术人员（以下简称检测专业技术人员），应当按照国家和本市有关规定取得从业资格或者经检测行业协会考核合格。本市检测专业技术人员考核的规定由市建设行政管理部门另行制定。

（2）检测专业技术人员包括检测机构的检测人员、监理单位或者建设单位的检测见证人员以及施工单位的取样人员。

（3）检测机构应当委派具有相应从业资格或者经考核合格的检测人员实施检测。

其他地区的具体从业资格要求可查阅所从事行业或所属地方建设工程检测主管机构的相关规定。

2.1.3.2 工程监理

建设项目的顺利建设和安全可靠与工程监理有着重要关系。建设工程监理是指具有相关资质的监理单位受建设单位的委托，依据国家批准的工程项目建设文件，有关工程建设的法律、法规，工程监理合同及其他工程建设合同，代替建设单位对承建单位的工程建设实施监控的一种专业化服务活动。工程监理行业是为工程建设提供技术、管理服务的人才密集型咨询服务行业。工程监理人员的素质和从业能力直接决定着工程监理工作水平，影响着建设工程目标的实现。根据建设部相关要求，工程监理从业人员岗位分为总监理工程师、专业工程师和监理员。各岗位任职的基本条件如下：

（1）担任总监理工程师岗位职务的监理人员，必须取得中华人民共和国注册监理工程师注册执业证书和执业印章，并具有三年以上工程监理实践经验，有与监理工程类别相同工程的专业背景和工作经历。

（2）担任专业工程师岗位职务的监理人员应具有工程类专业大专及以上学历，五年以上工程实践经验，中级及以上技术职称。已取得中华人民共和国注册监理工程师注册执业证书和执业印章的专业技术人员，担任专业工程师岗位职务不受限制；没有取得中华人民共和国注册监理工程师注册执业证书和执业印章的专业技术人员，应经过工程监理的相关法规和业务知识的培训，经聘用企业考核合格后，方可担任专业工程师岗位职务。

（3）担任监理员岗位职务的监理人员应具有工程类专业大专及以上学历，或具有工程类初级及以上技术职称，并经过工程监理的相关法规和业务知识的培训，经聘用企业考核合格后，方可担任监理员岗位职务。

2.1.4　公务员、教学及科研方向

公务员制度的改革为普通大学毕业生打开了进入机关事业单位工作的大门，路桥、建筑行业的飞速发展带来了巨大的人才需求，也使得土木工程专业师资力量的需求随之增长，但需要注意的是，这些行业的竞争一般较为激烈，需要求职者具有较高的专业水平和综合素质。此类行业代表职位有公务员、高校教师和科研工作者。代表单位有交通和市政管理部门、大中专院校、科研及设计单位。想要从事此类行业，一方面在校期间要学好专业课，使自己具有较高的专业水平；另一方面特别要注意理论知识的学习和个人综合素质的培养，使自己具备较高的普通话、外语、计算机水平和较好的应变能力。

2.1.4.1　公务员

我国建设行业的行政主管部门是住房和城乡建设部以及各省市建设厅（委）。建设工程师可以参与的行政管理部门通常有住房和城乡建设部、交通运输部、各省市的住房保障和房产管理局、住房和城乡建设局以及质量技术监督局等。

（1）服务内容。

行政管理部门作为公共性服务机构，主要为整个社会及相关行业提供计划、组织、协调和监控职能。以住房和城乡建设部为例，其主要职责包括：承担保障城镇低收入家庭住房建设的责任；承担推进住房制度改革的责任；承担规范住房和城乡建设管理秩序的责任；承担建立科学规范的工程建设标准体系的责任；承担规范房地产市场秩序、监督管理房地产市场的责任；监督管理建筑市场、规范市场各方主体行为；研究拟定城市建设的政策、规划并指导实施；承担规范村镇建设、指导全国村镇建设的责任；承担建设工程质量

安全监管的责任；承担推进建筑节能、城镇减排的责任；负责住房公积金监督管理，确保公积金的有效使用和安全；开展住房和城乡建设方面的国际交流与合作以及承办国务院安排的其他事项；等等。

从事行政管理工作的建设工程师的主要任务是充分发挥专业特长，为部门提供技术支持，主要服务内容包括：从事相关工程建设规范及标准管理工作；从事公路调研、技术分析以及信息技术管理工作；从事基建项目的立项、施工、档案管理及竣工验收工作；从事建设工程及安全生产质量管理等工作；协助区域规划、开发建设、环境管理及项目审批和推进工作；从事建设项目资金审计工作；等等。

由于行政管理部门的服务对象通常是整个行业甚至整个社会，因此其服务质量有着十分重要的意义，责任心与问题解决能力对于从事行政管理工作的建设工程师来说十分重要。随着当前经济社会的发展，行政管理部门所承担的职责和所发挥的功能也在不断地发生变化，建设工程师应该根据工作要求不断提升自身业务素质和服务水平。

（2）从业资格与条件。

《中华人民共和国公务员法》第 21 条规定，录用担任主任科员以下及其他相关层次的非领导职务公务员，采取公开考试、严格考查、公平竞争、择优录取的方法。因此，建设工程师从事行政管理工作需要符合相关条件要求并通过国家公务员考试。不同年份、不同的行政管理部门对报名者的专业、学历、学位和基层工作年限等都有具体要求。国家公务员报考职位和要求可查询国家公务员局官网，省公务员报考职位和要求可在各省市人事考试网查询。

由于公务员考试具有公开、公平、竞争和择优的特点，因此，优良的思想政治品质、扎实的专业知识、良好的表达与沟通协调能力和解决复杂问题的能力是选择在政府行政管理部门工作的建设工程师必备的能力。

2.1.4.2　教师

建设工程作为一门实践性很强的学科，丰富的经验及新技术的研发对其知识体系的传承和发展有着十分重要的意义。因此，专业教育领域也是建设工程师职业发展的一个重要方向。建设工程师可从事的教育工作通常包括学历教育、继续教育以及职业培训工作等。提供教育服务的机构，主要是指各高等院校土木类专业院系以及各职业培训机构等。专业教育机构作为专业领域高层次人才聚集的单位，承担着本学科领域技术发展进步与工程实践中技术攻关的任务。从事专业教育的建设工程师，主要任务是培养建设工程专业人才，传承知识，同时进行专业技术学术研究，推动行业发展。

（1）服务内容。

从事专业教育的建设工程师的服务内容通常包括在高校从事相关专业教学工作和在职业培训机构进行继续教育。

建设工程师参与教育工作的方式通常有作为教师参与高校教学工作，作为教师参与继续教育工作，作为教师开展职业培训课程或专业讲座，等等。相关高校也可通过产学研结合，使专业教育与专业实践形成更为紧密的联系。例如，聘用有深厚技术积累的工程实践人员作为外聘导师承担教学与科研工作，聘请土木工程相关专业的工程人员授课，利用自身丰富的实践知识开阔学生视野。此外，通过校企合作为在校学生提供工程实践基地等。

继续教育作为我国教育的一个重要组成部分，有着面广人多的特点，学生通常来自企业一线。因此，继续教育的创新人才培养对提高全民的文化教育素质和专业技术能力有着特别重要的作用。从事继续教育工作的建设工程师可以利用自己丰富的专业知识，依托专业教育机构，开展继续教育工作。

在一些专门的职业培训机构工作的建设工程师提供的服务主要是对学员进行职业技能水平培训，解读建筑结构相关法律法规，解读国家注册考试等相关政策及考试动态，使学员掌握结构设计施工等相关知识，提高设计能力。

（2）从业资格与条件。

从事教育工作的建设工程师除了需具备宽广深厚的专业技术知识能力外，还应当培养自身的执教能力，遵守教育工作的规章制度和职业道德。从事教育工作的建设工程师在对初学者全面培养专业知识与能力的同时，也要注重对其职业实践、职业道德和法律知识的教育。在培训机构担任培训教师的建设工程师还需要根据建设工程师的职业特点和培训对象的水平培训其职业能力，同时还要把握相关政策和考试动态，包括新法律法规、技术标准规范的制定与执行等。在高校从事专业教育工作的建设工程师需要满足相关工作的具体规定，考核的基本内容通常包括职业道德、教学、科研、学科建设、国际交流、公共服务、参加教师发展中心在岗培训等。

2.1.4.3　科研工作者

建设工程从业人员可在建设工程相关行业科研院所或高校从事教学研究工作。建设工程领域的科研机构主要分为企业性质的研发机构以及科研事业单位性质的研发机构等。以建筑科学研究院和高校土木工程防灾研究机构为例，建筑科学研究院以建筑工程为主要研究对象，以应用研究和开发研究为主，致力于解决工程建设中的关键技术问题，并参与编制工程建设技术标准和规范等；而高校土木工程防灾研究机构则主要面向国家重大工程建设的战略需求和土木工程学科发展的前沿，以结构防灾减灾、工程质量和成本控制等为主要目的，以高层建筑、大跨度桥梁、大型空间结构和长大隧道等为主要承载体，开展工程结构抗震及控制研究、结构风工程及控制研究、工程结构抗火安全研究和城市综合防灾减灾研究等各项科学研究工作。这些科研部门对本学科的发展与技术推广应用具有重要的作用。

2.2　建设工程从业人员职业能力培养

建设工程师需具备一定的专业技术能力，并通过学习和实践不断进行自我提高和发展，才能满足不断提高的行业要求和不断发展的社会需求。建设工程师在接受教育和职业生活中，应自觉培养和提高自身职业能力。

建设工程师一般要经历一定的学习过程，以获取专业知识和能力。之后，建设工程师可在职业实践中获得职业经验和解决实际问题的能力。在此期间，建设工程师应通过相关考试取得执业资格，以取得职业发展的通行证。另外，建设工程师可参与社会团体的服务与交流，不断提升自我，加强外部沟通与合作，促进自我发展和行业发展。

2.2.1 学历教育

建设工程师接受系统的专业教育开始于学历教育。同时，学历教育是接受相关专业教育的基础条件。学历教育包括大中专职业教育、大学教育和研究生教育等。

2.2.1.1 职业技术教育

中等职业学校是实施中等职业技术教育的学校，学生毕业即取得中专学历，招生对象是初中毕业生和具有与初中同等学历的人员，基本学制为三年。其定位是在义务教育的基础上培养大量技能型人才与高素质劳动者，根据职业岗位的要求，有针对性地实施职业知识与职业技能教育。

土木工程类的职业技术教育阶段是根据特定职业岗位要求培养不同专业技术人才，具有一定的针对性，但其培养目标相对较低，毕业生一般从事简单的施工技术操作与管理。例如建筑工程技术、市政工程施工、公路与桥梁和水利水电工程技术等专业。

2.2.1.2 大专教育

专科学历有时也称大专学历，学制 2～3 年，其学科分类与本科相近。相对于本科教育，专科以培养技术型人才为主要目标，即大学专科的目标是实用化，是在完成中等教育的基础上培养出一批具有大学知识且有一定专业技术和技能的人才，其知识的讲授是以能用为度，实用为本。

土木工程专业的大专教育主要培养具有一定文化知识和专业理论知识，具有较强的实践技能，能适应专科层次的建筑工程设计、施工管理、工程建设监理、工程概预算的实施型技术人才。

2.2.1.3 本科教育

本科教育的学制是 4～5 年。学生在本科教育阶段主要学习掌握专业基础知识（土木工程学科的相关原理和知识），具备一般建筑工程的设计、施工和管理能力，并具有继续学习的能力。

本科教育的主要专业课程有高等数学、线性代数、理论力学、结构力学、材料力学、流体力学、土力学、画法几何及工程制图、工程地质、测量学、基础工程、工程材料、混凝土结构设计基本原理与设计、钢结构基本原理与设计、建筑结构抗震、土木工程施工及相关的专业课程等。

经过本科四年的培养，学生可获得以下方面的知识与能力：

（1）科学、技术、职业以及社会经济方面的基本知识：具有人文社会科学、自然科学、英语和计算机等基础知识；具有宽厚的专业知识，包括材料力学、结构力学、流体力学的基本原理和分析方法，工程材料的基本性能和应用，工程制图的基本原理和方法，工程测量的基本原理和方法，工程结构构件的力学性能和计算原理，土力学和基础工程设计的基本原理和分析方法，结构设计理论和方法，土木工程施工和组织的过程和项目管理，技术经济分析的基本方法，土木工程现代施工技术、工程检测、监测和测试的基本方法；

了解土木工程的风险管理和防灾减灾基本原理及一般方法等；了解社会发展和相关领域的科学知识，包括与本专业相关的职业和行业的生产、设计、研究与开发的法律、法规和规范，建筑、城规、房地产、给排水、供热通风与空调、建筑电气等建筑设备、土木工程机械及交通工程、土木工程与环境的基础知识；了解本专业的前沿发展现状和趋势。

(2) 科学研究、技术开发、技术应用化管理、合作交流等基本能力：具有获取知识和继续学习的能力，包括独立思考，自主学习，利用多种方法进行查询和文献检索获取信息，了解学科和相关学科的发展方向及国家的发展战略；具有综合运用所学理论、技术方法和手段的能力，学会发现问题、分析问题并解决问题；具有工程实践能力，掌握解决工程问题的先进技术方法和现代技术手段；能从事土木工程项目的设计、施工、管理，以及投资与开发、金融与保险等工作；具有交流、合作与竞争能力和组织协调能力。

2.2.1.4　研究生教育

继本科教育后的研究生教育是培养建设工程师研究和解决学科问题能力的更高阶段。研究生除了需具备本科生的专业知识与能力外，还需对某专门领域有较深的研究和理解，具备较高水平的解决问题的能力和学术研究能力。

研究生教育又分为硕士研究生教育和博士研究生教育。硕士研究生教育是博士研究生教育的基础。研究生教育阶段，建设工程师所在专业是土木工程下的二级学科，并有各自明确的研究方向，如桥梁深水基础、桥梁抗风、桥梁抗震、混凝土结构与砌体结构、钢筋混凝土结构、空间结构、结构分析、结构抗震防灾和控制等。

硕士研究生学制一般为 2～3 年，其中课程学习 1～1.5 年，学位论文工作不少于1 年。硕士研究生培养的目标是掌握结构工程学科领域内坚实的基础理论、系统的专门知识和技能方法，具有应用一门外语开展学术研究与交流的能力以及良好的计算机应用能力；对本专业学科的现状和发展趋势有基本的了解，具有完成结构分析、试验、工程设计和从事工程技术研究、解决工程实际问题的基本能力。

博士研究生学制一般为 3 年，其中课程学习 0.5～1 年，修读年限最长不超过 5 年。博士研究生培养的目标是掌握结构工程学科领域内坚实宽广的基础理论、系统深入的专门知识和技能方法，具有熟练应用一门外语开展学术研究与交流的能力以及很强的计算机应用能力；对本学科的现状和发展趋势以及所研究方向的最新进展有全面透彻的了解，具有独立、创造性地从事本学科科学研究和有效解决工程实际问题的能力。

以结构工程专业的硕士研究生教育为例，其专业学位课一般设有结构工程研究前沿与发展趋势、高层混凝土结构理论、高等钢结构理论、结构动力学、地震工程学、结构风工程学、弹塑性力学、数值分析、随机过程、高等结构试验、专业外语和专业实践等。硕士研究生可根据自身的研究方向适当选择所修课程。博士研究生教育的专业学位课一般设有结构工程研究前沿与发展趋势、工程防灾理论、随机振动理论、非线性有限元分析、复杂高层建筑结构分析与设计理论、空间结构专题理论与实践、混凝土结构专题理论与实践、钢结构专题理论与实践和砌体结构专题理论与实践等。博士研究生可根据自身的研究方法适当选择所修课程。

研究生应在导师的指导下独立完成学位论文。学位论文应具有一定的理论深度和学术水平，学位论文选题为本学科前沿，研究成果应具备一定的社会效益和科学价值。学位论文应具有扎实的理论基础知识及专业知识，材料翔实，推理严密，数据可靠，文笔流畅，表达准确，层次分明，图表规范。

研究生除了完成学位论文之外，还需发表高质量的学术论文。论文一般要求在国际重要学术刊物（SCI、EI 检索源）、国内核心学术刊物以及国际会议刊物上发表。

除了上述普通的研究生教育外，近年来也在开展一种新的研究生教育形式——专业学位研究生教育。为了解决大学生就业问题并且避免学术型研究生扩招而导致质量下降，教育部决定增加全日制专业硕士学位，推出了“全日制专业型硕士”。作为一种全新的研究生教育形式，专业学位研究生教育培养特定职业高层次专门人才。从 2010 年开始增加全日制专业型硕士的比例，计划到“十二五”末期，实现专业型硕士 50%比例的目标，以促进中国专业型硕士的发展。专业型硕士教育的学习方式比较灵活，大致可分为在职攻读和全日制学习两类。从 2017 年开始在职攻读的专业型硕士称为非全日制硕士，且又分为非全日制非定向生和非全日制定向生两种。专业型硕士重点培养工程研究能力，成为应用型高级人才。

2.2.2　继续教育

建设工程从业人员在完成学校教育后，应继续坚持学习，进行继续教育以及在学术期刊上发表专业论文都是继续学习的方式。

2.2.2.1　继续教育

继续教育是面向学校教育之后所有社会成员特别是成人的教育活动，是终身学习体系的重要组成部分。建设工程师作为社会专业技术人员，具有参与继续教育的权利和义务，同时也需响应终身学习的思想，不断补充新鲜血液，提高自身职业能力，跟上时代的进步与发展。

继续教育是一种特殊形式的教育，是一种成人教育，受教育者在学历上和专业技术上已达到了一定的层次和水平。继续教育主要是对专业技术人员的知识和技能进行更新、补充、拓展和提高，进一步完善知识结构，提高创造力和专业技术水平的一种高层次的追加教育。在科学技术突飞猛进、知识经济已现端倪的今天，继续教育越来越受到人们的重视，它在社会发展过程中所起的推动作用，特别是在形成全民学习、终身学习的学习型社会方面所起的推动作用越来越显现出来。

按照继续教育的目的，继续教育可分为非学历继续教育和学历继续教育。非学历继续教育的内容是新知识、新技术、新理论、新方法、新信息、新技能，学习的目的是更新、补充知识，扩大视野，改善知识结构，提高创新能力，以适应科技发展、社会进步和本职工作的需要。学历继续教育是为了在提升自身知识和能力的同时，获取学历，例如某些高校设立的继续教育学院、网络教育学院或继续教育中心，提供高起专、高起本或专升本等学历教育。

继续教育的发展和执行离不开政府的重视与支持，我国政府对执业人员的继续教育非常重视。中华人民共和国教育部下设的高等教育司，承担指导各级各类高等继续教育和远程教育工作。在高等教育司设立了直属高校工作办公室，其主要职责是协调推动终身教育体系建设，宏观管理社区教育、职工教育、社会培训等各类非学历继续教育，指导并管理成人教育、网络和远程教育、自学考试等各类学历继续教育。现今，在政府、教育机构和企业的共同努力下，我国继续教育有了显著发展。例如，各高等学校设立了继续教育学院、网络教育学院或继续教育中心，以满足成人继续教育的需要。

以结构工程师继续教育为例，结构工程师可以通过非学历继续教育来实现自我提升和发展。中华人民共和国建设部第 137 号令《勘察设计注册工程师管理规定》第四章规定："注册工程师在每一注册期内应达到国务院建设主管部门规定的本专业继续教育要求"。继续教育（非学历继续教育）作为注册结构工程师逾期初始注册、延续注册和重新申请注册的条件。注册结构工程师三年注册期内需完成必修课和选修课各 60 学时的学习。结构工程师非学历继续教育的培训内容包括新规范内容的学习、设计和施工新方法的学习与讨论、重要设计概念或理念的重新强调和学习等。结构工程师除了接受建设主管部门规定和组织的非学历继续教育学习外，还可以自行参加有关继续教育培训机构组织的脱产、半脱产、业余培训的学习，也可以采取在岗学习的远程培训方式，从而获得学历提升的机会。学历继续教育的形式有函授、夜大、网络教育等。除了参加继续教育外，结构工程师也可以通过职业培训来提升自身的专业技术能力。职业培训，也称职业技能培训，是指对准备就业和已经就业的人员，以开发其职业技能为目的而进行的技术业务知识和实际操作能力的教育和训练。职业培训机构可提供职业教育、技能培训、注册考试培训、就业指导及职业规划，让各种学历层次特别是低学历的学生或社会青年能够学有所成，学有所长，拥有一技之长。

相对于继续教育，职业培训机构没有政府的支持与投资，大多是私人或民办的职业培训学校。但职业培训学校也是需要通过劳动与社会保障部的职业培训机构资质审批而获得资质的。建设工程师参加的职业培训大多是通过注册考试而进行学习和获取知识。同时，职业培训机构也可帮助建设工程师进行就业指导和职业规划。建设工程师参加的职业培训也可以针对工程设计或咨询等某一领域的某项技能进行培训。另外，建设工程师所在企业、公司或单位可以组织内部职工的职业培训，帮助建设工程师掌握和提高职业能力。职业培训的基本内容一般分为基本素质培训、职业知识培训、专业知识与技能培训和社会实践培训。

（1）基本素质培训包括文化知识、道德知识、法律知识、公共关系与社会支持、生产知识与技能。这种培训主要是培养熟练工，培训的内容以基本素质培训为主，并结合用人单位的岗位设置及职业要求进行培训。

（2）职业知识培训包括职业基础知识、职业指导、劳动安全与保护知识、社会保险知识等。这种培训要使求职者了解国家有关就业方针政策以及个人选择职业的知识和方法，掌握求职技巧、创业程序与相关政策，了解职业安全与劳动保护有关政策和知识，掌握社会保险方面的知识和政策。

（3）专业知识与技能培训包括专业理论、专业技能和专业实习。学员在专业理论的指导下掌握一定的专业技能，并通过在企业的实习，提高解决实际问题的能力，为就业打好基础。

（4）社会实践培训包括各种社会公益活动、义务劳动、参观学习和勤工俭学等。

职业培训也是终身学习的一种形式，建设工程师应重视终身学习的重要意义，主动参加继续教育和职业培训，不断提升自身职业能力，为更好的职业发展做铺垫。

2.2.2.2 学术期刊

学术期刊是一种刊发经过同行评审的学术论文的期刊，具有专业性和学术性的特点。学术期刊主要展示研究领域的成果，其内容以原创研究、综述文章等形式为主。学术期刊作为一个学术交流的平台，具有传播科学技术知识、造就科学技术人才队伍、促进创新的诞生、展示科学技术难题解决方案、提供新的科学技术方法的作用，对人类进步和科学技术发展有着重要的贡献。

科技人员可以通过学术期刊实现自身的个人价值和社会价值。科技人员可在学术期刊上获取该行业科学技术的最新发展信息，获得思维的启迪和前进的力量，从而在实践中不断发展自身学术水平和创造能力。

（1）在学术方面，学术期刊往往代表该行业和领域的发展前沿，是科技人员研究立项的重要信息来源。我国国家自然科学基金项目、重点攻关项目等的研究成果，大多都及时在学术期刊上发表论文，相关论文基本上展示了国内外科学研究的最新进展。科技人员可在期刊上了解行业内需要解决的重要问题及发展情况，从而获取课题研究的灵感和立项依据。

（2）在工程实践方面，科技人员可从期刊上学习和借鉴他人的方法、理论以及研究成果，从而应用到实践中去。学术期刊具有传播知识和交流实践经验的作用。

（3）科技人员可以通过学术期刊展示自己的研究和实践成果，提高自身表达能力及行业地位。在有一定水平的学术期刊上发表有质量的论文，是评价一位科技工作者创造能力和成果水平的公认指标。

学术期刊不仅活跃了学术气氛，促进科技进步，还有助于培养科技人员发现问题、研究问题和解决问题的能力。建设工程师作为科技人员的一份子，应重视并充分利用期刊的重要价值。建设工程师可充分利用学术期刊这个交流平台来开阔自己的视野，提升自身学术水平和专业能力，为自己的事业发展历程增光添彩。

2.2.3 社会团体

几乎每个行业都有自己的社会团体。这样的社会团体向公众提供信息，设定职业标准、体系或提供服务，帮助会员实现价值。加入行业类社会团体或者参与社会团体组织的活动，可以帮助建设工程师丰富职业生活，增进业内交流，促进职业发展。

社会团体是社会组织的一种，是社会群众团体的一个分支。社会团体是由公民或企事业单位自愿组成、按章程开展活动的非营利性社会组织，包括行业性社团、学术性社团、专业性社团和联合性社团。社会团体是当代我国政治生活的重要组成部分，目前的社会团体都带有准官方性质。《社会团体登记管理条例》规定，成立社会团体必须提交业务主管部门批准。业务主管部门是指县级以上各级人民政府有关部门及其授权的组织。社会团体实际上附属于业务主管部门。

学术性社团是指主要由专家、学者和科研人员组成的各类学会、研究会等。

行业性社团是指主要由经济领域各行业相同的企业组成的行业协会、同业公会等。行业协会是行业性社团中的一种，是由同业经济组织以及相关单位自愿组成的非营利性的社团法人。

随着我国社会主义市场经济体制建设的不断完善以及我国科技进步和社会经济的快速发展，行业学会、协会等社会团体组织应运而生，其作用和影响不断扩大。

行业学会是由专业工作者自愿组织的专业学术性团体，是专业技术发展的必然产物，如中国土木工程学会、中国力学学会等。其根本任务是开展专业技术研究、学术交流，促进专业技术发展，以及发现、培养、推荐人才，促进专业技术成果转化，代表专业技术工作者与政府沟通，反映专业技术工作者的心声，维护专业技术工作者的权益。

行业协会是行业中企业家自愿组成的产业性经济团体，是社会经济发展的必然产物，如中国勘察设计协会、中国国际咨询协会。其根本任务是统计行业信息、企业运行情况，市场调研与价格协调，代表企业与政府沟通，参与国家产业政策的研究与制定，反映企业要求，维护企业权益。

各个行业协会和学会都会为其会员提供各种服务，促进会员的职业交流与成长。加入行业组织，有助于建设工程师找到组织，有一个更高的发展和交流平台。加入行业协会，有助于学术交流，有助于了解行业经济发展、行业内各企业的发展、企业和机构的管理。我国建设工程师除了加入国内行业学会、协会外，还可以申请加入国外著名的行业协会，以满足自身发展需求。

除了加入行业学会、协会成为其会员外，参与其组织的各项活动也是拓展学习交流平台、提升自身能力的重要途径。行业协会组织的活动一般包括参加学术会议、在学术期刊上发表科研成果、荣誉或奖项的评比活动、举办技术培训班、政策和法规宣传活动、企业间的合作与交流活动等。

建设工程相关协会与学会都具有面向行业服务的功能，积极促进与推动行业的发展。建设工程师应利用好社会团体这个强大和广阔的交流平台，以满足自身发展需求。

2.2.4　职业实践

建设工程师在完成一定的专业教育后，便可以在一定领域内从事职业活动。建设工程师在执业活动和实践中能够提升自身发现问题和解决问题的能力，不断培养团队合作、沟通交流的意识和能力，在实现个人价值的同时，获取社会的认可，并实现社会价值。

下面从工程实践、教育与科研和行政管理三个领域分别阐述如何在职业实践中培养自身能力，包括领导力、决策力、交流合作和解决问题等能力。

2.2.4.1　工程实践

工程实践包括在建设开发、工程咨询、工程勘察设计和工程施工等机构从事的工程项目实践。建设工程师应在从事工程项目实践活动中不断培养自身职业能力，提高自身竞争力，包括工程技术的经验积累、工程项目管理能力、与客户的沟通与合作、业务拓展能力和团队合作能力等。

2.2.4.2　教育与科研工作

建设工程师从事的教育工作是指从事培养新生一代职业能力的工作，包括学历教育、继续教育以及职业培训工作等。从事教育工作的建设工程师除了需具备宽广深厚的专业技术知识、工程实践能力外，还应当培养自身的执教能力，遵守教育工作的规章制度和职业道德。建设工程师在全面培养学生专业知识和能力的同时，也要注重对其职业实践、职业道德和法律知识的教育。在培训机构担任教师的建设工程师，还需根据建设工程师的职业特点和培训对象的水平培训其职业能力，同时把握相关政策和考试动态，包括新法律法规、技术标准规范的制定与执行等。在教育领域从事教育工作的建设工程师，一般离不开科研活动，从事高等教育的建设工程师更是如此。因此，从事教育工作的建设工程师除了需具备专业知识能力和执教能力外，还需有较强的科研能力。

从事科研工作的建设工程师所在单位可能是高等院校（例如同济大学和清华大学等，拥有雄厚的科研队伍和大型实验室）、研究院/所（例如中国建筑科学研究院和中国地震局力学研究所等）和具有研发功能的企业等。从事科研工作的建设工程师应具备一定的科研能力以及申请科研项目的能力等。科研能力包括课题发掘能力、文献检索与阅读能力、课题研究理论方法手段的理解和应用能力、严谨的科研态度、科研成果的表达能力和交流合作能力等。科研成果的表现形式一般有学术论文、专著、专利、研究报告等。申请科研课题项目，首先要关注该领域的重点问题，其次需了解科研经费来源。科研经费来源一般包括以下几类：①国家项目（如国家自然科学基金、支撑项目等）；②部级项目（如行业基金、重点学科基金等）；③省市级项目（如省市级自然科学基金、攻关计划等）；④院校项目（校级科研基金项目，一般为开展学校重点学科建设和培养在校研究生而设）；⑤企业科研（可能是特定工程项目的研究，也可能是为提高企业竞争力的研发）。

2.2.4.3　行政管理工作

从事行政管理工作的建设工程师，首先应当明确所在部门的职能及所在职位的职责范围，其次应当知晓并积极参与部门的职业活动。在明确上述两个问题后，建设工程师应快速进入角色，担负起自己的责任，做好职责范围内的工作，切实做到“在其位，谋其职”。

行政管理工作主要是面对全行业、全社会的服务与管理工作，较多的是法律政策的制定与执行，建筑质量和安全的标准制定、监督和审查。例如，住建部下设的法规司主要负责组织起草法律法规草案，承担有关规范性文件的合法性审核工作；标准定额司主要负责组织拟定工程建设国家标准、定额，并指导监督其实施，指导产品质量认证工作，拟定工程造价咨询单位的资质标准并监督执行；建筑市场监督司主要通过项目合同与风险管理和企业资质管理监管建筑市场；工程质量安全监管司主要负责组织或参与工程重大质量、安全事故的调查处理，组织编制城乡建设防灾减灾规划并监督实施；人事司主要负责组织制定行业职业标准、执业资格标准、专业技术职称标准，以管理行业人员的职业资格；等等。

建设工程师应了解自己所在职位对于推动整个行业发展具有重要作用。建设工程师应关心行业内发展动态，及时了解和洞察工程建设领域的重要问题，听取行业内各单位（包括工程机构、教育科研机构及行业学会协会等）和专业技术人员的意见和建议，以便真正做好自己的职责事务，实现服务行业发展的目的。因此，建设工程师在职业活动中应当培养自己良好的沟通表达能力，具有良好的政策执行能力，同时还需要培养良好的领导力，通过调控相关政策解决问题的能力，等等。

2.3 建设工程从业人员执业资格

在技术要求较高的行业实行专业技术人员执业资格制度，在发达国家已有 100 多年的历史，现已成为国际惯例。所谓执业资格制度，就是对具有一定专业学历的技术人员，要求其参加相关考试以获取执业资格，在按规定进行注册后方可实际执业的管理制度的统称。在针对某一具体执业资格时，一般就统称注册××师制度。自 20 世纪 80 年代中期开始，我国先后在律师、会计、建筑、医生、资产评估等行业开始实行执业资格制度。从事建设工程活动的人员，要通过国家任职资格考试、考核，由建设行政主管部门颁发执业资格证书，在资格许可范围内从事建筑活动。建设工程的从业人员包括注册结构工程师、注册土木工程师（岩土）、注册建造师、注册监理工程师、造价工程师、注册建筑师、注册土木工程师（港口与航道工程）、注册城市规划工程师、注册安全工程师及法律法规规定的其他人员。此处仅讨论与土木工程专业密切相关的前六种从业人员的资格认证和管理。

2.3.1 注册结构工程师执业资格认证与管理

全国注册结构工程师执业资格考试分为一级和二级，一级注册结构工程师执业资格考试又分为基础考试和专业考试，二级只设专业考试。一级注册结构工程师只有在基础考试通过后才允许参加专业考试。目前，基础考试通过后长期有效，可凭有效证明继续参加专业考试。考试采取非滚动录取通过，即考生必须在当年一次性通过基础考试或专业考试的所有科目。专业考试成绩合格后，获得资格证书，考生所在单位持相关的证件进行资格复审，复审合格后方可取得执业证书。限于篇幅，此处仅介绍注册结构工程师考试制度、一级注册结构工程师基础考试和专业考试的报考条件及考试内容、注册与执业。为了与国际社会接轨，此处以注册结构工程师为例，简单介绍一下其他国家注册结构工程师执业资格认证与管理。

2.3.1.1 注册结构工程师考试制度介绍

1996 年经建设部、人事部批准，全国一级注册结构工程师执业资格试点考试在江苏省、湖北省和重庆市举行。在总结试点考试经验的基础上，1997 年 9 月 1 日，建设部、人事部联合颁布了《注册结构工程师执业资格制度暂行规定》。随后，《全国一级注册结构工程师考试大纲》于 1997 年 9 月 15 日正式颁布，同年 12 月举行了首届全国一级注册结构工程师资格考试。

1998 年全国注册工程师管理委员会（结构）颁布了《全国二级注册结构工程师考试大纲》，1999 年 3 月在山西省太原市举行了二级注册结构工程师资格试点考试，2000 年举行了全国范围内的正式考试。

2000 年全国注册工程师管理委员会（结构）在认真总结前 4 届注册结构工程师资格考试经验的基础上，借鉴了英国和美国注册结构工程师考题设计的长处，并结合我国注册结构工程师资格考试的具体情况，对 1997 年颁布的《全国一级注册结构工程师考试大纲》

进行了修订，修订后的大纲于2000年9月1日颁布实施。2001年举行了大纲修订后即题型改革后的首次考试。2004年在全国一级注册结构工程师专业考试中又首次推出了施工图审校类试题。截至2017年，根据新大纲已举行了16届考试。注册结构工程师资格考试改革的成功经验目前已推广到勘察设计行业等其他注册工程师资格考试。

2.3.1.2　一级注册结构工程师基础和专业考试报考条件及考试内容

注册结构工程师考试实行分级考试制度；考试每年举行一次，考试时间一般安排在9月上旬。对于备考一级资格证书的人员，只有通过基础考试，并从事结构工程设计或相关业务满规定年限，方可申请参加专业考试。全国一级注册结构工程师基础考试为闭卷考试，一、二级注册结构工程师专业考试为开卷考试，考试时允许考生携带正规出版社出版的各种专业规范和参考书进考场。一、二级注册结构工程师专业考试时间为8个小时，上、下午各4个小时，且为非滚动管理考试。一、二级注册结构工程师专业考试试卷由80道单项选择题组成，其中上、下午试卷各40题，试卷满分80分，即每题1分，48分及格。

（1）基础考试报考条件。

全国一级结构工程师执业资格基础考试报考条件见表2.4。

表2.4　全国一级结构工程师执业资格基础考试报考条件（以2018年度报考条件为例）

<table>
<tr><th>类别</th><th>专业名称</th><th>学历或学位</th><th>职业实践最少时间</th><th>最迟毕业年限</th></tr>
<tr><td rowspan="4">本专业</td><td>结构工程</td><td>工学硕士或研究生毕业及以上学位</td><td></td><td>2018年</td></tr>
<tr><td rowspan="3">建筑工程（不含岩土工程）</td><td>评估通过并在合格有效期内的工学学士学位</td><td></td><td>2018年</td></tr>
<tr><td>未通过评估的工学学士学位</td><td></td><td>2018年</td></tr>
<tr><td>专科毕业</td><td>1年</td><td>2017年</td></tr>
<tr><td rowspan="3">相近专业</td><td rowspan="3">建筑工程的岩土工程
交通土建工程
矿井工程
水利水电建筑工程
港口航道及治河工程
海岸与海洋工程
农业建筑与环境工程
建筑学、工程力学</td><td>工学硕士或研究生毕业及以上学位</td><td></td><td>2018年</td></tr>
<tr><td>工学硕士或本科毕业</td><td></td><td>2018年</td></tr>
<tr><td>专科毕业</td><td>1年</td><td>2017年</td></tr>
<tr><td colspan="2">其他工科专业</td><td>工学学士或本科毕业及以上学位</td><td>1年</td><td>2017年</td></tr>
</table>

1977年（含1977年）以后毕业，不具备规定学历的人员，从事建筑工程设计工作累计15年以上，且具备下列条件之一，可以报考基础考试：

①作为专业负责人或主要设计人，完成建筑工程分类标准三级以上项目4项（全过程设计），其中二级以上项目不少于1项。

②作为专业负责人或主要设计人，完成中型工业建筑工程以上项目4项（全过程设计），其中大型项目不少于1项。

（2）专业考试报考条件。

全国一级结构工程师执业资格专业考试报考条件见表2.5。

表 2.5　全国一级结构工程师执业资格专业考试报考条件（以 2018 年度报考条件为例）

<table>
<tr><th rowspan="2">类别</th><th rowspan="2">专业名称</th><th rowspan="2">学历或学位</th><th colspan="2">Ⅰ类人员</th><th colspan="2">Ⅱ类人员</th></tr>
<tr><th>职业实践最少时间</th><th>最迟毕业年限</th><th>职业实践最少时间</th><th>最迟毕业年限</th></tr>
<tr><td rowspan="4">本专业</td><td>结构工程</td><td>工学硕士或研究生毕业及以上学位</td><td>4 年</td><td>2014 年</td><td>6 年</td><td>1996 年</td></tr>
<tr><td rowspan="3">建筑工程
（不含岩土工程）</td><td>评估通过并在合格有效期内的工学学士学位</td><td>4 年</td><td>2014 年</td><td colspan="2">Ⅱ类人员中无此类人员</td></tr>
<tr><td>未通过评估的工学学士学位</td><td>5 年</td><td>2013 年</td><td>8 年</td><td>1994 年</td></tr>
<tr><td>专科毕业</td><td>6 年</td><td>2012 年</td><td>9 年</td><td>1993 年</td></tr>
<tr><td rowspan="3">相近专业</td><td rowspan="3">建筑工程的岩土工程
交通土建工程
矿井工程
水利水电建筑工程
港口航道及治河工程
海岸与海洋工程
农业建筑与环境工程
建筑学、工程力学</td><td>工学硕士或研究生毕业及以上学位</td><td>5 年</td><td>2013 年</td><td>8 年</td><td>1994 年</td></tr>
<tr><td>工学硕士或本科毕业</td><td>6 年</td><td>2012 年</td><td>9 年</td><td>1993 年</td></tr>
<tr><td>专科毕业</td><td>7 年</td><td>2011 年</td><td>10 年</td><td>1992 年</td></tr>
<tr><td colspan="2">其他工科专业</td><td>工学学士或本科毕业及以上学位</td><td>8 年</td><td>2010 年</td><td>12 年</td><td>1989 年</td></tr>
</table>

注：表中“Ⅰ类人员”指基础考试已经通过，继续报考专业考试的人员；“Ⅱ类人员”指符合免基础考试条件只参加专业考试的人员，该类人员可一直报考专业考试，直至通过为止。

具备下列条件的人员，也可以报考专业考试：

①1976 年毕业（含 1976 年）以前建筑工程专业大学本科、专科毕业的人员。

②1976 年毕业（含 1976 年）以前建筑工程或相近专业中专及以上学历毕业，从事结构设计工作累计 10 年以上的人员。

③1976 年毕业（含 1976 年）以前参加工作，不具备规定学历要求，从事结构设计工作累计 15 年以上的人员。

全国一级结构工程师执业资格考试科目、题型及分值见表 2.6。

表 2.6　全国一级结构工程师执业资格考试科目、题型及分值一览表

<table>
<tr><th>考试名称</th><th>题型</th><th>内容</th><th>题量</th><th>每题分值</th><th>合计</th></tr>
<tr><td rowspan="7">基础考试</td><td rowspan="7">选择题</td><td>高等数学</td><td>24</td><td>1</td><td rowspan="7">240</td></tr>
<tr><td>普通物理</td><td>12</td><td>1</td></tr>
<tr><td>普通化学</td><td>12</td><td>1</td></tr>
<tr><td>理论力学</td><td>13</td><td>1</td></tr>
<tr><td>材料力学</td><td>15</td><td>1</td></tr>
<tr><td>流体力学</td><td>12</td><td>1</td></tr>
<tr><td>电工电子技术</td><td>12</td><td>1</td></tr>
</table>

续表2.6

考试名称	题型	内容	题量	每题分值	合计
基础考试	选择题	工程经济	10	1	240
		计算机应用基础	10	1	
		土木工程材料	7	2	
		结构力学	15	2	
		土力学与地基基础	7	2	
		工程测量	5	2	
		结构设计	12	2	
		土木工程施工与管理	5	2	
		结构试验	5	2	
		职业法规	4	2	
专业考试	选择题（相应试题需写出计算过程）	钢筋混凝土结构	15	1	80
		钢结构	14	1	
		砌体结构与木结构	14	1	
		地基与基础	14	1	
		桥梁结构	8	1	
		高耸结构与横向作用	15	1	

2.3.1.3 注册与执业

取得注册结构工程师执业资格证书，要从事结构工程设计业务，需申请注册。准予注册的申请人，分别由全国注册结构工程师管理委员会和省、自治区、直辖市注册结构工程师管理委员会核发由建设部统一制作的注册结构工程师注册证书。注册结构工程师注册有效期为 3 年，有效期届满需要继续注册的，应当在期满前 30 日内办理注册手续。注册结构工程师执行业务，应当加入一个勘察设计单位。注册结构工程师的执业范围包括结构工程设计，结构工程技术咨询，建筑物、构筑物、工程设施等的调查和鉴定，对本人主持设计的项目进行施工指导和监督，建设部和国务院有关部门的其他业务。一级注册结构工程师的执业范围不受工程规模及工程复杂程度的限制。

2.3.1.4 国际结构工程师执业资格认证与管理

我国结构工程师执业资格注册制度的管理与实施，在一定程度上借鉴了西方发达国家的执业资格认证与管理经验。通过借鉴国外较为成熟的执业资格认证与管理经验，能够不断改进和完善我国执业资格考试的命题方式及负责制度，同时进一步加强同行间的国际合作交流，为今后我国同其他发达国家注册结构工程师的资格互认奠定基础。下面就美国、英国、德国和新加坡的结构工程师执业资格认证与管理进行介绍和分析，为我国结构工程师增加国际视野以及贯彻落实执业资格注册制度提供参考。

（1）美国结构工程师执业资格认证与管理。

美国结构工程师制度自建立以来已有近百年历史，在经过不断完善和改进之后，建立了一套较为完善和规范的执业资格认证体系。我国建设行业执业资格制度管理模式多借鉴于美国。因此，了解美国结构工程师注册制度对我国结构工程师来说很有必要。

在美国，宏观上由政府和各州政府对相关执业资格制度进行立法，使职业资格有法可依。由教育部制定执业制度管理框架和指导性方向，授权全国院校评估机构对全国各高校专业进行评估，以保证各专业的教学质量。全国划分为不同学区，由各学区教育委员会对辖区内高校进行管理。经教育部授权，工程技术委员会负责工程专业的教育认证和评估，美国工程与测量考试委员会负责组织和管理资格考试具体工作。

美国专业评估认证组织和注册考试管理机构是分开独立进行管理的，先由教育部直属部门对高校进行认证，再由非政府机构工程和技术委员会对相关专业进行评估和认证，以保证高校专业教育质量和促进国际互认。美国工程与测量考试委员会负责向工程人员提供考试培训。由此看出，美国执业资格制度整体上由协会或学会进行组织和管理，政府只进行宏观调控和协调。

在美国，各州的注册规定不尽相同，大体上讲，都包括接受高校专业教育、职业实践和资格考试等程序。作为美国工程师注册的管理机构，美国工程师注册局具体负责资格认证、考试管理、注册登记等工作。美国结构工程师执业资格制度框架流程如图 2.2 所示。

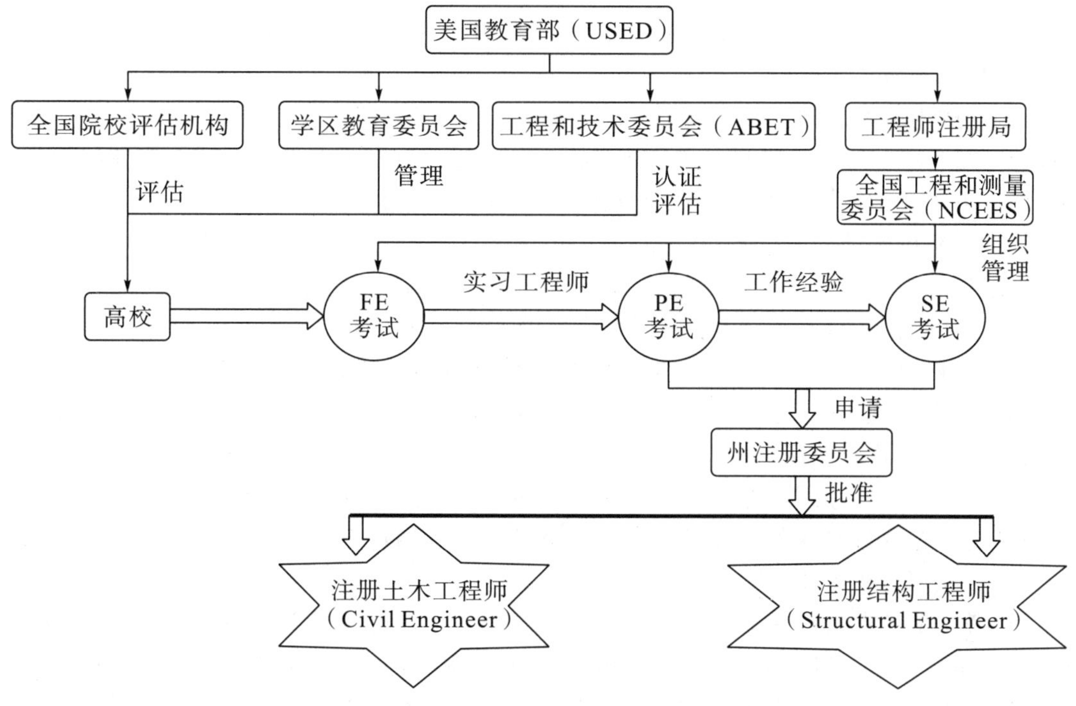

图 2.2　美国结构工程师执业资格制度框架流程

在美国要成为一名注册结构工程师，从大学开始大体需要完成以下几个步骤：首先，本科选择工科专业（经 ABET/ETC 认证），在即将完成本科学习时通过 NCEES 的基础考试（Fundamentals of Engineering，FE），随后具备 4 年以上的实习工程师工作经验（实习年限要求各州规定可能不同)，通过 NCEES 的原理实践考试（Principle and Practice of Engineering，PE)，然后可以在从业所在州注册委员会申请注册，获得批准后可以以“土木工程师”（Civil Engineer）的资格执业。有的州还需要工程师通过 SE 考试，才能在从业所在州注册委员会注册，批准后即可以“结构工程师”（Structural Engineer）资格执业。

美国工程与测量考试委员会（The National Council of Examiner for Engineering and Surveying，NCEES）位于美国南卡罗莱纳州克莱姆森市。NCEES 的目标是以规范的法律、严格的注册标准和高尚的职业道德来引导工程和土地测量专业的从业人员，从而保护社会公众的身心健康、人身安全和财产安全。该委员会是个非营利性的民间组织，由各州通过法律确定 NCEES 的应有地位，并通过州法的形式来实行，最后由各种相应政府部门颁发相应的资格证书。

NCEES 开展了专门的备案验证项目，该项目为那些想在其他州从业并满足多个资格注册机构要求的职业工程师和职业土地测量师提供了一个资格验证及备案的机构。通过这个项目，委员会掌握了从业执照持有人的档案，包括他们的学位副本、从业执照的信息、职业工程师和测量师介绍人以及就业证明材料。当其他注册机构需要时，NCEES 备案机构可以通过书面的形式将档案副本递交给执照颁发机构。NCEES 备案体系可以帮助职业工程师和测量师简化并加快各州的资格互认过程。任何在美国登记的职业工程师和职业土地测量师都可以参加 NCEES 备案项目。

NCEES 负责组织及管理注册工程师的 FE、PE、SE 考试，相关考试介绍如下。

①FE 基础考试。

FE 是成为注册结构工程师的第一步，专为经 ABET/ETC 认证的工科专业四年级学生设计，每年举行 2 次，考试分上、下午进行，考试时间一共为 8 小时。上午考试内容全部一样，下午考试需根据考生本科专业选择不同试卷参加考试，共有化工、土木、电气、工业管理、机械和综合六个专业试卷。

上午试卷内容为化学、计算机、动力学、电工线路、工程经济、职业规范、流体力学、材料科学/物质结构、数学、材料力学、静力学、热力学。

下午考试以土木专业为例，其考试内容为计算机与数值方法、施工管理、环境工程、水利学和水文系统、职业法规、土力学与地基基础、结构分析、结构设计、测量、交通运输设备、水的净化与处理。

FE 考试是闭卷考试，考试只允许使用一本随考卷发下的参考手册。2012 年 10 月，FE 考试土木专业首次参考通过率为 67%，非首次参考通过率为 28%。

②PE 原理实践考试。

PE 考试是考查工程师某一特定专业的实践能力，分为以下 17 个专业：农业、建筑、化学、土木（施工、岩土工程、结构、运输、水资源与环境)、控制系统、电气和计算机（计算机工程、电子电气工程)、环境、消防、工业、机械（暖通空调和制冷、机械系统和材料、热液系统)、冶金与材料、采矿和矿物加工、船舶与海洋、核、石油、软件、结构。考试时间为 8 小时，分上、下午进行，每次考试考生人数约 600 人，考生应同时具备下列三项基本条件方可参加考试：

a. 具备相应的教育背景：要求工科毕业或四年级学生（经 ABET/ETC 认证的学士

学位或同等学位）。

b. 通过由 NCEES 组织的基础考试：8 小时工程基础考试（Fundamentals of Engineering Exam）。

c. 具有相应的工作经历：4 年以上实习工程师工作经验。

PE 考试是开卷考试，考试时允许携带与考试相关的材料。2012 年 10 月，PE 考试土木专业首次参考通过率为 65%，非首次参考通过率为 27%。

③SE 考试。

SE 考试旨在测试工程师的结构工程实践能力，与其他专业工程师考试不同，专为注册结构工程师而设计实施。从 2011 年 4 月开始采用新的 SE 考试，取代了以往的结构Ⅰ、结构Ⅱ两个独立的考试。每年举行 2 次，分两天进行，考试时间共 16 个小时。考试内容分竖向作用和水平作用两部分，通过 SE 考试测试工程师对地震高发区及强风地区的安全设计能力。

具体考试内容包括：第一天，竖向荷载（基本力学概念、荷载取值、效应组合、结构设计基本原理、基本构件设计等）；第二天，水平荷载（风荷载、水平地震作用和竖向地震作用等）。

上午 40 道概念题（客观题），每题 1 分，主要考查结构设计概念及结构设计基础知识；下午 4 道综合案例题（主观题），主要考查考生对结构设计概念的灵活运用能力及对实际工程的综合处理能力，综合案例题按计算步骤计分。阅卷方式：上午的概念题采用计算机计分答题卡阅卷，下午的综合案例题采用人工评阅。每次人工阅卷由 NCEES 委员会组织 80 名专业人士用 2 天时间（周六、周日）完成全部综合案例的评阅工作，阅卷工作一般在考后 30 天内完成。

SE 考试为开卷考试，考试时允许携带与考试相关的材料。2012 年 10 月，SE 考试的竖向作用考试首次参考通过率为 43%，非首次参考通过率为 30%；水平作用考试首次参考通过率为 25%，非首次参考通过率为 16%。

美国注册结构工程师的继续教育的要求为每年 15 学时，每个州会根据自身的情况做相应调整，美国所有专业机构的继续教育在各个州都是受到推广和鼓励的。有些州需要验证继续教育的学分，才给从业工程师延续现有的执照。参加专业会议，参加不同机构举行的讲座，发表期刊论文，参加专业协会的活动，都可以得到相应的学分。

在美国，工程师在从业之前必须获得职业资格执照。从业是指作为项目的专业负责工程师（Engineering of Record）。执照的发放由各州负责，而不是联邦政府。各州设有发证机构，工程师在从业之前必须在相应的州申请职业资格执照。各州的发证机构可从 NCEES 网站（http://ncees.org/licensure）查询。

（2）英国结构工程师执业资格认证与管理。

英国结构工程的发展历史悠久，且颇具国际影响力，其对于结构工程师的执业资格认证与管理得到了很多其他国家的认可，并与其建立了完善的资格互认体系，这对英国结构工程师走向世界和世界结构工程师走向英国都创造了良好条件，这一点值得我们学习与研究。

在英国，政府不直接对结构工程及相关事宜进行控制和管理，而是通过专业化的委员会或学会进行管理。其中，英国工程委员会（Engineering Council of United Kindom,

ECUK）是经皇家特许的权力机构，负责对英国的工程进行管理，并在国外代表英国工程师的利益。英国工程委员会的重要使命就是为工程师制定专业能力和职业道德的国际性标准（UK-SPEC），并在实践中保持这一标准。英国结构工程师的另一个学术团体是英国结构工程师学会（the Institution of Structural Engineers），它成立于 1908 年，当时称为混凝土协会。随着技术的飞速发展，学会的成员范围也迅速扩展到整个结构工程领域。学会把许多国家的结构工程师聚集在一起，相互交流，共同促进结构工程师的发展，这使得学会不断地向国际化发展。1934 年，学会被授予皇家特许权（Royal Charter）。学会发展至今，已经拥有会员 22000 余人，分布在 100 多个国家。

英国结构工程师学会的会员可以分为以下六种：学生会员（Student Member），毕业生会员（Graduate Member），技术会员（Technician Member），准会员（Associated Member），特许会员（Charted Member），资深会员（Fellow Member）。学生会员是为在高校进行结构工程或相关专业学习的学生准备的会员头衔，在经过认证的高校中学习的学生均可申请；毕业生会员为获得认证学位的高校毕业生开放。这两者不需培训与测试，便可直接申请。技术会员一般颁发给有经验的且对相关规范标准有深入了解的结构工程师；准会员是常见的会员形式，从事设计工作并能够解决实际设计问题的结构工程师可以申请成为准会员，它是申请者获得更高会员级别的铺路石；特许会员是学会为认证申请者专业技能和综合素质而设置的会员级别，获得特许会员资格的成员有能力独立承担设计任务并领导团队。这三个级别的会员均需要完成学会组织的初始职业发展（IPD）培训，并通过相应标准的笔试和面试（技术会员只需要面试，不需要笔试）才可以获得。资深会员代表英国结构工程师学会的最高会员级别，只有已成为特殊会员并达到学会一系列严格标准要求的成员才有机会成为资深会员，这也是英国结构工程师学会的最高荣誉会员。

英国工程委员会的注册工程师可以分为特许工程师（Chartered Engineer，CEng）、副工程师（Incorporated Engineer，IEng）和工程技术员（Engineering Technician，EngTech），他们分别对应英国结构工程师学会的特许会员、准会员和技术会员。只有在英国结构工程师学会获得相应级别的会员，才能继续向英国工程委员会申请成为相应级别的工程师。

一名结构工程师要想注册成为英国的特许结构工程师，需要首先加入英国结构工程师学会并完成学会的特许会员认证，然后通过英国工程委员会的专业能力和职业道德标准认证，最终成为一名英国皇家特许结构工程师（CEng）。

要想完成英国结构工程师学会的特许会员认证，必须具备以下三大要素：

①学会认可的学位。

②完成学会组织的初始职业发展（Initial Professional Development，IPD）培训。该初始职业发展培训的目标包括表 2.7 中的 13 个“核心目标”，只有达到这些目标，才能完成从学校毕业生到特许工程师的转换。

表 2.7　英国结构工程师学会特许会员“核心目标”及其基本要求

分类	核心目标		基本要求
个人发展	学会知识	熟悉英国结构工程师学会并参与学会事务	知识—K
	沟通能力	有效的沟通能力和技能	能力—B
工程经验	概念设计	根据要求（结构稳定性、耐用性、美学和造价）设计切实可行的结构方案	能力—B
	分析与设计	有能力分析和设计	能力—B
	材料	有能力决定和协调材料的使用	能力—B
	环境	熟悉环境和可持续发展方面的议题和法规	知识—K
	施工	有施工方面的经验	经验—E
管理和商务	管理	有进度计划和控制方面的管理技能和经验	经验—E
	法律	理解相关法律和法规	理解—A
	健康与安全	有健康安全要求与法规方面的经验	经验—E
	商业意识	理解商业和造价方面的影响	理解—A
	合同	有采购分包途径和合同形式方面的知识	知识—K
	质量体系	有质量体系方面的知识	知识—K
“核心目标”基本要求 A 理解（Appreciation）：了解自己的专业，以及专业之间可能存在的相互影响和作用 K 知识（Knowledge）：掌握本专业的知识及运用 E 经验（Experience）：独立或在指导下完成项目任务 B 能力（Ability）：独立完成项目任务并能够为他人提供意见			

③通过学会专业面试以及专业笔试。

对于普通个体来说，成为英国特许结构工程师的具体注册流程如图 2.3 所示。

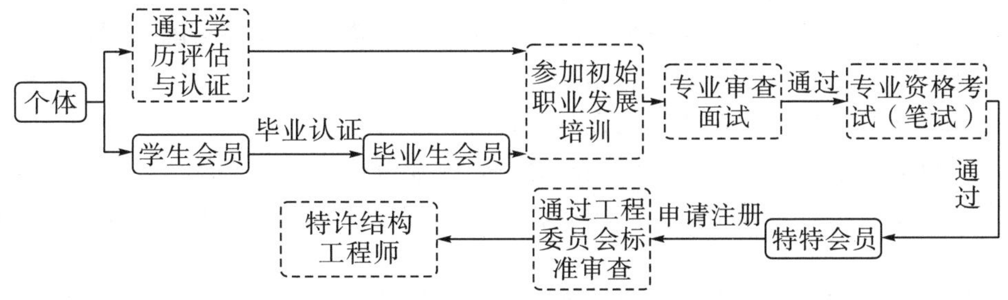

图 2.3　英国特许结构工程师注册流程

个体可以在高校毕业之后，通过学历的评估与认证，直接申请学会的特殊会员资格。在校学生也可以直接申请为学生会员，毕业后经过认证成为毕业生会员。这两种情况的申请者均需要经过一段时间的职业实践并完成初始职业发展培训，才可以参加专业面试与笔试的评估与考核，通过后可以晋升为学会特许会员。

特许会员的所有申请者都要通过专业评估，即对个人初始职业发展（IPD）的评估。对于是否允许其申请成为特许会员，则要根据专业审查成员的报告，由特许会员委员会决定。专业审查包括两方面：一是书面报告审核，二是面试。申请人要用规定的格式提交书面报告，证明其满足学会提出的13个“核心目标”的要求；面试官也会针对13个“核心目标”的要求对面试者发问，考查其是否满足“核心目标”的要求。

专业审查面试由两个既有资质又有经验的面试官进行，面试官是具有大量的工程经验的特许工程师。在面试过程中，面试官的主要考核内容即为学会初始职业发展要求的13个“核心目标”。面试官需要考查申请者是否满足每个目标提出的基本要求及是否有能力承担专业和管理方面的职责。面试结束后，面试官要为每个申请者写一份总结报告，报告中需要说明申请者的能力和认可的标准，以及面试官对申请者的专业判断，注明申请者是否展示出了所需要的能力和标准。特许会员委员会对申请者负责，审查专业申请报告，决定是否批准申请者参加专业资格考试。

在通过面试以后，申请者还要通过资格考试。资格考试每年举行1次，考试时间共7个小时，内容为工程结构设计实践能力的考核。参加资格考试的考生在八道题中选择一道进行作答，每道题都包含一个典型的工程案例与一定的设计条件，考生可根据规范标准或相关的工程经验作答。答卷分为两个部分，每个部分都合格才能通过考试。

①第一部分（占总分值的50%）要求考生针对考题中的案例提出2个不同的结构设计方案及每种方案的材料选择、结构稳定性与荷载传递等，并选择其中一种方案，阐明选择此方案的理由。第一部分通常会要求考生对考题条件的某个变化（如加层等）提供解决方案。

②第二部分（占总分值的50%）要求考生对选择的方案展示详细的计算结果，给出结构布置图，根据结构构件的设计细节绘制平面图、立面图、剖面图等，并提出结构施工方案以及结构施工场地控制、安全监督方法等。

申请者在通过资格审查的面试和笔试并成功加入英国结构工程师学会成为特许会员后，才可以继续向英国工程委员会申请注册，并成为一名特许结构工程师（CEng）。特许结构工程师需要达到英国工程委员会标准（UK-SPEC）的要求，与此同时，申请者需完成英国政府的相关审查，在审查通过后方可获得特许结构工程师资格。拥有该资格的结构工程师可以独立承担结构工程建设项目的完全责任。该资格不仅在英国通用，而且在其他与英国完成国际资格互认的国家也适用。

（3）德国结构工程师执业资格认证与管理。

德国是世界上职业教育最发达的国家之一，执业资格制度历史悠久，具有一整套完善的执业资格制度体系，尤其是双元制职业教育模式与管理体制，在世界职业教育模式中堪称典范。

在德国，由联邦教育部和经济劳动部共同组织和制定执业资格框架，对职业教育立法，由州一级的职业教育委员会按照教育大纲制定各自区域的具体的资格教育体系和标准，具体的组织、管理、监督以及组织考试、颁发证书交由相关的行业协会办理。德国职业教育模式为双元制模式，即高校与企业共同培养，综合性大学相关专业则还需要政府授权的认证机构进行专业质量认证。

首先，教育部和劳动部联合对职业资格制度进行立法，定制框架和大纲，从本质上实现了就业和教育的统一。其次，相关的行业协会在“工学结合、校企合作”的职业教育模式中有着至关重要的地位。由于行业协会更了解市场和经济发展以及对劳动者的能力要求，所以其制定的考核和培训内容更具有针对性，更加注重对学生实践能力的考查，也就更进一步保证了职业资格证书的质量。最后，高校与企业联合办学，使学生在学习理论知识的同时也进行了实践技能的锻炼，为以后学生进入社会打下了坚实的基础。总之，德国职业教育模式使学校、企业和社会各方充分地参与进来，在保证人才质量满足市场经济发展要求的情况下，充分体现了其教育和培训的目标，使专业教育、评估、职业实践和职业资格认证能够紧密地联系起来。

德国建筑领域专业人士可划分为建筑师、装修工程师、环境工程师和工程师，从执业范围上可以认为工程师与我国的结构工程师大致对等。由于德国的职业资格教育较为发达，高校学生基本上都经历过职业培训，且到一定阶段还有相应的职业证书，所以德国工程师的注册较为简单，具体流程如图 2.4 所示。

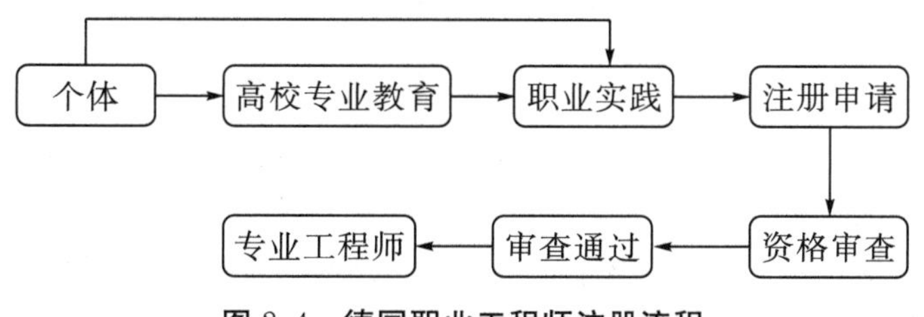

图 2.4　德国职业工程师注册流程

个体申请注册专业工程师的条件为经过专业学历的认证（德国、欧盟承认其他国家的学历），有两年以上的职业实践工作经验，学历不足适当延长职业实践年限，不具备工程类学历申请注册时需进行成绩测试，测试合格后才能参加资格审查，由相关协会的注册委员会对申请者的教育背景和实践工作经验进行审查，职业实践的审查也相当于面试。审查通过后，成为一名专业工程师，姓名会登记到相关的名册。

（4）新加坡结构工程师执业资格认证与管理。

新加坡是注册结构工程师制度较为先进和规范的亚洲国家之一，其结构工程师执业认证与管理制度既借鉴了西方国家的方式方法，又融入了自身独特的创新内容，值得我们借鉴。

在新加坡，所有专业结构工程师的申请者都需要参加专业工程师委员会（PEB）的专业工程师认证（PE），该认证需要符合以下要求：

①取得专业工程师委员会认可的教育资格。

②具有至少 4 年的实际经验，其中在拥有有效执业证书的注册专业工程师的带领下至少有 2 年实际经验。

③通过两次考试，即基础工程考试（FEE）和专业工程实践考试（PPE）。

④参加并通过专业面试。

新加坡专业工程师委员会认可的可注册的教育资格只限于土木工程、电气工程和机械工程专业及其分支。此外，认可的资格必须满足专业工程师（认可资格）通知中规定的要求（详见 http://app.peb.gov.sg/html/pe_approved.html）。

在实际工作经验方面，申请注册的人需具备至少 4 年与工程相关的工作经验。拟注册土木工程师的申请人应当取得以下实践经验：

①在具有有效执业证书的注册专业工程师的指导下工作时间满 12 个月。

②在具有有效执业证书的注册专业工程师的指导下，从事项目现场或工程勘察监管工

作的时间至少为 12 个月。

从事全职教育或研究工作的申请人，应具备在具有有效执业证书的注册专业工程师的指导下至少有 2 年相关的实际工作经验，工作内容应得到专业工程师委员会董事的认可。综上所述，新加坡工程师注册流程如图 2.5 所示。

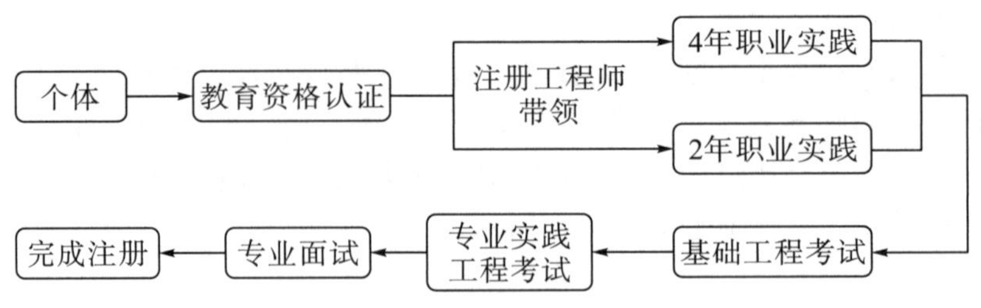

图 2.5　新加坡工程师注册流程

申请注册的申请人，需参加并通过的两次考试为基础工程考试（FEE）和专业工程实践考试（PPE）。基础工程考试主要考查申请人土木工程基本工程学科方面的知识。专业工程实践考试是考查申请人在专业工程方面的实践中运用其知识和经验的能力，以及所掌握的土木工程专业的规则和法规规范方面的知识。

目前考试每年举行一次。考试形式为开卷，问题类型包括多项选择和回答问题，见表 2.8。

表 2.8　新加坡专业工程师资格考试内容

科目	分配时间	类型
基础工程考试第一部分 土木/机械/电气工程的核心工程科目	3 小时 10 分钟 （上午 9:00—下午 12:10）	40 道多选题（MCQ）
基础工程考试第二部分 土木/电气/机械工程的核心/选修科目	3 小时 10 分钟 （下午 2:00—下午 5:10）	9 题选作 5 题（土木） 7 题选作 5 题（电气、力学）
专业工程实践考试第一部分 普通考试	2 小时 10 分钟 （上午 9:00—上午 11:10）	10 道必做多选题 从 5 篇短文中选 3 篇，回答问题
专业工程实践考试第二部分 土木/机械/电气工程	4 小时 10 分钟 （下午 1:00—下午 5:10）	1 道必答题及从 6 道题中选 4 道题回答（土木工程）；1 道必答题及从 7 道题中选 4 道题回答（电气、机械工程）

除了基础工程考试（FEE）和专业工程实践考试（PPE）外，申请人还需参加专业面试。申请人需要提交一份毕业后对专业经验的总结，详细介绍其工作经历，如就业岗位、在每个岗位的职责等，还要提交 2000～4000 字的关于毕业后工程经验的报告，详细介绍其参与的自认为有专业经验亮点的项目（不超过 4 个项目）。

专业面试的主考官主要考查申请报告中的内容以及申请人在专业实践方面所具有的能力。面试开始时，要求申请人进行 10 分钟的介绍，内容为其报告中强调的一个或多个项目。在面试的剩余时间，面试小组将与申请人讨论其报告中所提出的参与项目实现所具有的各种能力。申请人将回答与申请专业实践相关的其他方面问题，如毕业后的经验总结。面试持续时间约 45 分钟。

总体而言，申请注册的过程如下：

①报考基础工程考试（FEE）。如果已获得认可的学历，则可报考。

②申请参加专业工程实践考试（PPE）。要求是提交毕业后的专业经验总结，表明已经获得了至少 4 年的实践经验，其中至少 2 年在具有有效执业证书的注册专业工程师的指导下完成。

③通过基础工程考试（FEE）和专业工程实践考试（PPE）后，申请人要在通过专业工程实践考试（PPE）的 5 年之内申请注册。申请人需提交一份更新的毕业后的专业经验总结以及一份对毕业后工程经验的报告，然后参加面试以评估报告中提出的实际经验并最终完成注册。

2.3.2 注册土木工程师（岩土）执业资格认证与管理

注册土木工程师根据专业不同，分为岩土、水利水电工程和港口与航道工程。与土木工程专业相同方向的为注册土木工程师（岩土）。此处仅对注册土木工程师（岩土）的相关制度、报考条件和考试内容作一简单介绍。

2.3.2.1 注册土木工程师（岩土）考试制度介绍

1998 年建设部启动注册岩土工程师的前期工作，2002 年 4 月 8 日，人事部、建设部颁布了《注册土木工程师（岩土）执业资格制度暂行规定》《注册土木工程师（岩土）执业资格考试实施办法》《注册土木工程师（岩土）执业资格考核认定办法》，2002 年 9 月举行了首届全国注册土木工程师（岩土）执业资格考试。

目前，注册土木工程师（岩土）执业资格制度纳入国家专业技术人员执业资格制度，由人事部、建设部批准建立。

2.3.2.2 注册土木工程师（岩土）基础和专业考试内容及报考条件

注册土木工程师（岩土）执业资格考试分为基础考试和专业考试。考试每年举行一次，考试时间一般安排在 9 月上旬。专业考试分两天进行，第一天为专业知识考试，第二天为专业案例考试，专业知识考试和专业案例考试时间均为 6 个小时，上、下午各 3 个小时。

（1）考试内容。

基础考试为闭卷考试，上午段主要测试考生对基础科学的掌握程度，下午段主要测试考生对岩土工程直接有关的专业理论知识的掌握程度。专业知识考试的上、下午试卷均由 40 道单选题和 30 道多选题组成，单选题每题 1 分，多选题每题 2 分，专业知识试卷满分为 200 分；专业案例考试的上、下午试卷各由 30 道单项选择题组成，考生从上、下午试卷的 30 道试题中任选其中 25 道题作答，每题 2 分，专业案例试卷满分为 100 分。注册土木工程师（岩土）专业考试为非滚动管理考试，且为开卷考试，考试时允许考生携带正规出版社出版的各种专业规范和参考书进入考场。全国注册土木工程师（岩土）资格基础和专业的考试科目、题型及分值见表 2.9、表 2.10。

表 2.9　全国注册土木工程师（岩土）资格基础考试科目、题型及分值一览表

<table>
<tr><th>考试名称</th><th>题型</th><th>内容</th><th>题量</th><th>每题分值</th><th>合计</th></tr>
<tr><td rowspan="17">基础考试</td><td rowspan="17">选择题</td><td>高等数学</td><td>24</td><td>1</td><td rowspan="17">240</td></tr>
<tr><td>普通物理</td><td>12</td><td>1</td></tr>
<tr><td>普通化学</td><td>12</td><td>1</td></tr>
<tr><td>理论力学</td><td>13</td><td>1</td></tr>
<tr><td>材料力学</td><td>15</td><td>1</td></tr>
<tr><td>流体力学</td><td>12</td><td>1</td></tr>
<tr><td>电工电子技术</td><td>12</td><td>1</td></tr>
<tr><td>工程经济</td><td>10</td><td>1</td></tr>
<tr><td>计算机基础/信号信息</td><td>10</td><td>1</td></tr>
<tr><td>法律法规</td><td>7</td><td>2</td></tr>
<tr><td>土木工程材料</td><td>15</td><td>2</td></tr>
<tr><td>结构力学</td><td>7</td><td>2</td></tr>
<tr><td>土力学与地基基础</td><td>5</td><td>2</td></tr>
<tr><td>工程测量</td><td>12</td><td>2</td></tr>
<tr><td>工程地质</td><td>5</td><td>2</td></tr>
<tr><td>土木工程施工与管理</td><td>5</td><td>2</td></tr>
<tr><td>岩体力学和岩体工程</td><td>4</td><td>2</td></tr>
</table>

表 2.10　全国注册土木工程师（岩土）资格专业考试科目、题型及分值一览表

<table>
<tr><th>考试名称</th><th>题型</th><th>内容</th><th>题型</th><th>每题分值</th><th>合计</th></tr>
<tr><td rowspan="15">专业考试</td><td rowspan="8">专业知识</td><td>岩土工程勘察</td><td rowspan="8">上、下午试卷均由 40 道单选题和 30 道多选题组成</td><td rowspan="8">单选题每题 1 分，多选题每题 2 分，多选题错选、少选、多选均不得分</td><td rowspan="8">200</td></tr>
<tr><td>深、浅基础</td></tr>
<tr><td>特殊条件下的岩土工程</td></tr>
<tr><td>地基处理</td></tr>
<tr><td>土工结构</td></tr>
<tr><td>边坡、基坑与地下工程</td></tr>
<tr><td>地震工程</td></tr>
<tr><td>工程经济与管理</td></tr>
<tr><td rowspan="7">专业案例（相应试题需写出计算过程）</td><td>岩土工程勘察</td><td rowspan="7">上、下午试卷各由 30 道单项选择题组成，考生从上、下午试卷的 30 道试题中任选其中 25 道题作答</td><td rowspan="7">每题 2 分</td><td rowspan="7">100</td></tr>
<tr><td>深、浅基础</td></tr>
<tr><td>特殊条件下的岩土工程</td></tr>
<tr><td>地基处理</td></tr>
<tr><td>土工结构</td></tr>
<tr><td>边坡、基坑与地下工程</td></tr>
<tr><td>地震工程</td></tr>
</table>

（2）基础考试和专业考试的报考条件。

凡中华人民共和国公民，遵守国家法律、法规，恪守职业道德，并具备相应专业教育和职业实践条件者，均可申请参加注册土木工程师（岩土）执业资格考试。下面以 2018 年度为例介绍基础考试和专业考试的报考条件。基础考试报考条件见表 2.11，专业考试报考条件见表 2.12。

表 2.11　全国注册土木工程师（岩土）执业资格基础考试报考条件（以 2018 年度报考条件为例）

类别	专业名称	学历或学位	职业实践最少时间	最迟毕业年限
本专业	勘查技术与工程 土木工程 水利水电工程 港口航道与海岸工程	大学本科及以上学历或学位		2018 年
		专科毕业	1 年	2017 年
相近专业	地质勘探 环境工程 工程力学	大学本科及以上学历或学位		2018 年
		专科毕业	1 年	2017 年
其他工科专业		工学学士或 本科毕业及以上学位	1 年	2017 年

表 2.12　全国注册土木工程师（岩土）执业资格专业考试报考条件（以 2018 年度报考条件为例）

类别	专业名称	学历或学位	Ⅰ类人员		Ⅱ类人员	
			职业实践最少时间	最迟毕业年限	职业实践最少时间	最迟毕业年限
本专业	勘查技术与工程 土木工程 水利水电工程 港口航道与海岸工程	工学博士学位	2 年	2016 年	Ⅱ类人员中无此类人员	
		工学硕士学位	3 年	2015 年	6 年	1992 年
		双学士学位或研究生班毕业	4 年	2014 年	7 年	1992 年
		本科毕业	5 年	2013 年	8 年	1990 年
		专科毕业	6 年	2012 年	9 年	1988 年
		中专			10 年	1978 年
相近专业	地质勘探 环境工程 工程力学	工学博士学位	3 年	2015 年	Ⅱ类人员中无此类人员	
		工学硕士学位	4 年	2014 年	7 年	1992 年
		双学士学位或研究生班毕业	5 年	2013 年	8 年	1992 年
		本科毕业	6 年	2012 年	9 年	1992 年
		专科毕业	7 年	2011 年	10 年	1992 年
其他工科专业		大学本科毕业 及以上学历或学位	8 年	2010 年	9 年	1983 年

注：表中“Ⅰ类人员”指基础考试已经通过，继续报考专业考试的人员；“Ⅱ类人员”指符合免基础考试条件只参加专业考试的人员，该类人员可一直报考专业考试，直至通过为止。

2.3.2.3　注册与执业

取得中华人民共和国注册土木工程师（岩土）执业资格证书者，应向所在省、自治区、直辖市勘察设计注册工程师管理委员会提出申请，由该委员会向岩土工程专业委员会报送办理注册的有关资料，由岩土工程专业委员会向准予注册的申请人核发由全国勘察设计注册工程师管理委员会统一制作的中华人民共和国注册土木工程师（岩土）执业资格证书和执业印章，经注册后，方可在规定的业务范围内执业。注册土木工程师（岩土）注册有效期为3年，有效期届满需继续执业的，应在期满前30日内办理注册手续。

2.3.3 注册建造师执业资格认证与管理

2.3.3.1 注册建造师考试制度介绍

注册建造师是指经全国统一考试合格并核准注册的从事建设工程项目总承包及施工管理的专业技术人员。注册建造师分为一、二两级，英文分别译作 Constructor 和 Associate Constructor。由于各行业的工程具有各自的特点，对于从事建造活动的专业技术人员的专业知识和技能有着各自的特殊要求，因此对建造师将按专业进行划分。目前，确定的专业有建筑工程、公路工程、水利水电工程、市政公用工程、机电工程、矿山工程、铁路工程、民航机场工程、港口与航道工程、通信与广电工程10个，二级建造师只有前6个专业。只有通过某个专业特定科目的考试后，才能取得相应专业的建造师资格。

注册建造师制度的实施由人保部及住建部共同负责，住建部负责一级建造师执业资格考试大纲的制定工作，人保部负责考试科目设置、考试大纲和考试试题的审定、资格考试的考务工作。一级建造师的执业注册由住建部或其授权机构负责，人保部负有检查、监督的责任。二级建造师的全国统一考试大纲由住建部拟定，人保部审定后，再由各省、自治区、直辖市的建设行政主管部门及人事主管部门负责命题并组织考试。二级建造师的执业注册办法由各省、自治区、直辖市的建设行政主管部门自行制定。

2.3.3.2 注册建造师考试内容及报考条件

（1）考试内容。

一、二级建造师执业资格考试所有科目均为闭卷考试。考试每年举行一次，考试报名时间一般在每年的7月，考试时间一般安排在9月中旬。考试设“建设工程经济”“建设工程项目管理”“建设工程法规及相关知识”“专业工程管理与实务”4个科目，二级建造师只有后3个科目。其中，一级建造师的“专业工程管理与实务”因专业不同分为10个专业类别，二级建造师分为6个专业类别。“专业工程管理与实务”为主观题，在试卷上作答；其余3科均为客观题，在答题卡上作答。考试分4个半天进行，“建设工程经济”的考试时间为2个小时，“建设工程项目管理”和“建设工程法规及相关知识”的考试时间为3个小时，“专业工程管理与实务”的考试时间为4个小时。

（2）报考条件。

一级建造师执业资格考试报名条件见表2.13。

表 2.13　一级建造师执业资格考试报名条件（以 2018 年度报考条件为例）

专业名称	学历或学位	最少工作时间	从事建设工程项目管理工作	最迟毕业年限
工程类或工程经济类	大学专科学历	6 年	4 年	2012 年
	大学本科学历	4 年	3 年	2014 年
	双学士或研究生班毕业	3 年	2 年	2015 年
	硕士学位	2 年	1 年	2016 年

符合上述有关报名条件，于 2003 年 12 月 31 日前取得建设部颁发的建筑业企业一级项目经理资质证书，并符合下列条件之一的人员，可免试“建设工程经济”和“建设工程项目管理”2 个科目，只参加“建设工程法规及相关知识”和“专业工程管理与实务”2 个科目的考试：

①受聘担任工程或工程经济类高级专业技术职务。

②具有工程类或工程经济类大学专科以上学历并从事建设项目施工管理工作满 20 年。

已取得一级建造师执业资格证书的人员，也可根据实际工作需要，选择“专业工程管理与实务”科目的相应专业，报名参加考试。考试合格后核发国家统一印制的相应专业合格证明。该证明作为注册时增加执业专业类别的依据。

凡遵纪守法且具有工程类或工程经济类中专以上学历，从事施工管理工作满 2 年的，都可报名参加二级建造师执业资格考试。

2.3.3.3　注册与执业

考试成绩均实行 2 年为一个周期的滚动管理办法，参加全部 4 个科目（二级建造师为 3 个科目）的人员，必须在连续两个考试年度内通过全部科目。免试部分科目的人员必须在一个考试年度内通过应试科目。取得建造师资格证书的人员，经过注册方能以注册建造师的名义执业。取得一级建造师资格证书并受聘于建设工程勘察、设计、施工、监理、招标代理、造价咨询等单位的人员，应当通过聘用单位向单位工商注册所在地的省、自治区、直辖市人民政府建设主管部门提出注册申请，省、自治区、直辖市人民政府建设主管部门受理后提出初审意见，并将初审意见和全部申报材料报国务院建设主管部门审批；符合条件的，由国务院建设主管部门核发中华人民共和国一级建造师注册证书，并核定执业印章编号。

取得二级建造师资格证书的人员申请注册，由省、自治区、直辖市人民政府建设主管部门负责受理和审批。对批准注册的，核发由国务院建设主管部门统一样式的中华人民共和国二级建造师注册证书和执业印章，并在核发证书后 30 日内送国务院建设主管部门备案。注册证书和执业印章是注册建造师的执业凭证，由注册建造师本人保管、使用。注册证书和执业印章有效期为 3 年。

注册建造师的具体职业范围按照《注册建造师执业工程规模标准》执行。注册建造师不得同时在两个及两个以上的建设工程项目上担任施工单位项目负责人。注册建造师在每一个注册有效期内，应当达到国务院建设主管部门规定的继续教育要求。继续教育的具体要求，由国务院建设主管部门会同国务院有关部门另行规定。

2.3.4 注册监理工程师执业资格认证与管理

注册监理工程师是指经考试取得中华人民共和国监理师资格证书（以下简称资格证书），并按照有关规定注册，取得中华人民共和国注册监理工程师注册执业证书（以下简称注册证书）和执业印章，从事工程监理及相关业务活动的专业技术人员。

2.3.4.1 注册监理工程师考试制度介绍

1996年8月，建设部、人事部下发了《建设部、人事部关于全国监理工程师执业资格考试工作的通知》（建监〔1996〕462号）。从1997年起，全国正式举行监理工程师执业资格考试。2006年，建设部颁发《注册监理工程师管理规定》（建设部第147号令），新的规定自2006年4月1日起施行，1992年6月4日建设部颁布的《监理工程师资格考试和注册试行办法》（建设部第18号令）同时废止。注册监理工程师资格考试工作由建设部、人事部共同负责，日常工作委托建设部建筑监理协会承担，具体考务工作由人事部人事考试中心负责。

2.3.4.2 注册监理工程师考试内容及报考条件

（1）考试内容。

注册监理工程师执业资格考试所有科目均为闭卷考试，考试每年举行一次，考试时间一般安排在5月中旬。考试设“工程建设监理基本理论与相关法规”“工程建设合同管理”“工程建设质量、投资、进度控制”“工程建设监理案例分析”4个科目。其中，“工程建设监理案例分析”为主观题，在试卷上作答；其余3科均为客观题，在答题卡上作答。考试分4个半天进行，“工程建设监理基本理论与相关法规”“工程建设合同管理”的考试时间为2个小时，“工程建设质量、投资、进度控制”的考试时间为3个小时，“工程建设监理案例分析”的考试时间为4个小时。

（2）报考条件。

注册监理工程师执业资格考试报名条件见表2.14。

表2.14 注册监理工程师执业资格考试报名条件（以2018年度报考条件为例）

专业技术职务	任职时间	最迟毕业年限
按照国家有关规定评聘的工程技术或工程经济专业中级专业技术职务	3年	2015年
按照国家有关规定评聘的工程技术或工程经济专业高级专业技术职务		2018年

对从事工程建设监理工作并同时具备下列四项条件的报考人员，可免试“工程建设合同管理”和“工程建设质量、投资、进度控制”2个科目：

①1970年以前（含1970年）工程技术或工程经济专业大专以上（含大专）毕业。

②具有按照国家有关规定评聘的工程技术或工程经济专业高级专业技术职务。

③从事工程设计或工程施工管理工作15年以上（含15年）。

④从事监理工作1年以上（含1年）。

2.3.4.3　注册与执业

考试成绩实行 2 年为一个周期的滚动管理办法，参加全部 4 个科目考试的人员必须在连续两个考试年度内通过科目；免试部分科目的人员必须在当年通过应试科目。在规定时间内全部考试科目合格的，颁发中华人民共和国监理工程师资格证书。取得资格证书者，经过注册方能以注册监理工程师的名义执业。申请注册由省、自治区、直辖市人民政府建设主管部门初审，国务院建设主管部门审批。

具体程序：①取得资格证书并受聘于建设工程勘察、设计、施工、监理、招标代理、造价咨询等单位的人员，应当通过聘用单位向单位工商注册所在地的省、自治区、直辖市人民政府建设主管部门提出注册申请；②省、自治区、直辖市人民政府建设主管部门受理后提出初审意见，并将初审意见和全部申报材料报国务院建设主管部门审批；③符合条件的，由国务院建设主管部门核发注册证书和执业印章。注册监理工程师注册有效期为 3 年，注册有效期届满需继续执业的，应当在注册有效期满前 30 日内，按照规定的程序申请延续注册。

2.3.5　造价工程师执业资格认证与管理

造价工程师是指国家授予资格并准予注册，专门接受某个部门或某个单位的指定、委托或聘请，负责并协助其进行工程造价的计价、定价管理业务，以维护其合法权益的工程经济专业人员。国家在工程造价领域实施造价工程师执业资格制度。凡从事工程建设活动的建设、设计、施工、工程造价咨询、工程造价管理等部门和单位，必须在计价、评估、审查（核）、控制及管理等岗位配套有造价工程师执业资格的专业技术人员。

2.3.5.1　造价工程师考试制度介绍

1996 年，依据《人事部、建设部关于印发〈造价工程师执业资格制度暂行规定〉的通知》（人发〔1996〕77 号），国家开始实施造价工程师执业资格制度。1998 年 1 月，人事部、建设部下发了《人事部、建设部关于实施造价工程师执业资格考试有关问题的通知》（人发〔1998〕8 号），并于当年在全国首次实施了造价工程师执业资格考试。考试工作由人事部、建设部共同负责，人事部负责审定考试大纲、考试科目和试题，组织或授权各项考务工作，会同建设部对考试进行监督、检查、指导和确定合格标准。日常工作由建设部标准定额司承担，具体考务工作委托人事部人事考试中心组织实施。

2.3.5.2　造价工程师考试内容及报考条件

（1）考试内容。

造价工程师执业资格考试所有科目均为闭卷考试，考试每年举行一次，考试时间一般安排在 10 月下旬。考试设 4 个科目，具体是“工程造价管理基础理论与相关法规”“工程造价计价与控制”“建设工程技术与计量”（本科目分土建和安装两个专业，考生可任选其一，下同）和“工程造价案例分析”。其中，“工程造价案例分析”为主观题，在试卷上作答；其余 3 科均为客观题，在答题卡上作答。考试分 4 个半天进行，“工程造价管理基础理论与相关法规”和“建设工程技术与计量”的考试时间为 2.5 个小时，“工程造价计价与控制”的考试时间为 3 个小时，“工程造价案例分析”的考试时间为 4 个小时。

（2）报考条件。

造价工程师执业资格考试报名条件见表 2.15。

表 2.15 造价工程师执业资格考试报名条件（以 2018 年度报考条件为例）

专业类别	专业名称	学历或学位	从事工程造价业务工作时间	最迟毕业年限
本专业	工程造价	大学专科毕业	5 年	2013 年
		大学本科毕业	4 年	2014 年
		第二学士学位或研究生班毕业或硕士学位	3 年	2015 年
		博士学位	2 年	2016 年
相近专业	工程或工程类	大学专科毕业	6 年	2012 年
		大学本科毕业	5 年	2013 年
		第二学士学位或研究生班毕业或硕士学位	3 年	2015 年
		博士学位	2 年	2016 年

凡符合造价工程师执业资格考试报考条件，且在《造价工程师执业资格制度暂行规定》下发之日（1996 年 8 月 26 日）前，已受聘担任高级专业技术职务并具备下列条件之一者，可免试“工程造价管理基础理论与相关法规”和“建设工程技术与计量”2 个科目，只参加“工程造价计价与控制”和“工程造价案例分析”2 个科目的考试：

①1970 年（含 1970 年，下同）以前工程或工程经济类本科毕业，从事工程造价业务满 15 年。

②1970 年以前工程或工程经济类大专毕业，从事工程造价业务满 20 年。

③1970 年以前工程或工程经济类中专毕业，从事工程造价业务满 25 年。

2.3.5.3 注册与执业

考试成绩均实行 2 年为一个周期的滚动管理办法，参加全部 4 个科目的人员，必须在连续两个考试年度内通过全部科目。免试部分科目的人员必须在一个考试年度内通过应试科目。

造价工程师的注册分为初始注册、续期注册和变更注册。经全国造价工程师执业资格统一考试合格的人员，应当在取得造价工程师执业资格考试合格证书后 3 个月内，到省级注册机构或者部门注册机构申请初始注册。

申请造价工程师初始注册应当提交下列材料：①造价工程师注册申请表；②造价工程师执业资格考试合格证书；③工作业绩证明。超过规定期限申请初始注册的，除了提交上述材料外，还应当提交国务院建设行政主管部门认可的造价工程师继续教育证明。

有下列情形之一的，不予注册：①丧失民事行为能力；②受过刑事处罚，且自刑事处罚完毕之日起至申请注册之日不满五年；③在工程造价业务中有重大过失，受过行政处罚或者撤职以上行政处分，且处罚、处分决定之日至申请注册之日不满两年；④在申请注册过程中有弄虚作假行为。

申请造价工程师初始注册，按照下列程序办理：①申请人向聘用单位提出申请；②聘用单位审核合格后，连同相关材料一并报省级注册机构或者部门注册机构；③省级注册机构或者部门注册机构对申请注册的有关材料进行初审，签署初审意见，报国务院建设行政主管部门；④国务院建设行政主管部门对初审意见进行审核，对无特殊规定情形的，准予注册，并颁发造价工程师注册证书和执业专用章。

国务院建设行政主管部门定期将核准注册的造价工程师名单向社会公布。造价工程师初始注册的有效期限为 2 年，自核准注册之日起计算。注册有效期满要求继续执业的，造价工程师应当在有效期满前 2 个月向省级注册机构或者部门注册机构申请续期注册。

造价工程师只能在一个单位执业。造价工程师的执业范围包括：①建设项目投资估算的编制、审核及项目经济评价；②工程概算、工程预算、工程结算、竣工决算、工程招标控制价（标底）、投标报价的编制和审核；③工程变更及合同价款的调整和索赔费用的计算；④建设项目各阶段的工程造价控制；⑤工程经济纠纷的鉴定；⑥工程造价计价依据的编制、审核；⑦与工程造价业务有关的其他事项。工程造价成果文件应当由造价工程师签字，加盖执业专用章和单位公章。经造价工程师签字的工程造价成果文件，应当作为办理审批、报建、拨付工程价款和工程结算的依据。

2.3.6　注册建筑师执业资格认证与管理

注册建筑师是指经考试、特许、考核认定取得中华人民共和国注册建筑师执业资格考试证书，或者经资格互认方式取得建筑师互认资格证书，并按照实施细则注册，取得中华人民共和国注册建筑师注册证书和执业印章，从事建筑设计及相关业务活动的专业技术人员。

2.3.6.1　注册建筑师考试制度介绍

1994 年 9 月，建设部、人事部下发了《建设部、人事部关于建立注册建筑师制度及有关工作的通知》（建设〔1994〕第 598 号），决定在我国实行注册建筑师制度，并成立了全国注册建筑师管理委员会。1995 年 9 月 23 日，国务院颁布了《中华人民共和国注册建筑师条例》（国务院第 184 号令）；2008 年 1 月 8 日，根据《中华人民共和国行政许可法》和《中华人民共和国注册建筑师条例》，建设部第 145 次常务会议讨论通过了《中华人民共和国注册建筑师条例实施细则》（以下简称《实施细则》），自 2008 年 3 月 15 日起施行。

2.3.6.2　注册建筑师考试内容及报考条件

注册建筑师考试分为一级注册建筑师考试和二级注册建筑师考试。注册建筑师考试实行全国统一闭卷考试，每年举行一次，考试时间一般在每年 3 月左右。遇特殊情况，经国务院建设主管部门和人事主管部门同意，可调整该年度考试次数。

（1）考试内容。

一级注册建筑师考试有“建筑设计”“建筑经济施工设计与业务管理”“设计前期与场地设计”“场地设计”“建筑材料与构造”“建筑物理与建筑设备”“建筑结构”“建筑方案

设计”“建筑技术设计”9个科目，考试成绩合格有效期为8年。二级注册建筑师考试有“建筑构造与详图”“法律法规经济与施工”“建筑结构与设备”“场地建筑设计”4个科目，考试成绩合格有效期为4年。

（2）报考条件。

报考全国一级注册建筑师资格考试人员需满足的条件：专业、学历及工作时间按表2.16所示的要求执行。

表2.16　一级建筑师报考条件（以2018年度为例）

<table>
<tr><th>专业</th><th colspan="2">学位或学历</th><th>从事建筑设计的最少时间</th><th>最迟毕业年限</th></tr>
<tr><td rowspan="6">建筑学
建筑设计</td><td rowspan="4">本科及以上</td><td>建筑学硕士或以上毕业</td><td>2年</td><td>2016年</td></tr>
<tr><td>建筑学学士</td><td>3年</td><td>2015年</td></tr>
<tr><td>五年制工学学士或毕业</td><td>5年</td><td>2013年</td></tr>
<tr><td>四年制工学学士或毕业</td><td>7年</td><td>2012年</td></tr>
<tr><td rowspan="2">专科</td><td>三年制毕业</td><td>9年</td><td>2009年</td></tr>
<tr><td>二年制毕业</td><td>10年</td><td>2008年</td></tr>
<tr><td rowspan="6">城市规划、城乡规划、建筑工程、房屋建筑工程、风景园林、建筑装饰技术、环境艺术</td><td rowspan="4">本科及以上</td><td>工学博士毕业</td><td>2年</td><td>2016年</td></tr>
<tr><td>工学硕士或研究生毕业</td><td>6年</td><td>2012年</td></tr>
<tr><td>五年制工学学士或毕业</td><td>7年</td><td>2011年</td></tr>
<tr><td>四年制工学学士或毕业</td><td>8年</td><td>2010年</td></tr>
<tr><td rowspan="2">专科</td><td>三年制毕业</td><td>10年</td><td>2008年</td></tr>
<tr><td>二年制毕业</td><td>11年</td><td>2007年</td></tr>
<tr><td rowspan="3">其他工科</td><td rowspan="3">本科及以上</td><td>工学硕士或研究生毕业</td><td>7年</td><td>2011年</td></tr>
<tr><td>五年制工学学士或毕业</td><td>8年</td><td>2010年</td></tr>
<tr><td>四年制工学学士或毕业</td><td>9年</td><td>2009年</td></tr>
</table>

不具备规定学历人员应从事工程设计工作满15年且具备下列条件之一：

①作为项目负责人或专业负责人，完成民用建筑设计三级及以上项目四项全过程设计，其中二级以上项目不少于一项。

②作为项目负责人或专业负责人，完成其他类型建筑设计中型及以上项目四项全过程设计，其中大型项目或特种建筑项目不少于一项。

报考全国二级注册建筑师资格考试人员需满足的条件：专业、学历及工作时间按表2.17所示的要求执行。

表 2.17　二级建筑师报考条件（以 2018 年度为例）

专业		学历	从事建筑设计的最少时间	最迟毕业年限
中专（不含职业中专）	建筑学（建筑设计技术）	四年制（含高中起点三年制）毕业	5 年	2013 年
	建筑学（建筑设计技术）	三年制（含高中起点二年制）毕业	7 年	2011 年
	相近专业	四年制（含高中起点三年制）毕业	8 年	2010 年
	相近专业	三年制（含高中起点二年制）毕业	10 年	2008 年
	建筑学（建筑设计技术）	三年制成人中专毕业	8 年	2010 年
	相近专业	三年制成人中专毕业	10 年	2008 年
大专	建筑学（建筑设计）	毕业	3 年	2015 年
	相近专业	毕业	4 年	2014 年
本科及以上	建筑学	大学本科（含以上）毕业	2 年	2016 年
	相近专业	大学本科（含以上）毕业	3 年	2015 年

注：①“相近专业”：本科及以上为城市规划、建筑工程、环境艺术；大专为城乡规划、风景园林、建筑装饰技术、房屋建筑工程、环境艺术；中专为建筑装饰、城镇规划、工业与民用建筑、村镇建设。

②根据《中华人民共和国注册建筑师条例实施细则》（建设部令第 167 号），本表本科及以上和大专的相近专业中加入了“环境艺术”。

不具备规定学历人员应从事工程设计工作满 13 年且具备下列条件之一：

①作为项目负责人或专业负责人，完成民用建筑设计四级及以上项目四项全过程设计，其中三级以上项目不少于一项。

②作为项目负责人或专业负责人，完成其他类型建筑设计小型及以上项目四项全过程设计，其中中型项目不少于一项。

2.3.6.3　注册与执业

注册建筑师实行注册执业管理制度。取得一级注册建筑师资格证书并受聘于一个相关单位的人员，应当通过聘用单位向单位工商注册所在地的省、自治区、直辖市注册建筑师管理委员会提出申请；省、自治区、直辖市注册建筑师管理委员会受理后提出初审意见，并将初审意见和申请材料报全国注册建筑师管理委员会审批；符合条件的，由全国注册建筑师管理委员会颁发一级注册建筑师注册证书和执业印章。

对初始申请注册的，省、自治区、直辖市注册建筑师管理委员会应当自受理申请之日起 20 日内审查完毕，并将申请材料和初审意见报全国注册建筑师管理委员会。全国注册建筑师管理委员会应当自收到省、自治区、直辖市注册建筑师管理委员会上报材料之日起 20 日内审批完毕，并做出书面决定。

对申请变更注册、延续注册的，省、自治区、直辖市注册建筑师管理委员会应当自受理申请之日起 10 日内审查完毕。全国注册建筑师管理委员会应当自收到省、自治区、直辖市注册建筑师管理委员会上报材料之日起 15 日内审批完毕，并做出书面决定。

二级注册建筑师的注册办法由省、自治区、直辖市注册建筑师管理委员会依法制定。

注册建筑师注册有效期为 2 年，注册建筑师在有效期届满需继续执业的，应在注册有效期满前30日内，按照《实施细则》第15条规定的程序申请延续注册，延续注册有效期为2年。证书和执业印章是注册建筑师的执业凭证，由注册建筑师本人保管、使用。注册建筑师由于办理延续注册、变更注册的原因，在领取新执业印章时，应当将原执业印章交回。禁止涂改、倒卖、出租、出借或者以其他形式非法转让执业资格证书、互认资格证书、注册证书和执业印章。

取得资格证书的人员可以受聘于中华人民共和国境内的建设工程勘察、设计、施工、监理、招标代理、造价咨询、施工图审查、城乡规划编制等单位，经注册后方可从事相应的执业活动。从事建筑工程设计执业活动的，应当受聘并注册于中华人民共和国境内的一个具有工程设计资质的单位。注册建筑师的执业范围具体为：①建筑设计；②建筑设计技术咨询；③建筑物调查与鉴定；④对本人主持设计的项目进行施工指导和监督；⑤国务院建设主管部门规定的其他业务。

执业范围中的“建筑设计技术咨询”包括：建筑工程技术咨询，建筑工程招标、采购咨询，建筑工程项目管理，建筑工程设计文件及施工图审查，工程质量评估，国务院建设主管部门规定的其他建筑技术咨询业务。一级注册建筑师的执业范围不受工程项目规模和工程复杂程度的限制，二级注册建筑师的执业范围只限于承担工程设计资质标准中建设项目设计规模划分表中规定的小型规模的项目。

第 3 章　签约前法律风险防范

建设工程签约前的主要工作是寻找合适的项目，对项目进行尽职调查，判断其合法性，决定是否进行投标。

招投标是在市场条件下进行工程建设、货物买卖、财产出租、中介服务等经济活动的一种竞争形式和交易方式，是引入竞争机制订立合同的一种法律形式。

3.1　招标基本概念

我国招投标制度的发展经历了 20 世纪 80 年代的起步阶段，主要以议标为主；90 年代中后期得到长足发展，逐渐建立了一些规定来规范招标活动；2000 年颁布实施了《中华人民共和国招标投标法》（以下简称《招标投标法》），标志着我国招标制度进入规范化阶段。

3.1.1　招标基本方式

《招标投标法》明确规定了在中华人民共和国境内进行工程建设项目，包括项目的勘察、设计、施工、监理以及与工程建设有关的重要设备、材料等的采购时，必须进行招标，且采取的方式为公开招标和邀请招标。

3.1.1.1　公开招标

公开招标是指招标人以招标公告的方式邀请不特定的法人或者其他组织投标。优点是投标的供应商多，竞争范围大，招标人有较大的选择余地；缺点是投标人过多，组织工作复杂，投入的人力、物力较多，招标过程所需时间较长。因此，公开招标适合于投资金额大的工程物资招标，其特点表现在以下几方面：

（1）公开招标是最具竞争性的招标方式。参与竞争的投标人数最多，只要符合相应的招标资质就不受限制，在实际招标中少则十几家，多则几十家，因而竞争程度最为激烈。

（2）公开招标是程序最完整、最规范、最典型的招标方式。它形式严密，步骤完整，运作环节环环入扣，是目前最常见的一种招标方式。

（3）公开招标也是所需费用最高、花费时间最长的招标方式。由于竞争激烈，程序复杂，组织招标和参加投标所做的准备工作和需要处理的实际事务比较多，特别是编制、审查有关招投标文件的工作十分浩繁。

3.1.1.2 邀请招标

邀请招标是指招标人以投标邀请书的方式邀请特定的法人或者其他组织投标。优点是参加投标的供应商可由招标人控制，比较集中，招标的组织工作较容易，工作量比较小；缺点是参加投标供应商数量少，竞争范围小，招标人的选择余地较小。由于限制了竞争范围，信息资料的局限性会把可能的竞争者排除在外，不能充分体现竞争自由、机会均等的原则。

3.1.1.3 议标

还有一种特殊的招标方式称为议标，是公开招标和邀请招标之外的情况。议标方式适用面较窄，通常是一些专业技术和保密性较强的项目物资，通过一对一的直接谈判确定中标人。

3.1.2 招标方式的区别

常见招标方式中的公开招标和邀请招标的主要区别如下：

（1）招标程序不同。

邀请招标程序上比公开招标简化，无须发布招标公告及办理招标公告的相关手续，只需对一定范围的投标人发出邀请书即可。

（2）竞争程度不同。

邀请招标在竞争程度上不如公开招标强。邀请招标参加的投标人一般是3～10家单位，不能少于3家，也不宜多于10家。由于参加人数较少，易于控制，因此竞争范围比公开招标小。

（3）时间和费用不同。

邀请招标在时间和费用上比公开招标节省。邀请招标可以省去发布公告、评标及媒介交易等费用。公开招标从收集招标计划到评标结果公示及签订合同最快需一个半月时间，周期较长。

3.2 联合体投标法律风险防范

3.2.1 概述

3.2.1.1 联合体投标的含义

联合体投标是指某承包单位为了承揽不适于自己单独承包的工程项目而与其他单位联合，以一个投标人的身份去投标的建设行为。

《招标投标法》第三十一条规定，两个以上法人或者其他组织可以组成一个联合体，以一个投标人的身份共同投标。

3.2.1.2 联合体各方资质条件

根据《招标投标法》第三十一条的规定，对联合体各方资质条件要求如下：

(1) 联合体各方均应当具备承担招标项目的相应能力。

(2) 国家有关规定或者招标文件对投标人资格条件有规定的，联合体各方均应当具备规定的相应资格条件。

(3) 由同一专业单位组成的联合体，按照资质等级较低的单位确定资质等级。

3.2.1.3 共同投标协议

联合体各方应当签订共同投标协议，明确约定各方拟承担的工作和责任，并将共同投标协议连同投标文件一并提交招标人。

共同投标协议约定了组成联合体各成员单位在联合体中所承担的各自的工作范围，这个范围的确定也为建设单位判断该成员单位是否具备“相应的资格条件”提供了依据。共同投标协议约定了组成联合体各成员单位在联合体中所承担的各自的责任，这也为将来可能引发的纠纷的解决提供了必要的依据。

共同投标协议对于联合体投标这种投标的形式是非常必要的，正是基于此，《工程建设项目施工招标投标办法》第五十条将没有附有联合体各方共同投标协议的联合体投标确定为废标。

3.2.1.4 联合体各方的责任

(1) 履行共同投标协议中约定的责任。

共同投标协议中约定了联合体中各方应该承担的责任，各成员单位必须要按照该协议的约定认真履行自己的义务，否则将对对方承担违约责任。

同时，共同投标协议中约定的责任承担也是各成员单位最终的责任承担方式。

(2) 就中标项目承担连带责任。

如果联合体中的一个成员单位没能按照合同约定履行义务，招标人可以要求联合体中任何一个成员单位承担不超过总债务的任何比例的债务，而该单位不得拒绝。该成员单位承担了被要求的责任后，有权向其他成员单位追偿其按照共同投标协议不应当承担的债务。

(3) 不得重复投标。

联合体各方签订共同投标协议后，不得再以自己的名义单独投标，也不得组成新的联合体或参加其他联合体在同一项目中投标。

(4) 不得随意改变联合体的构成。

联合体参加资格预审并获通过的，其组成的任何变化都必须在提交投标文件截止之日前征得招标人的同意。如果变化后的联合体削弱了竞争，含有事先未经过资格预审或者资格预审不合格的法人或者其他组织，或者使联合体的资质降到资格预审文件中规定的最低标准以下，则招标人有权拒绝。

(5) 必须有代表联合体的牵头人。

联合体各方必须指定牵头人，授权其代表所有联合体成员负责投标和合同实施阶段的主办、协调工作，并应当向招标人提交由所有联合体成员法定代表人签署的授权书。

联合体投标的，应当以联合体各方或者联合体中牵头人的名义提交投标保证金。以联合体中牵头人名义提交的投标保证金，对联合体各成员具有约束力。

3.2.2 典型案例

昆明隆升防水工程有限公司与长沙有色冶金设计研究院有限公司、中国有色金属工业第十四冶金建设公司建设工程施工合同纠纷案（一审法院：昆明市中级人民法院；二审法院：云南省高级人民法院）。

关键词：联合投标；建设工程施工。

3.2.2.1 案情简介

2013 年 12 月，中化云龙有限公司委托中化国际招标有限责任公司发布招标公告和招标文件，就其建设的以则村磷石膏渣库工程第一阶段一期工程进行 EPC 总承包公开招标。

2014 年 1 月 7 日，作为甲方的中国有色金属工业第十四冶金建设公司（以下简称十四冶公司）与作为乙方的昆明隆升防水工程有限公司（以下简称隆升公司），就“中化云龙有限公司以则村磷石膏渣库工程设计采购施工（EPC）总承包招标项目合作投标事宜”订立《协议书》。

2014 年 1 月 13 日，长沙有色冶金设计研究院有限公司（以下简称长沙冶金公司）及十四冶公司向中化云龙有限公司提交了 EPC 总承包投标文件进行了投标，并于 2014 年 2 月 20 日签订了《以则村磷石膏渣库工程第一阶段一期工程设计采购施工（EPC）总承包合同文件》（以下简称《总承包合同》），约定该工程 EPC 总承包工作交由长沙冶金公司及十四冶公司完成，同时约定该工程中的防渗工程的分包单位为隆升公司。

2014 年 11 月 5 日，十四冶公司对涉案中标工程中的“防渗系统工程”进行了邀请招标，隆升公司因未中标，于 2014 年 11 月 11 日向十四冶公司申请退回投标保证金 20 万元。

隆升公司认为长沙冶金公司及十四冶公司未与其签订《中化云龙以则村磷石膏渣库工程第一阶段一期防渗工程分包合同》，给隆升公司造成了经济损失，遂向原审法院提起诉讼，请求判令长沙冶金公司及十四冶公司履行与隆升公司签订《中化云龙有限公司以则村磷石膏渣库工程第一阶段一期工程防渗工程分包合同》的义务，连带赔偿因其违约而给隆升公司造成的经济损失人民币 415 万元。

3.2.2.2 争议焦点

(1) 长沙冶金公司及十四冶公司应否与隆升公司签订防渗工程施工合同。

隆升公司认为：隆升公司实质上是参与投标的联合体之一，并且已履行了投标过程中的相关义务，因此长沙冶金公司及十四冶公司才能中标。而十四冶公司违反《总承包合同》的约定，将防渗工程另行招投标，属于违约行为。

长沙冶金公司认为：隆升公司不具备投标联合体资格，仅是依据其与十四冶公司签订的《协议书》配合投标。

十四冶公司认为：隆升公司并非涉案项目的联合投标体之一，其仅是配合投标的单位；隆升公司不是涉案项目防渗工程的指定分包人，仅为拟分包人。

一审法院认为：根据中化云龙有限公司委托中化国际招标有限责任公司所发布招标公告和招标文件的要求，参与联合投标体要有国家一级建设施工资质，而隆升公司不具备招标公告及投标文件所要求的参加联合投标体的建设施工资质。隆升公司所称其是《总承包合同》的联合投标体的主张不成立。根据隆升公司与十四冶公司签订的《协议书》的约定，隆升公司仅是配合十四冶公司对涉案《总承包合同》中的“防渗系统工程”提供资质配合进行投标的关系，按双方的协议，在十四冶公司中标后，“在同等条件、同等价格的基础上”，十四冶公司负有优先同隆升公司签订涉案《总承包合同》中“防渗系统工程”施工合同的义务，而在十四冶公司中标后，就“防渗系统工程”组织的招投标过程中，隆升公司投标价格过高未中标，故十四冶公司没有义务与隆升公司就涉案《总承包合同》中的“防渗系统工程”签订施工合同。

（2）十四冶公司未与隆升公司签订该防渗工程施工合同，是否构成违约，应否承担违约责任。

隆升公司认为：《总承包合同》已将防渗工程指定分包给隆升公司，故隆升公司虽然不是《总承包合同》的一方当事人，也属于享有合同利益的第三人。而长沙冶金公司及十四冶公司未按《总承包合同》的约定与隆升公司签订防渗工程施工合同，给隆升公司造成经济损失，应承担赔偿责任。

长沙冶金公司认为：在防渗工程招投标过程中，隆升公司因报告过高未中标，故十四冶公司不存在违约行为；隆升公司与长沙冶金公司之间没有合同关系，长沙冶金公司不应承担任何责任。

十四冶公司认为：《协议书》约定十四冶公司在同等条件、同等价格条件下优先考虑隆升公司作为分包单位，但隆升公司因投标报价过高，最终没有中标，故十四冶公司不存在违约行为。

一审法院认为：依据双方《协议书》的约定，十四冶公司中标后，仅“在同等条件、同等价格的基础上”，考虑将防渗工程交由隆升公司施工，在防渗工程招投标过程中，因隆升公司自身的报价过高而未中标，故十四冶公司未与隆升公司签订防渗工程施工合同的行为不构成违约。

3.2.2.3　裁判要点

以一个投标人的身份共同投标的两个以上法人或者其他组织为一个联合投标体，参与联合投标体应当具备承担招标项目的相应能力，国家有关规定或者招标文件对投标人资格条件有规定的，联合体各方均应当具备规定的相应资格条件。不具备相应资格条件的，不构成联合投标体。

3.2.2.4　相关法条

《中华人民共和国招标投标法》（1999 **年颁布**）

第三十一条　两个以上法人或者其他组织可以组成一个联合体，以一个投标人的身份共同投标。联合体各方均应当具备承担招标项目的相应能力；国家有关规定或者招标文件对投标人资格条件有规定的，联合体各方均应当具备规定的相应资格条件。由同一专业的单位组成的联合体，按照资质等级较低的单位确定资质等级。

联合体各方应当签订共同投标协议，明确约定各方拟承担的工作和责任，并将共同投标协议连同投标文件一并提交招标人。联合体中标的，联合体各方应当共同与招标人签订合同，就中标项目向招标人承担连带责任。

招标人不得强制投标人组成联合体共同投标，不得限制投标人之间的竞争。

《中华人民共和国合同法》（1999 **年颁布**）

第八条　依法成立的合同，对当事人具有法律约束力。当事人应当按照约定履行自己的义务，不得擅自变更或者解除合同。

3.2.3　律师说法

工程建设联合投标中的联合体是一个临时性的组织，不具有法人资格。联合投标一般适用于结构复杂的大型建设项目，组成联合体的目的主要是增强投标竞争能力、弥补联合体各方技术力量的相对不足，同时减轻联合体各方因支付巨额履约保证而产生的资金负担，分散联合体各方的投标风险。

在以联合体投标的情况下，为规避风险，应特别注意以下事项。

3.2.3.1　联合投标阶段风险防范要点

（1）联合体各方均应当具备承担招标项目的相应能力和相应的勘察、设计、施工、监理资格条件；由同一专业的单位组成的联合体，按照资质等级较低的单位确定资质等级。

2003 年颁布的《工程建设项目施工招标投标办法》第四十三条规定，联合体参加资格预审并获通过的，其组成的任何变化都必须在提交投标文件截止之日前征得招标人的同意。如果变化后的联合体削弱了竞争，含有事先未经过资格预审或者资格预审不合格的法人或其他组织，或者使联合体的资质降到资格预审文件中规定的最低标准以下，则招标人有权拒绝。

（2）联合体各方应当签订联合投标协议，明确约定各方拟承担的工作和责任，并将联合投标协议连同投标文件一并提交招标人。联合体投标未附联合体各方共同投标协议的，评标委员会一般将按照废标处理。

由于我国理论界对于联合投标相关问题研究较少，以至于许多联合投标协议的内容不严谨、格式不规范，对联合体内部成员之间的责权利划分不明确，招标单位在组织对联合体的投标评审时，常常无法确定联合体内部成员具体承担的工作及责任有哪些，进而对联合体投标最终做出不利的评判。因此，联合投标协议应尽量委托专业律师协助起草，明确权利义务责任，让招标评委看得明白、看得舒心。

（3）根据《工程建设项目施工招标投标办法》的规定，联合体投标的，应当以联合体各方或者联合体中牵头人的名义提交投标保证金。以联合体中牵头人名义提交的投标保证金，对联合体各成员具有约束力。

（4）联合体对外应以一个投标人的身份共同投标。也就是说，联合体虽然不是一个法人组织，但是对外投标应以所有组成联合体各方共同的名义进行，不能以其中一个主体或者两个主体（多个主体的情况下）的名义进行。联合体各方签订共同投标协议后，不得再以自己的名义单独投标，也不得组成新的联合体或参加其他联合体在同一项目中投标。

（5）在提交投标文件时，应一并提交联合体各方签署的有投标人公章和法定代表人印章的联合投标协议。

3.2.3.2　联合体中标后履约注意事项

（1）联合体中标的，联合体各方应当共同与招标人签订合同，明确各成员在工程总承包活动中的分工，并就中标项目承包合同的订立和履行向招标人承担连带责任。

（2）联合体各方必须指定牵头人，授权其代表所有联合体成员负责合同实施阶段的主办、协调工作，并应当向招标人提交由所有联合体成员法定代表人签署的授权书。

（3）对于联合体中主体单位的具体权利和义务，法律不可能做出统一的明确规定。但通常情况下，主体单位一般享有以下权利：①对工程项目和联合体其他各方直接行使组织与管理权；②与招标人、联合体内部各方的沟通与协调；③因承担组织、管理、沟通、协调等工作而获得相应收益。

相应地，主体单位应承担以下义务：①承担联合体内部的组织管理和沟通协调工作；②负担管理工作中的全部或大部分费用开支；③就该工程项目对招标人承担主要责任等。

作为联合体中的主体单位，除了一般的合同履约及风险防范注意事项之外，在上述权利、义务问题上也要多下功夫，注意证据收集，依约履行。

（4）联合体各方在完成工程建设任务过程中应享有的权利包括项目监督权、知情权、有关招标项目的信息共享权、收益权、项目分工中的协调权、损失追偿权、参与项目管理权等。各方应承担的义务：按期合格地完成所承担的项目任务并交付相应成果的义务，及时向主体单位及其他各方通报所承担的项目任务的进展和实施情况并送达必要的文书的义务，支持和配合投标联合体各方顺利完成所承担的项目任务的义务，服从主体单位或组织管理机构统一协调和合理调配的义务，保密义务，等等。

3.3　串标法律风险防范

3.3.1　概述

串标是指投标单位之间或投标单位与招标单位相互串通骗取中标。串标是一种投机行为，其根源是工程建设领域乃至整个社会的诚信缺失。由于政府、企业、公众的诚信问题，工程建设上的种种不良、不法行为屡见不鲜，串标只是其中之一。

3.3.2　典型案例

上海太比雅电力设备有限公司与江苏广通电力设备有限公司、江苏清宇环保科技有限公司商业贿赂不正当竞争纠纷案（一审法院：宜兴市人民法院；二审法院：无锡市中级人民法院）。

关键词：不正当竞争；串通投标。

3.3.2.1 案情简介

2013 年 12 月 16 日，招标公司发布厂房盖板项目的招标公告，包括上海太比雅电力设备有限公司（以下简称太比雅公司）、江苏广通电力设备有限公司（以下简称广通公司）、江苏清宇环保科技有限公司（以下简称清宇公司）在内的四家单位参与竞争，并递交了投标书。

2014 年 1 月 10 日，招标公司组织现场开标，开标结果显示太比雅公司的投标报价是 378.98 万元，广通公司的投标报价是 378.1478 万元，清宇公司的投标报价是 394.0375 万元，另一投标人黄河公司的投标报价是 386.1555 万元。

开标结束后，招标公司组织评标委员会进行评标，评标结果显示广通公司以技术评分 27.45、商务评分 64.44、综合评分 91.89 位居第一，太比雅公司以技术评分 26.16、商务评分 62.32、综合评分 88.48 位居第二，评委委员会推荐广通公司为预选中标人，太比雅公司为备选中标人。最终招标公司确定广通公司中标。

之后，太比雅公司了解到广通公司、清宇公司制作的投标书不仅总报价相近，而且技术标雷同；投标书所体现的主材、设备价格等多个子项报价均呈数学规律性变化，且没有合理的计算依据；广通公司、清宇公司制作的投标书还存在部分工程业绩雷同等诸多疑点。于是，太比雅公司控告广通公司、清宇公司存在串通投标、损害其合法权益的行为，提起不正当竞争之诉。

3.3.2.2 争议焦点

（1）广通公司、清宇公司是否存在串通投标的事实。

太比雅公司认为：广通公司、清宇公司制作的投标书不仅总报价相近，而且技术标雷同；投标书所体现的主材、设备价格等多个子项报价均呈数学规律性变化，且没有合理的计算依据；广通公司、清宇公司制作的投标书还存在部分工程业绩雷同等诸多疑点。故广通公司、清宇公司存在串通投标的事实。

广通公司认为：广通公司没有串通投标的行为，太比雅公司与案外人黄河明珠水利水电建设公司（以下简称黄河公司）存在串通投标行为。

清宇公司认为：清宇公司根据招标书的要求确定按照单位面积报价，这是行业通用的产品报价方式。从开标结果来看，太比雅公司与广通公司的总报价更为接近；各子项报价呈数字规律性变化的结论不成立，报价是以单位面积固定价格换算得出的，各项产品的面积在招标书中已经确定，广通公司也是采用该计价方式，由此同类产品的报价比例是相同的；太比雅公司所称的业绩雷同也不能成立，清宇公司在河南洛阳桥沟电站工程中只是承接安装业务，业主方指定广通公司制造的产品。

一审法院认为：广通公司、清宇公司提出省力安全式盖板以单位面积价格乘以面积的计算方式进行报价（简称按面积报价）是行业习惯或通行做法，但并没有举证或者提出有力的论据证明该论点。法院不予采纳该论点，且认为按面积报价也不符合产品定价规律。对于广通公司、清宇公司的投标书记载的企业信息一致，表述出现一致，并在相同地方出现相同的错别字等无可辩驳的事实，广通公司、清宇公司没有给出令人信服的合理解释。此外，广通公司在本案的招投标项目中与清宇公司都称按孔口面积进行报价，但是在同时受理的另一起相同纠纷的案件中，广通公司与另一投标人却都称按盖板面积进行报价，而招标项目中的各分项盖板孔口面积与盖板面积不成固定比例。广通公司没有给出解释为何在两个都由同一招标公司组织的招标项目中，按面积报价的参照却不一致。根据《中华人民共和国招标投标法实施条例》（以下简称《招标投标法实施条例》）的规定，可以视为投标人相互串通投标。

（2）如果广通公司、清宇公司串通投标的事实成立，太比雅公司主张的因投标活动支出的费用，以及中标可预期的利益损失是否可以得到支持。

太比雅公司认为：招投标活动的核心价值在于公开、平等、竞争，串通投标的行为扰乱了正常的招投标秩序，妨碍了竞争机制应有功能的发挥，严重影响了招投标活动的公正性和严肃性。广通公司、清宇公司串通投标的行为就是对招投标核心价值的严重破坏，直接侵害其他投标人的合法权益。

广通公司认为：广通公司没有串通投标的行为，不应赔偿太比雅公司。

清宇公司认为：太比雅公司提出的损害赔偿请求与串通投标事实之间没有因果关系，不能得到支持。

一审法院认为：从评标结果来看，广通公司与太比雅公司得分接近，且太比雅公司也被推荐为备选中标人，即假如预选中标人的投标被否决的，正常情形下由合格的备选中标人替补。根据《招标投标法实施条例》第五十一条第（七）项的规定，“投标人有串通投标的违法行为，评标委员会应当否决其投标”，广通公司理应不能取得中标，太比雅公司有很高的概率成为中标人。但事实上，招标公司确定广通公司为中标人，太比雅公司中标可实现的经济利益落空，故其提出的赔偿请求应当支持。金额由法院综合考虑广通公司、清宇公司的主观恶意，以及串通投标行为对中标结果产生的作用等因素酌定。

3.3.2.3　裁判要点

不同投标人的投标文件异常一致或者投标报价呈规律性差异的，视为投标人相互串通投标。串通投标造成的损失包含直接损失与间接损失两部分。直接损失是指参加投标活动而支出的标书制作费、调查费、差旅费，以及投标保证金利息等各项正常费用；间接损失是指中标可实现的合同利益（经济利益）。

3.3.2.4　相关法条

《中华人民共和国招标投标法》（1999 年颁布）

第五十三条　投标人相互串通投标或者与招标人串通投标的，投标人以向招标人或者评标委员会成员行贿的手段谋取中标的，中标无效，处中标项目金额千分之五以上千分之十以下的罚款，对单位直接负责的主管人员和其他直接责任人员处单位罚款数额百分之五以上百分之十以下的罚款；有违法所得的，并处没收违法所得；情节严重的，取消其一年至二年内参加依法必须进行招标的项目的投标资格并予以公告，直至由工商行政管理机关吊销营业执照；构成犯罪的，依法追究刑事责任。给他人造成损失的，依法承担赔偿责任。

《中华人民共和国招标投标法实施条例》（2017 **年修订**）

第四十条　有下列情形之一的，视为投标人相互串通投标：

（一）不同投标人的投标文件由同一单位或者个人编制；

（二）不同投标人委托同一单位或者个人办理投标事宜；

（三）不同投标人的投标文件载明的项目管理成员为同一人；

（四）不同投标人的投标文件异常一致或者投标报价呈规律性差异；

（五）不同投标人的投标文件相互混装；

（六）不同投标人的投标保证金从同一单位或者个人的账户转出。

第五十一条　有下列情形之一的，评标委员会应当否决其投标：

（一）投标文件未经投标单位盖章和单位负责人签字；

（二）投标联合体没有提交共同投标协议；

（三）投标人不符合国家或者招标文件规定的资格条件；

（四）同一投标人提交两个以上不同的投标文件或者投标报价，但招标文件要求提交备选投标的除外；

（五）投标报价低于成本或者高于招标文件设定的最高投标限价；

（六）投标文件没有对招标文件的实质性要求和条件做出响应；

（七）投标人有串通投标、弄虚作假、行贿等违法行为。

3.3.3　律师说法

串标的根源大致可以分为投标企业自身投机行为、招标代理机构违规、政府处罚不力等几个方面，其造成的后果是多方面的。一是串标直接伤害了其他投标人的合法权益。串标实质上是一种无序竞争、恶意竞争行为，它扰乱了正常的招投标秩序，妨碍了竞争机制应有功能的充分发挥，往往使中标结果在很大程度上操纵在少数几家企业手中，将有优势、有实力中标的潜在中标人拒之门外，破坏了建设市场的正常管理和诚信环境，严重影响了招标投标的公正性和严肃性，伤害了大多数投标人的利益。二是当无标底或复合标底招标而又不采取量低价中标时，串标常常会导致中标价超出正常范围，从而加大招标人的成本。因为参与串标的企业一般会有某种形式的利益分成，这就会使他们操纵的标价超出了合理低价范围。三是参与串标的企业往往诚信度不高，也不大重视企业的内部管理。由于赌博心理占了上风，它们编制的投标文件着眼点仅仅放在价格上，对施工方案不认真研究，无合理应对措施，即使中标，也不大可能认真组织项目实施，给工程建设留下隐患。

防范串标，重在事前防范。竞争对象越多，串标难度越大。因此，应首先从完善资格审查制度着手，不给串标行为提供方便。从招投标实践看，以下几个方法较为奏效：

（1）将资格预审改为资格后审。

（2）不得提出高于招标工程标准所需要的资格等要求。

（3）招标人必须邀请所有合格申请人参加投标，不得对投标人的数量进行限制。这样大大增加了串标者的行为成本，或使串标成为不可能。

（4）投标人登记时应一人一份表格，工作人员要对报名情况严格保密，不能向任何投标人泄露，包括法人姓名、单位地址、资质高低、联系电话以及报名总数等。这样做的目的是给不法串标者设置有效的障碍，使他们不能轻易掌握串标范围，确定串标对象。

3.4　低价中标法律风险防范

3.4.1　概述

合理低价中标法是指在技术标评审通过的前提下，总报价最低为最终中标人。含义包括：①能够满足招标文件的实质性要求，这是投标中标的前提条件；②经过评审的投标价格为最低，这是评标定标的核心；③投标价格应处于不低于自身成本的范围之内，这是为了制止不正当竞争、垄断和倾销的做法。《中华人民共和国招标投标法》规定："投标人不得以低于成本的报价竞标。""能够满足招标文件的实质性要求，并且经评审的投标价格最低；但是投标价格低于成本的除外。"目前我国采用这种评标方法。

本书所指的低价竞标是指在建设工程招投标过程中，投标人以较低的甚至是低于成本的投标报价，击败其他竞争对手，从而取得项目承包权的一种行为。

3.4.2　典型案例

杭州西溪科技有限公司与江苏龙坤建设工程有限公司建设工程施工合同纠纷案（一审法院：杭州市西湖区人民法院；二审法院：杭州市中级人民法院）。

关键词：建设工程；合同效力；低于成本价中标。

3.4.2.1　案情简介

2010 年 5 月 20 日，杭州西溪科技有限公司（以下简称西溪公司）为发包人，江苏龙坤建设工程有限公司（以下简称龙坤公司）为承包人，双方就名为"杭州西溪科技有限公司迁建生产及附属用房"的建设项目签订《建设工程施工合同》一份。

2012 年 4 月 16 日，西溪公司以工期严重超出，停止施工至今无恢复施工迹象，龙坤公司严重违约为由，向龙坤公司送达《解除合同通知函》。西溪公司诉至法院请求判令确认合同已解除，龙坤公司腾退施工现场、支付工期延误罚款等。

3.4.2.2　争议焦点

本案的争议焦点为建设工程施工合同的效力。

西溪公司认为：关于合同效力的问题，本案工程并非强制要求招投标的工程，龙坤公司也拿不出这方面的证据，其依据无非是涉案工程在杭州市建设主管部门备过案，但这个备案是建设工程要报主管部门的常规备案。

龙坤公司认为：本案诉争合同是无效合同，诉争工程事实上进行了招投标，双方在合同中约定的合同价款远低于成本价。根据招标投标法第 33 条，投标人不得以低于成本的价格竞标，根据最高人民法院 2011 年全国民事审判工作会议精神，低于成本竞标的应根据招标投标法认定为无效。

一审法院认为：涉案工程并非我国招标投标法规定的必须进行招标的项目，在相关行政部门的备案，并不意味着涉案工程实际进行过招投标活动，故双方当事人可以就涉案工程自行签订建设工程施工合同。涉案建设工程施工合同系双方当事人真实意思表示，未违反法律行政法规的强制性规定，故依法有效。龙坤公司以涉案工程为招投标工程而主张合同无效，并没有事实依据，故法院对其该项辩称不予采纳。

3.4.2.3 裁判要点

涉案工程并非强制招投标项目的，在相关行政机关备案不能证明实际上实行了招投标，一方当事人主张涉案工程实行了招投标，应就其主张承担举证义务，举证不足的，法院不予采信。

3.4.2.4 相关法条

《中华人民共和国招标投标法》（1999 年颁布）

第三十三条　投标人不得以低于成本的报价竞标，也不得以他人名义投标或者以其他方式弄虚作假，骗取中标。

第四十一条　中标人的投标应当符合下列条件之一：

（一）能够最大限度地满足招标文件中规定的各项综合评价标准；

（二）能够满足招标文件的实质性要求，并且经评审的投标价格最低；但是投标价格低于成本的除外。

《工程建设项目招标范围和规模标准规定》（2000 年颁布）

第七条　本规定第二条至第六条规定范围内的各类工程建设项目，包括项目的勘察、设计、施工、监理以及与工程建设有关的重要设备、材料等的采购，达到下列标准之一的，必须进行招标：

（一）施工单项合同估算价在 200 万元人民币以上的；

（二）重要设备、材料等货物的采购，单项合同估算价在 100 万元人民币以上的；

（三）勘察、设计、监理等服务的采购，单项合同估算价在 50 万元人民币以上的；

（四）单项合同估算价低于第（一）、（二）、（三）项规定的标准，但项目总投资额在 3000 万元人民币以上的。

第八条　建设项目的勘察、设计，采用特定专利或者专有技术的，或者其建立艺术造型有特殊要求的，经项目主管部门批准，可以不进行招标。

3.4.3 律师说法

在建设工程项目中，采用规范的招标投标方式择优选择承包企业，一般都能起到缩短工期、保证质量、降低造价的良好效果。然而，如果业主片面追求以低价选择承包企业，可能会带来如下诸多危害：

（1）工程质量和安全难以保证。

投标报价在很大程度上决定中标后的施工行为，合理的工程造价是施工企业的生命线，当施工企业中标的工程难以盈利甚至亏本时，企业的第一个反应就是如何降低成本，千方百计挽回损失。如在施工时不按施工规范操作，减少材料、人工、机械的投入；在使用材料上钻清单和合同的漏洞，尽量选用低价产品或劣质产品；在人力投入上，尽量使用廉价劳动力（如未经培训或技术等级低的工人），这样无疑会给工程质量埋下隐患。同时，为了降低成本，减少支出，不按规定采取安全防护措施，或安全措施不到位，给施工安全埋下隐患。低于成本价中标或者接近成本价中标是工程质量和安全难以保证的主要原因之一。

（2）影响工程按期完成。

施工企业在经济利益无法保障的前提下，难以调动员工对所承揽工程施工的积极性，加之资金缺乏，工人工资不能支付，人力资源得不到充分配置，材料供应不足，导致工程进度上不去，扯皮问题不断，工程难以按期完成。为了使工程按期完成，业主不得不重新签署各种附加协议。

（3）使业主在运营期的投入增大。

在招标阶段通过压低标价虽然能使工程项目的施工期投入有所节约，但由于工程质量、安全、工期等难以保证，以致造成“胡子工程”或“半拉子工程”。由此形成的后患是难以估量的，不但眼前的低价利益会全部丧失，还可能会付出更大的代价，如工程的使用寿命减少、维修成本加大。有些公路工程运营后不久就需要不断维修，就是此类现象的典型例子。业主在运营期的成本投入增大，最后有可能总费用不但没有节约，反而有所增加。

（4）促使施工企业千方百计增加变更。

施工企业以不切实际的低价取得中标权，但却无力按照所报的低价来完成工程项目，只能寄希望于通过工程变更促使业主增加投资，或低价中标高价索赔。施工企业要想不亏损或少亏损，除了加强施工管理外，还会千方百计找业主、设计、监理单位增加变更，采取加大变更设计的办法来弥补亏损。

（5）成为建筑市场廉政建设的腐蚀剂。

建筑行业是我国腐败重灾区的行业之一。有的施工企业为了中标并使工程不亏损，采取不正当手段和招标人结成同盟或与中介机构、设计单位串通一气，先低价中标，再变更设计，通过补充协议和签证增加工程数量，提高设计标准，从而提高造价，使招投标失去真正的意义，对社会不良之风起到推波助澜的作用。

（6）给社会带来不安定因素。

施工企业低于成本价中标后，既要买材料，又要租赁机械设备，再加上盛行的带资、垫资施工，使周转资金陷入异常紧张的境地，因此，施工企业对工人的工资能拖就拖，能欠就欠，很多民工因拖欠工资上访或出现过激行为。一些实力不强的施工企业低于成本价中标后，为了切身的经济利益，转嫁经济责任，将揽到的工程非法转包或层层分包，有的用欺骗手段骗工、骗料，招致三角债累累，合同纠纷不断，因而滋生了建筑行业的不良风气，也有悖于招投标的宗旨。而一些实力强的施工企业在低于成本价中标后，管理难度加大，虽然在管理上进行了创新，采取管理层和劳务层分离，充分利用协作队伍等各种管理办法，但还是难以扭转亏损局面。企业要履行合同，维护质量、信誉，兑现承诺，就必须拿钱来填补，这就给企业带来很大风险和不稳定因素，最终导致国家利益、社会公众利益受损，给社会带来极不安定的因素。

（7）使施工企业无法生存，社会负担沉重。

可以说，今天的施工企业是背着沉重的历史负担步入市场经济参与投标竞争的。由于"僧多粥少"导致的低价竞标无疑对企业是沉重的打击。低于成本价中标，在其他潜力挖尽的情况下，最有可能消化价差的途径就是减少职工合理收入，少提折旧或不提折旧。这种不正常的"消化"方法，必然使企业产生许多短期行为，严重影响企业的持续发展。同时，工程风险责任分担不合理，工程款支付条款和奖惩条款不对等，施工合同条件不尽完善，霸王条款屡见不鲜，也导致施工企业缺乏参与竞争的热情，由此带来的负面影响极大，对稳定建筑市场很不利。

（8）妨碍整个建筑业的健康发展。

我国建筑行业的一个显著特点就是企业数量和从业人员极其庞大，然而整体素质偏低，效率不高。在"僧多粥少"的市场容量里，在建设交易还不是很规范的背景下，在鼓励低价中标的环境里，在众多中小企业把串通围标作为利器和策略的竞争中，骨干企业的优势往往得不到认可和发挥。长此以往，其结果必然是技术进步缓慢，整个行业依然处于鱼龙混杂、粗放经营的状态，建筑行业得不到健康发展。

3.5　中标后承诺让利法律风险防范

3.5.1　概述

在建设工程行业，竞争非常激烈，承包方为了承包某项工程，经常被迫做出让利，变更工程价款。然而，经过招投标程序签订合同的建设工程，根据《招标投标法》第四十六条的规定，招标人和中标人应当自中标通知书发出之日起三十日内，按照招标文件和中标人的投标文件订立书面合同。招标人和中标人不得再行订立背离合同实质性内容的其他协议。最高人民法院《2011 年全国民事审判工作会议纪要》（法办〔2011〕442 号）认为，招标人和中标人另行签订的改变工期、工程价款、工程项目性质等中标结果的约定，应当认定为变更中标合同实质性内容；中标人做出的以明显高于市场价格购买承建房产、无偿建设住房配套设施、让利、向建设方捐款等承诺，亦应认定为变更中标合同的实质性内容。

3.5.2　典型案例

潍坊新港建筑工程有限公司与山东鑫迪人防科技开发中心建设工程施工合同纠纷案（一审法院：潍坊市寒亭区人民法院；二审法院：潍坊市中级人民法院）。

关键词：招投标；承诺让利。

3.5.2.1　案情简介

2012 年 2 月 20 日，潍坊新港建筑工程有限公司（以下简称新港建筑）通过招投标手续成为山东鑫迪人防科技开发中心（以下简称鑫迪人防中心）拟开发的人防警报统控系统研发中心工程施工的中标人。

2012 年 2 月 22 日，新港建筑、鑫迪人防中心签订建筑工程施工合同一份。2012 年 2 月28 日，双方又签订补充协议一份，约定承包方承诺税前总造价让利 8%。

合同签订后，新港建筑进入场地进行施工至主体完工，因鑫迪人防中心未及时拨付工程款，新港建筑停止施工，剩余工程未施工。新港建筑诉至法院，请求判令解除建筑工程施工合同及补充协议、鑫迪人防中心支付工程款及停工损失等。

3.5.2.2　争议焦点

（1）补充协议中新港建筑承诺让利条款的效力。

新港建筑认为：工程结算应以备案合同为依据，工程中标后，鑫迪人防中心提出必须签订补充协议，让新港建筑让利工程总造价的 8%，属于压级压价，实属霸王条款。省高院亦有明确意见，中标人单方出具让利承诺书，承诺对工程予以让利，实质变更了中标合同的价格条款，属于“黑合同”的性质，应认定让利承诺书无效。

鑫迪人防中心认为：双方补充协议的让利应予支持。

一审法院认为：双方签订的补充协议作为建设工程施工合同的附件，约定新港建筑承诺税前总造价让利 8%，与建设施工合同中约定的价款不一致，即此补充协议与中标的合同实质性内容不一致，依据《最高人民法院关于审理建设工程施工合同纠纷案件适用法律问题的解释》（以下简称《建工司法解释》）第二十一条的规定，应当以备案的中标合同作为结算工程价款的依据。

（2）新港建筑主张工程欠款利息、停工损失的诉求应否处理。

新港建筑认为：鑫迪人防中心不按约定付款事实清楚，证据充分，鑫迪人防中心应依法支付工程欠款利息。新港建筑于 2013 年 5 月报给鑫迪人防中心停工报审表，但鑫迪人防中心始终置之不理，鑫迪人防中心从未发出过停工不干的通知，工地一直处于停工待命状态，一审法院组织双方与审计单位共同勘验现场，勘验记录真实有效，鑫迪人防中心拒不签字，不影响勘验记录的效力。设备损失根据市场调查租赁价格认定，人员工资损失仅认定管理人员和门卫共 4 人，少计了维修和材料人员，且认定工资标准远低于实际工资数额及发放时间。监理公司系鑫迪人防中心聘用的，其出具的证明符合事实真相，是有效证据。

鑫迪人防中心认为：双方合同中无拖欠工程款利息的约定，新港建筑未提供证据证明其向鑫迪人防中心发出了要求鑫迪人防中心付款的通知，监理公司的证明不是合同约定的原始签证证明，不能采信。新港建筑未向鑫迪人防中心发出停工通知，亦未解除合同，更未向鑫迪人防中心索赔，双方未对人员和机械设备状况进行确认，仅凭监理公司出具的证明不能认定损失情况。

一审法院认为：新港建筑要求鑫迪人防中心支付自鉴定报告作出之日起于判决之日止的利息，符合法律规定，予以支持，鑫迪人防中心应按中国人民银行规定的同期贷款利率支付逾期利息。由法院依法委托的山东明浩工程项目管理公司对涉案工程造价等进行了鉴定，鉴定人员接受法院调查，对设备损失、人员工资支出、拖欠工程款损失的鉴定过程及依据进行了说明，其依据合理、充分，不存在不能作为证据使用的情形，对鉴定报告书应予采信。新港建筑主张的鑫迪人防中心支付停工损失（设备损失和人员工资支出）数额以鉴定报告书确认的数据为准。

3.5.2.3 裁判要点

招标人与中标人在招投标后又签订施工合同补充协议，中标人承诺让利结算工程价款，该协议与备案的中标合同内容相背离，即此补充协议与中标的合同实质性内容不一致，依据《最高人民法院关于审理建设工程施工合同纠纷案件适用法律问题的解释》第二十一条的规定，该补充协议不能作为结算的依据，应当以备案的中标合同作为结算工程价款的依据。

3.5.2.4 相关法条

《中华人民共和国招标投标法》（1999 **年颁布**）

第四十六条　招标人和中标人应当自中标通知书发出之日起三十日内，按照招标文件和中标人的投标文件订立书面合同。招标人和中标人不得再行订立背离合同实质性内容的其他协议。

招标文件要求中标人提交履约保证金的，中标人应当提交。

第五十九条　招标人与中标人不按照招标文件和中标人的投标文件订立合同的，或者招标人、中标人订立背离合同实质性内容的协议的，责令改正；可以处中标项目金额千分之五以上千分之十以下的罚款。

《最高人民法院关于审理建设工程施工合同纠纷案件适用法律问题的解释》（2004 **年颁布**）

第九条　发包人具有下列情形之一，致使承包人无法施工，且在催告的合理期限内仍未履行相应义务，承包人请求解除建设工程施工合同的，应予支持：

（一）未按约定支付工程价款的；

（二）提供的主要建筑材料、建筑构配件和设备不符合强制性标准的；

（三）不履行合同约定的协助义务的。

第十七条　当事人对欠付工程价款利息计付标准有约定的，按照约定处理；没有约定的，按照中国人民银行发布的同期同类贷款利率计息。

第二十一条　当事人就同一建设工程另行订立的建设工程施工合同与经过备案的中标合同实质性内容不一致的，应当以备案的中标合同作为结算工程价款的根据。

3.5.3 律师说法

通过公开招标或者邀请招标等采购方式所达成的合同，履行过程中任何一方都不得改变合同实质性内容。当然，双方协商一致的改变也是在法律禁止之列。因为招标采购合同实质性内容的变更，对于所有参加投标而没有中标的承包商或供应商来说，是非常不公平的。

何谓合同的实质性内容?《招标投标法》中没有做出解释。四川省高级人民法院 2015 年出台的《关于审理建设工程施工合同纠纷案件若干疑难问题的解答》(以下简称《解答》),对如何认定“黑白合同”实质性内容不一致做出了明确规定。

《解答》第九条规定:对招投标双方在同一工程合同范围和条件下,另行订立的建设工程施工合同变更经过备案的中标合同约定的工程价款、计价方式、工程期限、工程质量标准等内容的,应当认定为《建工司法解释》第二十一条规定的与经过备案的中标合同实质性内容不一致。当事人主张按照该变更后的合同结算工程价款的,不予支持。

中标合同备案后,承包人做出的明显高于市场价格购买承建房产、无偿建设住房配套设施、向建设方捐款、让利等承诺,应当认定为变更经过备案的中标合同的实质性内容。发包人主张按照该承诺内容结算工程价款的,不予支持。

建设工程施工合同履行过程中,因设计变更、建设工程规划调整等非双方当事人原因,且无须重新进行招投标并备案的,当事人通过签订补充协议、会谈纪要等形式对工程价款、计价方式、工程期限、工程质量标准等合同内容进行合理变更或补充的,不应认定为与经过备案的中标合同“实质性内容不一致”,当事人主张以该变更或补充内容结算工程价款的,应予支持。

笔者认为,四川高院的上述指导意见,具备相当高的逻辑性和合理性,在司法实践中对各级法院审判案件具有相当高的参考价值和指导意义。

3.6 主体资格法律风险防范

3.6.1 概述

建设工程施工合同对于签约主体资格有特殊的要求,签约主体不符合法律规定的建设工程合同无效。大型建筑企业大多数都在外地开办有分公司,但是其中有很多分公司名义上是某企业的分公司,实际上是包工头在独立运作,包括投标、施工等。按照一般的“行规”,包工头中标之后,应该是以建筑企业本身的名义来签订合同。但是,有部分包工头为免交一定数量的管理费,中标之后不通知建筑企业,而是私刻建筑企业的公章来与业主签订合同。一旦出了问题,包工头就跑了,而合同又不是建筑企业自己签的,业主的利益很难保障。

3.6.1.1 发包人主体资格要求

现行法律规范对建设工程施工合同的发包人并没有做出直接的资格规定,因此,法人或其他组织及自然人均可以作为发包人,同时根据《招标投标法》第八条的规定,招标人是依照本法规定提出招标项目、进行招标的法人或者其他组织,故招标人须是法人或其他组织。

尽管法律并未对发包人主体资格作特定要求,但须强调的是,发包人从事房地产开发经营的，应当取得房地产开发资质等级证书。

3.6.1.2 承包人主体资格要求

现行法律法规对于建设工程施工合同的承包人规定了特别资质要求，作为建设工程施工合同的承包人应具备相应的资质等级，并在其资质等级许可的范围内从事建筑活动。

《中华人民共和国建筑法》（以下简称《建筑法》）第十三条规定："从事建筑活动的建筑施工企业、勘察单位、设计单位和工程监理单位，按照其拥有的注册资本、专业技术人员、技术装备和已完成的建筑工程业绩等资质条件，划分为不同的资质等级，经资质审查合格，取得相应等级的资质证书后，方可在其资质等级许可的范围内从事建筑活动。"建设工程施工合同的承包人未取得建筑施工企业资质或超越资质等级从事建筑活动的，建设工程施工合同无效。

3.6.2 典型案例

张朝卫与朱其超、江苏南建建设集团有限公司、泗洪县亿泰实业有限公司建设工程施工合同纠纷案（审理法院：泗洪县人民法院；案号：（2016）苏 1324 民初 4240 号）。

关键词：建设工程；自然人；资质。

3.6.2.1 案情简介

泗洪县亿泰实业有限公司（以下简称亿泰实业）将泗洪县青阳镇新安镇小区工程发包给江苏南建建设集团有限公司第二分公司（以下简称南建建设第二分公司），南建建设第二分公司将 1＃、2＃、3＃、4＃、6＃、8＃楼转包给案外人张怀现，后张怀现又转包给朱其超。

2014 年 7 月 14 日，朱其超以包清工方式将 1＃、2＃、3＃、4＃楼木工分包给张朝卫。经张朝卫与朱其超结算，张朝卫工程价款计 1863923.1 元，扣除已领，朱其超尚欠其 497283.1 元。南建建设第二分公司于 2014 年 5 月 29 日已注销。张朝卫诉至法院请求判令三被告支付价款。

3.6.2.2 争议焦点

本案的争议焦点为张朝卫主张支付价款的诉求应否处理。

南建建设认为：南建建设仅与张怀现存在合同关系，且已全额支付张怀现工程款，无向张朝卫给付的责任。

亿泰实业认为：亿泰实业仅与南建建设存在合同关系，且已按合同约定支付工程款，无向张朝卫给付的责任。

朱其超认为：朱其超亦是实际施工人，且与张朝卫之间签订的合同无效，不应由其直接向张朝卫支付工程款。

法院认为：张朝卫、朱其超均为自然人，不具备建设工程施工合同主体资格，其双方之间的合同无效，但涉案工程已经竣工验收合格，张朝卫依法有权请求朱其超参照合同约定支付工程价款。南建建设将涉案工程转包给案外人张怀现，张怀现又转包给朱其超，依法应与朱其超承担连带责任。亿泰实业作为发包人，依法应在欠付南建建设工程款范围内承担责任。

3.6.2.3　裁判要点

自然人不具备建设工程施工合同主体资格，所签订的分包合同因违反法律、行政法规的强制性规定而无效。但建设工程经竣工验收合格，承包人请求参照合同约定支付工程价款的，应予支持。

3.6.2.4　相关法条

《最高人民法院关于审理建设工程施工合同纠纷案件适用法律问题的解释》（2004 **年颁布**）

第一条　建设工程施工合同具有下列情形之一的，应当根据合同法第五十二条第（五）项的规定，认定无效：

（一）承包人未取得建筑施工企业资质或者超越资质等级的；

（二）没有资质的实际施工人借用有资质的建筑施工企业名义的；

（三）建设工程必须进行招标而未招标或者中标无效的。

第二条　建设工程施工合同无效，但建设工程经竣工验收合格，承包人请求参照合同约定支付工程价款的，应予支持。

第二十六条　实际施工人以转包人、违法分包人为被告起诉的，人民法院应当依法受理。

实际施工人以发包人为被告主张权利的，人民法院可以追加转包人或者违法分包人为本案当事人。发包人只在欠付工程价款范围内对实际施工人承担责任。

《中华人民共和国合同法》（1999 **年颁布**）

第五十二条　有下列情形之一的，合同无效：

（一）一方以欺诈、胁迫的手段订立合同，损害国家利益；

（二）恶意串通，损害国家、集体或者第三人利益；

（三）以合法形式掩盖非法目的；

（四）损害社会公共利益；

（五）违反法律、行政法规的强制性规定。

3.6.3　律师说法

合同当事人主体合格，是合同得以有效成立的前提条件。合格的主体必须具有相应的民事权利能力和民事行为能力。因此，一个建设工程施工合同是否有效，首先看合同签订主体是否合格。建设工程施工合同主体包括发包人和承包人（包括总承包人和分包人）。发包人是建设工程项目的产权人或经营人，以及负责工程投资、经营与管理的当事人及合法继承人。承包人是被发包人接受的具有工程承包主体资格的当事人及其合法继承人。发承包双方或一方不具有建设工程相关法律要求的主体条件，将导致建设工程合同无效。

3.6.3.1 不适格的发包人主体

建设工程合同的发包人一般为法人或其他组织，但我国现行法律并未排斥自然人的发包人地位。实践中常见的不适格的发包人主体包括：

（1）法人组织的分公司通常不是独立的法人单位，不具有签订合同的权利能力和行为能力，须以法人的名义签订施工合同。

（2）法人的职能部门，如某某公司工程部、项目部、基建办公室、指挥部等，同样也须以法人的名义签订施工合同。

（3）法人委托的项目管理公司、咨询公司不是建设工程施工合同的主体。法人与其属于委托与被委托的代理关系，在委托权限内须以被委托的名义签订施工合同。

（4）发包人未按法律规定获得项目施工所需的批准手续时，也不是适格的合同主体。发包人在签订合同前必须获得对被开发地块的立项批文、建设用地规划许可证、建设工程规划许可证等文件，否则其不具有签订建设工程施工合同的权利能力和行为能力。

（5）多个自然人或法人通过组建项目公司形式开发建设工程的，发包人应为项目公司，其中一个独立的自然人或法人属于不适格的发包人。

3.6.3.2 不适格的承包人主体

我国《建筑法》及相关的建筑法规对承包人的主体资格提出了更高的要求，除了须满足分公司及职能部门不能作为合同主体外，排除自然人、合伙企业、个人独资企业参与工程承包，要求建筑工程承包合同主体一方必须是具有法人性质的建筑企业。另外，对承包人提出资质要求和市场准入条件。鉴于建设工程合同标的特殊性，《建筑法》明确规定承包人只能在其相应的资质等级范围内承接建设业务。相应的资质等级是作为建设工程承包人必须具备的行为能力，承包人不具备这一行为能力，将导致建设工程合同的无效。

根据《最高人民法院关于审理建设工程施工合同纠纷案件适用法律问题的解释》，对承包人未取得建筑施工企业资质或者超越资质等级签订的建设工程施工合同，被认定为无效合同，从而进一步明确了建筑施工企业的资质在决定建设工程合同效力上的影响。审查承包人主体资格，应注意以下几个方面：

（1）审查承包人的企业形式，如果承包人是个人、合伙企业，或是个人独资企业，按现行法律法规将不能签订建设工程承包合同。

（2）审查承包人企业是否具有建筑企业资质，资质等级是否与合同的建设项目相适应。《建筑法》规定，将工程发包给不具有相应资质的建筑企业的发包人也要承担法律责任。同时联合体承包的，按照资质等级低的单位的业务许可范围承揽工程。

（3）审查承包人是否存在“挂靠”情况，“挂靠”导致合同无效。

3.7　合同备案法律风险防范

3.7.1　概述

建设工程案件审理和实务操作中，时常发现当事人实际履行的施工合同与备案合同内容不一致。针对建设工程合同的特殊性，在尊重合同双方意思自治的基础上，有必要完善和规范备案审查制度。合同备案的目的在于对合同的重大事项进行固定和公示，防止合同双方串谋规避法律或一方违法损害另一方权益，因此，合同备案不仅是合同签订的备案，还应有合同变更和合同核销的备案。

建设工程合同备案的法律依据是《房屋建筑和市政基础设施工程施工招标投标管理办法》，还有地方政府出台的相关法规。

《房屋建筑和市政基础设施工程施工招标投标管理办法》第四十七条规定："招标人和中标人应当自中标通知书发出之日起 30 日内，按照招标文件和中标人的投标文件订立书面合同；招标人和中标人不得再行订立背离合同实质性内容的其他协议。订立书面合同后 7 日内，中标人应当将合同送工程所在地的县级以上地方人民政府建设行政主管部门备案。中标人不与招标人订立合同的，投标保证金不予退还并取消其中标资格，给招标人造成的损失超过投标保证金数额的，应当对超过部分予以赔偿；没有提交投标保证金的，应当对招标人的损失承担赔偿责任。招标人无正当理由不与中标人签订合同，给中标人造成损失的，招标人应当给予赔偿。"

3.7.2　典型案例

中卫市宏伟建筑安装工程有限责任公司与中卫市广厦房地产开发有限公司铭城分公司建设工程施工合同纠纷案（审理法院：中卫市中级人民法院；案号：（2014）卫民初字第 19 号）。

关键词：建设工程；合同备案。

3.7.2.1　案情简介

2012 年 7 月 12 日，中卫市广厦房地产开发有限公司铭城分公司（以下简称广厦公司）发布《中卫市铭升花园商住楼工程施工招标文件》。2012 年 9 月 10 日，中卫市宏伟建筑安装工程有限责任公司（以下简称宏伟公司）中标该工程。

同日，宏伟公司与广厦公司签订了两份《建设工程施工合同》。其中一份合同与招标文件一致，另外一份与招标文件存在不一致的合同报中卫市建设工程造价管理站进行了备案。合同签订后，宏伟公司组织人员进行施工，后因工程款支付问题诉至法院。

3.7.2.2 争议焦点

（1）本案中存在两份《建设工程施工合同》，应依据哪一份合同进行结算。

宏伟公司认为：本案的工程款结算应依据在中卫市建设工程造价管理站进行了备案的合同。

广厦公司认为：对于备案的合同，广厦公司的法定代表人并未签字，双方实际履行的是中标合同，因此本案的审理应以中标合同为依据。

法院认为：宏伟公司与广厦公司签订了两份建设工程施工合同，一份合同进行了备案，另一份合同没有备案，两份合同约定的结算原则存在不一致。依据《最高人民法院关于审理建设工程施工合同纠纷案件适用法律问题的解释》第二十一条“当事人就同一建设工程另行订立的建设工程施工合同与经过备案的中标合同实质性内容不一致的，应当以备案的中标合同作为结算工程价款的依据”的规定，虽然两份合同中有一份为中标合同，但因该合同未按照法律规定办理备案手续，故本案应以另一份在建设部门备案的合同为依据。另外，对于广厦公司的辩解，法院认为备案合同中虽然广厦公司的法定代表人王建华没有签字，但加盖了广厦公司的公章及王建华个人的印章，且在履行过程中双方实际执行的是哪一份合同广厦公司并未举证证明。故本院不予采纳广厦公司的辩解。

（2）宏伟公司请求广厦公司支付工程款的条件是否成就。

宏伟公司认为：工程按期竣工，宏伟公司撤场交工并向广厦公司提交了竣工资料，故广厦公司应履行支付下欠工程款的义务。

广厦公司认为：涉案工程至今未办理竣工验收手续，且宏伟公司施工的工程存在质量问题，故其请求广厦公司支付工程款的诉讼请求不应得到支持。

法院认为：根据本案查明的事实，2014 年 8 月 16 日宏伟公司便向广厦公司移交了涉案工程资料，广厦公司于 2014 年 9 月底就将部分房屋对外出售并将房屋交付各购房户，依据《最高人民法院关于审理建设工程施工合同纠纷案件适用法律问题的解释》第十三条及第十四条第一款第三项的法律规定，涉案工程应视为已竣工。对于广厦公司所述的质量问题，并非地基基础工程和主体结构质量问题，双方可在质保期范围内予以解决，故广厦公司所述的质量问题不影响其向宏伟公司承担支付下欠工程款的义务，对广厦公司的上述辩解意见本院不予采纳。

3.7.2.3 裁判要点

当事人就同一建设工程签订两份建设工程施工合同，一份合同进行了备案，另一份合同没有备案。依据《最高人民法院关于审理建设工程施工合同纠纷案件适用法律问题的解释》第二十一条“当事人就同一建设工程另行订立的建设工程施工合同与经过备案的中标合同实质性内容不一致的，应当以备案的中标合同作为结算工程价款的依据”的规定，虽然两份合同中有一份为中标合同，但因该合同未按照法律规定办理备案手续，故本案应以另一份在建设部门备案的合同为依据。

3.7.2.4　相关法条

《最高人民法院关于审理建设工程施工合同纠纷案件适用法律问题的解释》（2004 **年颁布**）

第十三条　建设工程未经竣工验收，发包人擅自使用后，又以使用部分质量不符合约定为由主张权利的，不予支持；但是承包人应当在建设工程的合理使用寿命内对地基基础工程和主体结构质量承担民事责任。

第十四条　当事人对建设工程实际竣工日期有争议的，按照以下情形分别处理：

（一）建设工程经竣工验收合格的，以竣工验收合格之日为竣工日期；

（二）承包人已经提交竣工验收报告，发包人拖延验收的，以承包人提交验收报告之日为竣工日期；

（三）建设工程未经竣工验收，发包人擅自使用的，以转移占有建设工程之日为竣工日期。

第二十一条　当事人就同一建设工程另行订立的建设工程施工合同与经过备案的中标合同实质性内容不一致的，应当以备案的中标合同作为结算工程价款的根据。

《中华人民共和国合同法》（1999 **年颁布**）

第八条　依法成立的合同，对当事人具有法律约束力。当事人应当按照约定履行自己的义务，不得擅自变更或者解除合同。

依法成立的合同，受法律保护。

第一百零七条　当事人一方不履行合同义务或者履行合同义务不符合约定的，应当承担继续履行、采取补救措施或者赔偿损失等违约责任。

3.7.3　律师说法

建设工程案件审理和实务情形中，施工合同常有几种状态：①经过招投标程序订立的合同，即中标合同；②当事人向行政主管部门进行备案的合同，即备案合同或“白合同”；③当事人在实际履行过程中另行签订的与中标合同、备案合同实质性内容不一致，且双方据此实际履行的合同，即履行合同或“黑合同”。

当上述不同状态的合同同时出现且内容矛盾时，会导致法律适用的困境。《最高人民法院关于审理建设工程施工合同纠纷案件适用法律问题的解释》在一定程度上为处理建设工程施工合同备案的相关法律问题提供了一定的法律指引，根据第二十一条，当事人就同一建设工程另行订立的建设工程施工合同与经过备案的中标合同实质性内容不一致的，应当以备案的中标合同作为结算工程价款的根据。

第二十一条并未对中标合同、备案合同、履行合同等各种施工合同的效力进行认定，而是回避了各种施工合同的效力问题，直接规定将备案的中标合同作为结算依据，即确认了备案的中标合同在结算条款上的优先适用。《最高人民法院关于审理建设工程施工合同纠纷案件适用法律问题的解释》确定的备案合同作为工程款结算优先适用的原则，并不涉及哪一份合同的效力问题，而是明确了以哪一份合同作为结算工程款的依据，便于及时解决当事人之间的建设工程施工合同纠纷。

3.8 先签约后招标法律风险防范

3.8.1 建设工程合同签约程序

《招标投标法》第四十三条规定，在确定中标人前，招标人不得与投标人就投标价格、投标方案等实质性内容进行谈判。《招标投标法》第五十五条规定，依法必须进行招标的项目，招标人违反本法规定，与投标人就投标价格、投标方案等实质性内容进行谈判的，给予警告，对单位直接负责的主管人员和其他直接责任人员依法给予处分。前款所列行为影响中标结果的，中标无效。建设工程事关公众安全和社会公共利益，是百年大计，当事人契约自由的私权原则不得违背和对抗保障社会公共利益的立法宗旨，不得损害其他潜在投标人通过竞标取得讼争工程项目建设的权益，不得扰乱建筑市场公平竞争的经济秩序。

根据法律规定，依法需招标的建设工程合同必须先招标，确定中标人后，才能签订合同。

3.8.2 典型案例

河南建总国际工程有限公司与河南东锋房地产开发有限公司建设工程施工合同纠纷案（一审法院：河南省南阳市中级人民法院；二审法院：河南省高级人民法院）。

关键词：招投标；合同。

3.8.2.1 案情简介

2011 年 1 月 24 日，作为承包人的河南建总国际工程有限公司（以下简称建总公司）与作为发包人的河南东锋房地产开发有限公司（以下简称东锋公司）签订《建设工程施工合同》，后双方又签订《补充合同》。

2011 年 2 月，建总公司进驻施工现场开始施工。2011 年 7 月，双方经过招投标程序对工程质量、工期、工程造价等又进行了约定。2011 年 7 月 29 日，东锋公司及招标委托代理人南阳建设工程招标代理中心向建总公司签发了中标通知书。工程交工后，双方因结算工程款引起纠纷，建总公司于 2014 年 1 月 8 日向法院提起诉讼。

3.8.2.2 争议焦点

本案争议焦点为诉争价款能否以双方所签的合同、中标通知书为依据。

建总公司认为：双方签订的合同中虽约定了让利标准，但后来的中标合同对让利重新进行了约定，故应按照中标合同约定的 5%进行让利。

东锋公司认为：本案争议的合同价格是由双方签订的《建设工程施工合同》《补充合同》确定的。而 2011 年 7 月 29 日的中标通知书系东锋公司为办理施工许可证而填写的，非当事人的真实意思表示，双方在合同中未约定中标通知书中的让利和价格，亦未实际履行，故不能按照中标通知书中的中标价格认定合同价格。

一审法院认为：依法成立的合同对当事人具有法律约束力，当事人应当按照约定全面履行自己的义务。在本案中，建总公司与东锋公司签订的《建设工程施工合同》《补充合同》均系双方真实意思表示，不违反法律、行政法规的强制性规定，也不损害国家和社会公共利益，合法有效。招标投标法规定中标通知书对招标人、中标人具有法律效力。诉争招投标文件及中标通知书是双方真实意思的表示，招标程序符合法律规定，招投标管理部门予以确认，招投标文件及中标通知书合法有效。

二审法院认为：本案涉案工程涉及公共安全，必须进行招标。《建设工程施工合同》签订于 2011 年 1 月 24 日，而东锋公司招标文件的日期为 2011 年 7 月 1 日，建总公司提交投标文件的日期为 2011 年 7 月 29 日，中标日期也为 2011 年 7 月 29 日。《中华人民共和国招标投标法》第三条第一款第（一）项规定，在中华人民共和国境内进行的大型基础设施、公用事业等关系社会公共利益、公众安全项目的建设，必须进行招标，依据招投标程序确定中标人，并在此基础上签订《建设工程施工合同》。而本案中，东锋公司在招标前，即已与建总公司签订了《建设工程施工合同》，将涉案工程发包给了建总公司，建总公司已成为“中标人”，未招先定，违反了《中华人民共和国招标投标法》第四条的规定：任何单位和个人不得将依法必须进行招标的项目化整为零或者以其他任何方式规避招标。因此，双方签订的《建设工程施工合同》及依据该合同签订的相关补充合同即是规避招标的结果，应确认为无效。同样，中标通知书也仅仅流于形式，应依据《中华人民共和国招标投标法》第五十五条的规定确认为无效。

3.8.2.3　裁判要点

对于必须进行招标的项目，当事人在招投标程序之前即签订建设工程施工合同，违反了《中华人民共和国招标投标法》第四条的规定：任何单位和个人不得将依法必须进行招标的项目化整为零或者以其他任何方式规避招标。因此，双方签订的建设工程施工合同即是规避招标的结果，应确认为无效。同样，中标通知书也仅仅流于形式，应依据《中华人民共和国招标投标法》第五十五条的规定确认为无效。

3.8.2.4　相关法条

《中华人民共和国招标投标法》（1999 年颁布）

第三条　在中华人民共和国境内进行下列工程建设项目包括项目的勘察、设计、施工、监理以及与工程建设有关的重要设备、材料等的采购，必须进行招标：

（一）大型基础设施、公用事业等关系社会公共利益、公众安全的项目；

（二）全部或者部分使用国有资金投资或者国家融资的项目；

（三）使用国际组织或者外国政府贷款、援助资金的项目。

前款所列项目的具体范围和规模标准，由国务院发展计划部门会同国务院有关部门制订，报国务院批准。

法律或者国务院对必须进行招标的其他项目的范围有规定的，依照其规定。

第四条　任何单位和个人不得将依法必须进行招标的项目化整为零或者以其他任何方式规避招标。

第五十五条　依法必须进行招标的项目，招标人违反本法规定，与投标人就投标价格、投标方案等实质性内容进行谈判的，给予警告，对单位直接负责的主管人员和其他直接责任人员依法给予处分。

前款所列行为影响中标结果的，中标无效。

3.8.3　律师说法

涉案工程为政府投资的大型基础设施项目，根据《招标投标法》第三条第一款第（一）项的规定，属于必须进行招标的项目，根据《最高人民法院关于审理建设工程施工合同纠纷案件适用法律问题的解释》第一条的规定，应属于违反法律、行政法规的效力性和强制性规定而无效。退一步而言，根据《招标投标法》第四十三条的规定，在确定中标人前，招标人不得与投标人就投标价格、投标方案等实质性内容进行谈判。《招标投标法》第五十五条规定，依法必须进行招标的项目，招标人违反本法规定，与投标人就投标价格、投标方案等实质性内容进行谈判的，给予警告，对单位直接负责的主管人员和其他直接责任人员依法给予处分。前款所列行为影响中标结果的，中标无效。建设工程事关公众安全和社会公共利益，是百年大计，当事人契约自由的私权原则不得违背和对抗保障社会公共利益的立法宗旨，不得损害其他潜在投标人通过竞标取得讼争工程项目建设的权益，不得扰乱建筑市场公平竞争的经济秩序。

3.9　履约保证金法律风险防范

3.9.1　概述

履约担保是工程发包人为防止承包人在合同执行过程中违反合同规定或违约，并弥补给发包人造成的经济损失。其形式有履约担保金（又叫履约保证金）、履约银行保函和履约担保书三种。履约保证金可用保兑支票、银行汇票或现金支票。

（1）招标人必须在招标文件中明确规定中标单位提交履约保证金时，此项条款方为有效，如果在招标书中没有明确规定，在中标后不得追加。这就维护了招标中要约的真实性和投标人的权益，工程招标人可以根据自身的条件选择对该项工程是否投标。因此，履约保证金具有选择性。

（2）履约保证金不同于定金，履约保证金的目的是担保承包商完全履行合同，主要担保工期和质量符合合同的约定。承包商顺利履行完毕自己的义务，招标人必须全额返还承包商。履约保证金的功能，在于承包商违约时，赔偿招标人的损失，也即如果承包商违约，将丧失收回履约保证金的权利，且并不以此为限。

如果约定了双倍返还或具有定金独特属性的内容，符合定金法则，则是定金；如果没有出现“定金”字样，也没有明确约定适用定金性质的处罚之类的约定，已经交纳的履约保证金就不是定金。如果约定了履约保证金却又没有交纳的，则关于履约保证金的约定成立但不发生法律效力（因为质押合同也是实践性合同，必须以交付为生效条件）。

（3）履约保证金强调的是保证招标方的利益或投资者的利益，这种保证既可由中标的承建商承担，也可由第三方承担，但须招标方认可方为有效，由此产生第三方承担连带责任，因此具有替代性。当中标人违约时，中标人的赔偿责任由第三方承担。为了平衡招标方和中标方的利益，2003 年 3 月 8 日正式施行的七部委《工程建设项目施工招标投标办法》第六十二条规定："招标人要求中标人提交履约保证金或其他形式的履约担保的，招标人应当同时向中标人提供工程款支付担保。"

（4）履约保证金的比例是有规定的，其比例为工程造价的 5%～10%，具体执行比例由招标方根据工程造价情况确定，一般情况是工程造价越高，比例应该越低，因此具有相对的固定性，招标人不能漫天要价，必须符合法律的规定。

（5）履约保证金必须游离在工程造价之外，只作为中标方违约时招标方损失的补偿，招标人必须是具备招标能力的法人，其建设资金已经到位，不能把履约保证金作为工程造价的补充。因此，履约保证金具有独立性，必须由双方认可的机构负责收缴、储存、执行和返还。

3.9.2　典型案例

中国葛洲坝集团第六工程有限公司与和昌（十堰）房地产开发有限公司、和昌（湖北）置业有限公司建设工程施工合同纠纷案（一审法院：湖北省高级人民法院；二审法院：最高人民法院）。

关键词：建设工程；履约保证金。

3.9.2.1　案情简介

和昌（十堰）房地产开发有限公司（以下简称和昌房产公司）、和昌（湖北）置业有限公司（以下简称和昌置业公司）作为甲方，中国葛洲坝集团第六工程有限公司（以下简称葛洲坝六公司）作为乙方，就乙方承包甲方的工程项目签订《补充协议》，对履约保证金、工期等进行了约定。

2010 年 11 月 19 日，作为甲方的葛洲坝六公司与作为乙方的和昌房产公司签订了《土地抵押合同》，约定为保证甲方履约保证金的资金安全，乙方同意将其证号为十堰市国用（2008）第 0002751－1、2、3 号的国有土地使用权作为抵押。

2010 年 12 月 23 日，2011 年 1 月 27 日，2011 年 1 月 28 日，葛洲坝六公司向和昌房产公司分别汇款 2000 万元、1300 万元、1700 万元，共计 5000 万元。

2011 年 11 月 11 日至 2014 年 1 月 15 日，葛洲坝六公司多次向和昌房产公司、和昌置业公司致函，要求返还对应的履约保证金，和昌房产公司、和昌置业公司均未返还。葛洲坝六公司遂以和昌房产公司、和昌置业公司为被告诉至法院，请求判令被告返还全部履约保证金即 5000 万元及延期退还违约金。

3.9.2.2　争议焦点

本案争议焦点为和昌房产公司、和昌置业公司应否返还葛洲坝六公司履约保证金。

葛洲坝六公司认为：第一，退还 2500 万元履约保证金的条件已经成就。根据双方《补充协议》约定的“单栋工程封顶后应退还该栋工程保证金的 50%”，即工程“封顶”是退还一半保证金的唯一条件，和昌房产公司、和昌置业公司以“没有经过验收取得竣工备案证”为由不予退还履约保证金的主张无合同依据。截至 2013 年 1 月，合同项目的所有工程已全部封顶，故根据《补充协议》约定，和昌房产公司、和昌置业公司理应退还 50%履约保证金，即 2500 万元。第二，和昌房产公司、和昌置业公司所述的工程质量问题并不存在。首先，没有证据证明涉案工程存在质量问题；其次，和昌房产公司、和昌置业公司已将葛洲坝六公司完成的建筑工程投入使用；最后，和昌房产公司、和昌置业公司已按合同约定扣留了 5%的工程款作为质保金，即使存在质量瑕疵，5%的质量保证金也足以满足修复需要。

和昌房产公司、和昌置业公司认为：葛洲坝六公司主张退还履约保证金的条件尚不成就。第一，退还保证金不仅需要满足单栋封顶条件，而且要满足该工程确实由葛洲坝六公司施工承建的要件。而葛洲坝六公司只施工了《补充协议》约定的部分工程，其他工程项目均系案外人葛洲坝建筑公司施工。因此，不符合《补充协议》约定的退还履约保证金条件。第二，葛洲坝六公司承建的工程没有取得竣工备案证，故不符合退还条件。第三，案外人葛洲坝建筑公司施工的大量工程存在质量瑕疵和不合格情况，故在工程质量尚未得到确认时，先行退还 50%履约保证金的条件并不成就。

一审法院认为：和昌房产公司、和昌置业公司与葛洲坝六公司签订的《补充协议》有效。葛洲坝六公司依约向和昌房产公司、和昌置业公司交纳了 5000 万元履约保证金，现工程均已实现单栋封顶，和昌房产公司、和昌置业公司应依约向葛洲坝六公司返还履约保证金 2500 万元，并承担相应迟延返还的违约责任。因上述工程并未依约取得竣工验收备案证，葛洲坝六公司也无充分证据证明和昌房产公司处分了抵押物，故葛洲坝六公司主张和昌房产公司、和昌置业公司应返还全部履约保证金的理由不能成立。

3.9.2.3 裁判要点

按照双方当事人的约定，返还履约保证金的条件已成就的，负有返还义务的一方应积极履行义务。

3.9.2.4 相关法条

《中华人民共和国合同法》（1999 **年颁布**）

第八条　依法成立的合同，对当事人具有法律约束力。当事人应当按照约定履行自己的义务，不得擅自变更或者解除合同。

依法成立的合同，受法律保护。

《中华人民共和国民事诉讼法》（2017 **年修正**）

第六十四条　当事人对自己提出的主张，有责任提供证据。

当事人及其诉讼代理人因客观原因不能自行收集的证据，或者人民法院认为审理案件需要的证据，人民法院应当调查收集。

人民法院应当按照法定程序，全面地、客观地审查核实证据。

《工程建设项目施工招标投标办法》（2013 **年修订**）

第八十五条　招标人不履行与中标人订立的合同的，应当返还中标人的履约保证金，并承担相应的赔偿责任；没有提交履约保证金的，应当对中标人的损失承担赔偿责任。

因不可抗力不能履行合同的，不适用前款规定。

3.9.3　律师说法

法律法规对履约保证金交付给谁没有明确规定。从表面上看，履约保证金与合同履行密切相关，似乎应该由采购人收取，但这是片面的。政府采购具有公共政策功能，政策功能的体现应是全方位、具体的，包括对履约保证金的管理，集中采购机构不能让履约保证金变成采购人手中可以任意处置中标人的武器。

其实采购人不恰当地使用履约保证金的情况时有发生，如以履约保证金作为要挟条件，迫使中标人增添或改变部分合同内容；以履约保证金抵合同预付款，合同执行完毕后履约保证金迟迟不退还或被占用。从这个角度上说，履约保证金应由集中采购机构收取，从而保持操作的连贯性、一致性，集中采购机构作为中间方，能站在公正立场上正确处理履约问题，同时也便于对采购人与供应商进行有效控制，维护双方的合法权益。

3.10　固定总价合同法律风险防范

3.10.1　概述

固定总价合同，俗称“闭口合同”“包死合同”。所谓“固定”，是指这种价款一经约定，除了业主增减工程量和设计变更外，一律不调整。所谓“总价”，是指完成合同约定范围内工程量以及为完成该工程量而实施的全部工作的总价款。

固定总价合同与固定单价合同、按实结算合同、成本加酬金合同相比具有明显的优势，更能保护业主的利益。

固定总价合同有以下特点：

（1）工程造价易于结算。

由于总价固定，因此只要业主（发包方）不改变合同施工内容，合同约定的价款就是承发包双方最终的结算价款。对于业主来说，这样的价款确定形式可以节省大量的计量、核价工作，从而能集中精力抓好工程进度和施工质量。

（2）量与价的风险主要由承包商承担。

首先，对承包商而言，固定总价合同一经签订，承包商要承担的是价格风险。这里投标时的询价失误、合同履行过程中的价格上涨风险均由自己承担，业主不会给予补偿。

其次，承包商还要承担工程量风险。在固定总价合同中，业主往往只提供施工图纸和说明，承包商在报价时要自己计算工程量，再根据申报的综合单价得出合同总价。即便业主提供工程量清单，也仅仅是承包商投标报价的参考，业主往往声明不对工程量的计算错误负责。这样，承包商还要承担工程量漏算、错算的风险。

招标实践中，外资和港台业主给予的投标时间往往比较短，承包商来不及根据施工图精确计算工程量，只能凭经验结合图纸进行估算，漏算、错算几乎难以避免，只不过漏算、错算的数额有大有小罢了。

对于业主而言，通过招标、议标选择的承包商，其中标价的利润空间已经大大压缩，业主高价获取工程的的风险几乎不存在。但是，材料市场不会永远只涨不跌，签订固定总价合同对业主同样具有一定的风险，只是基于业主在工程合同中的优势地位，往往可以逼迫承包商减少合同价款，因此，固定总价合同中业主的价格风险相比承包商要小得多。

（3）承包商索赔机会少。

业主往往在固定总价合同中明确只有业主变更设计和增减工程量可以调整合同价款，这样一来，承包商索赔的机会大大减少，而业主对工程造价的控制就能做到基本不突破预算。因此，固定总价合同也是业主对付承包商“低中标、勤签证、高索赔”的妙招。

固定总价合同适用于以下情况：

（1）工程量小、工期短，估计在施工过程中环境因素变化小，工程条件稳定并合理。

（2）工程设计详细，图纸完整、清楚，工程任务和范围明确。

（3）工程结构和技术简单，风险小。

（4）投标期相对宽裕，承包商可以有充足的时间详细考察现场、复核工程量、分析招标文件和拟订施工计划。

（5）合同条件中双方的权利和义务十分清楚，合同条件完备，期限短（1年以内）。

3.10.2 典型案例

浙江省工业设备安装集团有限公司与宁波华星科技有限公司建设工程施工合同纠纷案（一审法院：浙江省慈溪市人民法院；二审法院：宁波市中级人民法院）。

关键词：固定总价合同；工程款。

3.10.2.1 案情简介

2012年3月1日，浙江省工业设备安装集团有限公司（以下简称工业公司）与宁波华星轮胎有限公司（2014年1月7日更名为宁波华星科技有限公司，以下简称华星公司）签订《建设工程施工合同》及附件一份，约定工业公司承包华星公司年产20万吨聚酯、聚酯装置项目及公用工程安装工程；承包方式为设备及主材全部由华星公司提供，工业公司包安装，工程量按实结算；合同价款为A标段245万元，B标段220万元，合计465万元。

2012年5月工业公司进场施工，同年10月26日左右双方发生纠纷，工业公司未再继续施工。同年11月1日，华星公司向工业公司发送《解除2012年3月1日签订的〈建设工程施工合同〉的通知》一份，要求解除双方之间的合同，工业公司于同年11月3日收到该函件。同年11月2日，华星公司再次向工业公司发送律师函一份，通知工业公司解除涉案施工合同。工业公司诉至法院，请求判令华星公司支付工程款及利息。

3.10.2.2　争议焦点

（1）涉案合同是否为固定总价合同。

工业公司认为：双方签订的涉案合同没有约定合同价款为固定价，双方在合同中明确约定工程量按实结算，因此涉案合同非固定总价合同。

华星公司认为：涉案合同为固定总价合同，理由是涉案工程主材由华星公司提供，具备固定总价的条件。涉案施工合同是在工业公司投标报价的基础上经协商后最终确定的，合同未约定合同价可调，也未约定工程款结算依据的定额标准、取费标准等。合同中约定的工程量按实结算意在考虑施工过程中设计方案或工程量会存在变更的可能，因此需要在固定价基础上约定工程量按实结算，这一约定与合同为固定价本身并不矛盾。工业公司为大型一级安装企业，有丰富的类似工程施工经验，其对此类安装项目工程价款的确定具备判断能力。此外，工业公司提供的技术标对发包范围、施工方案、进度计划、主要机械、劳动力等使用总量估算证明其取得了涉案图纸，非常了解涉案工程，并详细列举了技术标的相关内容。

一审法院认为本案合同应当认定为固定总价合同，理由如下：

第一，双方虽然在合同中未作出“固定价”的表述，但合同中也未约定结算的具体原则、标准等内容，且双方在合同中约定的工程结算和付款方式均是按照合同金额计算工程款及质量保证金，可见双方在签订合同时并未考虑合同金额的调整问题，双方的合同约定符合固定总价合同的一般特征。

第二，工业公司向华星公司提供的商务标和技术标中均列举了工业公司的施工业绩，技术标更是列明工业公司的三分公司拥有与本案相似的 20 万吨聚酯项目以及其他复杂化工项目的施工经验，工业公司对该项目十分熟悉，同时其在技术标中自述本案项目设计成熟、施工图纸不会有方案性的重大变动，因此其是在充分了解涉案项目的基础上进行投标报价的，事实上，工业公司投标的报价金额为 516 万元（A、B 标段），双方最终签订的合同价款为 465 万元，可见合同金额是双方协商后最终确定的结果，系双方在自愿协商的基础上达成的真实意思表示，双方均应遵守。

第三，如果工业公司主张，涉案合同并非固定总价合同，而是按实结算，则双方理应在合同中明确双方按实结算的依据、计价标准、取费标准等，但反观双方缔约的文件，工业公司的投标报价单中未载明其报价的计价依据，同时双方在合同及附件中也未提及合同结算的任何依据，这与工业公司的工程价款应当按实结算的主张明显不符。

第四，虽然涉案工程施工过程中存在工程变更，双方签署了工程变更联络单，但经过鉴定机构的鉴定，工程变更涉及的工程价款仅 2 万元左右，这与工业公司在技术标中所述的“本案项目设计成熟、施工图纸不会有方案性的重大变动”的内容相印证，可见涉案项目工程确实属于设计成熟的项目，即使在实际施工过程中存在工程变更，对工程造价的影响也较小。

综上，工业公司对讼争工程具有丰富的施工经验，对讼争项目的施工内容、工程量十分熟悉，且讼争工程不可能存在重大的影响工程价款的变动，因此双方在工业公司报价的基础上通过协商确定的合同价款应当认定为固定价，由此双方在合同中约定的工程量按实结算，应当理解为对固定价范围之外的工程设计变更等导致工程量计算的约定。此外，工业公司编制的技术标对于施工范围、管道、法兰、主要设备等工程量及施工进度等均进行了阐述，同时其也提及涉案项目由中纺院设计，施工中图纸不会有方案性变动，可见其在编制投标资料时已经取得相应的施工图，即使不是最终定稿的蓝图，也不影响原告编制相应的投标文件。因此，工业公司主张其未取得施工图纸的意见，该院也不予采信。

（2）华星公司是否尚欠工业公司工程款及利息的认定。

一审法院认为：关于工业公司完成工程量的价款的认定。双方在合同中约定A标段工程价款为245万元，该价款为A标段的固定价，同时，华星公司称工业公司完成的A标段工程量不足80%，即便按照80%计算，工业公司施工完成的工程价款为196万元。同时施工过程中因存在设计变更等原因致使工程量增加12840元，故工业公司施工完成的总工程价款为1972840元。华星公司已经支付工程款200万元，故华星公司未欠付工业公司工程款。综上，华星公司未欠付工业公司工程款，故对工业公司要求支付工程款的诉请也缺乏事实依据，该院不予支持。因华星公司未欠付工程款，故工业公司要求支付利息的诉请亦缺乏事实依据，该院不予支持。

工业公司认为：一审法院认定工业公司未继续施工缺乏依据，违约责任在于华星公司。华星公司提交的数份谈话笔录均表明，截至2012年11月17日，工业公司的施工人员仍在现场施工。而华星公司在两次起诉后又在宣判前自动撤诉，目的在于故意拖延支付应按实结算的工程款。

华星公司认为：双方均认可工业公司在2012年10月27日以后未再继续施工，工业公司认为该情形系因华星公司封锁施工现场所致，但并无任何证据证明；相反，华星公司提供的施工人员调查笔录和谈话笔录均充分证明2012年10月27日后，工业公司未进行实际施工。另外，因工业公司拖延支付工人工资，导致工人围堵大门。该事实表明未继续施工系工业公司的原因所致。即使不能认定上述事实，华星公司在停工后曾发函通知工业公司复工，但工业公司仍未履行合同义务，由此，华星公司才要求解除合同。

二审法院认为：工业公司以华星公司提交的谈话笔录为依据认为一审法院对停工时间的认定有误，但因上述笔录中所涉人员并未出庭接受质询，故结合证据的认定规则，该部分笔录难以作为认定本案事实的依据。同时，工业公司主张其施工人员在2012年11月17日仍在现场施工，但对此其并无证据予以佐证。基于上述分析，并结合华星公司于同年10月26日向工业公司发出律师公函等事实，一审法院认定工业公司在该日左右未再继续施工，应属妥当。

3.10.2.3 裁判要点

当事人虽然在合同中未作出“固定价”的表述，但合同中也未约定结算的具体原则、标准等内容，且双方在合同中约定的工程结算和付款方式均是按照合同金额计算工程款及质量保证金，可见双方在签订合同时并未考虑合同金额的调整问题，双方的合同约定符合固定总价合同的一般特征。

3.10.2.4 相关法条

《建设工程价款结算暂行办法》（2004**年颁布**）

第八条　发、承包人在签订合同时对于工程价款的约定，可选用下列一种约定方式：

（一）固定总价。合同工期较短且工程合同总价较低的工程，可以采用固定总价合同方式。

（二）固定单价。双方在合同中约定综合单价包含的风险范围和风险费用的计算方法，在约定的风险范围内综合单价不再调整。风险范围以外的综合单价调整方法，应当在合同中约定。

（三）可调价格。可调价格包括可调综合单价和措施费等，双方应在合同中约定综合单价和措施费的调整方法，调整因素包括：

（1）法律、行政法规和国家有关政策变化影响合同价款；

（2）工程造价管理机构的价格调整；

（3）经批准的设计变更；

（4）发包人更改经审定批准的施工组织设计（修正错误除外）造成费用增加；

（5）双方约定的其他因素。

《中华人民共和国合同法》（1999 **年颁布**）

第九十四条　有下列情形之一的，当事人可以解除合同：

（一）因不可抗力致使不能实现合同目的；

（二）在履行期限届满之前，当事人一方明确表示或者以自己的行为表明不履行主要债务；

（三）当事人一方迟延履行主要债务，经催告后在合理期限内仍未履行；

（四）当事人一方迟延履行债务或者有其他违约行为致使不能实现合同目的；

（五）法律规定的其他情形。

3.10.3　律师说法

固定总价合同对于承包人有如下风险：

（1）承包人要承担合同报价失误的风险。

①报价计算错误的风险，即纯粹是由于计算错误而引起的风险。

②漏报项目的风险。在固定总价合同中，承包人所报合同价格应包含完成合同规定的所有工程的费用，任何漏报均属于承包商的风险，由承包人承担由此引发的各种损失。

③物价上涨和通货膨胀的风险。

（2）承包人要承担工程量风险。

①工程量计算的错误。业主有时给出工程量清单，有时仅给出图纸、规范，让承包人投标报价。此时承包人必须认真复核和计算工程量，避免由于工程量计算错误带来的风险和损失。

②合同中工程范围不确定或不明确、表达含糊不清，或预算时工程项目未列全造成的损失。

③投标报价时，设计深度不够所造成的误差。对于固定总价合同，如果业主采用初步设计文件招标，让承包人按初步设计进行报价；或者尽管施工图已设计完成，并按其进行招标，但做标期太短，承包人无法详细核算工程量，只有按经验或统计资料估算工程量，由此造成的损失由承包人自己承担。

3.11 逾期竣工违约金法律风险防范

3.11.1 概述

在建筑工程纠纷中，因逾期完工而引发的纠纷是较为普遍的，而造成逾期完工的原因很多，有发包方增加工程量的原因，也有施工方自身效率的原因，还有不能归责于任一方的客观原因，如气候因素等。由于合同中对完工期限有明确约定，因此，如果施工方不能证明逾期完工的责任不在于自己，那么施工方将承担违约责任。

3.11.2 典型案例

山东汉普机械工业有限公司、山东桓台建设工程有限公司建设工程施工合同纠纷案（一审法院：山东省德州市中级人民法院；二审法院：山东省高级人民法院）。

关键词：施工合同；逾期竣工；违约金。

3.11.2.1 案情简介

2011年4月15日，作为发包人的山东汉普机械工业有限公司（以下简称汉普公司）与作为承包人的山东桓台建设工程有限公司（以下简称桓台公司）签订一份《建设工程施工合同》。

后因工程质量不合格，桓台公司擅自停工数日，两次欲单方面解除合同后又表示反悔，鉴于桓台公司的多次不诚信行为，汉普公司对桓台公司失去信任。为了保证工程正常施工和按时按质顺利完成，双方在原签订的《建设工程施工合同》基础上，于2011年8月19日达成一份《补充协议》。

2012年1月15日，双方又达成一份《补充协议2》，部分内容如下：关于工期拖延的处罚。工程进度现已造成事实延期，对于建筑物因工程质量造成的损失，以及工程延期造成的其他损失，汉普公司暂不追究，今后视桓台公司施工质量及进度酌情考虑。后因逾期竣工违约金等纠纷，汉普公司诉至法院。

3.11.2.2 争议焦点

本案的争议焦点为桓台公司是否违约，是否应支付汉普公司逾期竣工违约金1379134.8元。

汉普公司认为：由于桓台公司恶意延期违约，建设工程在2013年5月才组织主体验收（不是合同约定工程竣工验收），并且至今不配合提供相关施工资料，包括应由其办理的全部文件、资料、工程档案及相关部门预验收并取得建设工程检验合格的证明，导致汉普公司至今无法进行工程整体验收，无法办理在建房产产权手续，已造成严重逾期违约事实。《补充协议》第九条第2款约定，对由此而造成的逾期竣工，桓台公司应当承担逾期竣工的责任。

桓台公司认为：桓台公司在履约过程中存在的逾期竣工行为系由汉普公司导致，工期应当依合同约定顺延，因此，桓台公司不应承担逾期竣工违约金。首先，根据《建设工程施工合同》约定，开工前发包人应当办理完毕施工所需的相关手续证件，如果相关证件办理不全，由此产生的责任及损失由发包人承担。然而，汉普公司截至 2013 年 12 月 28 日才办理完毕施工所必需的相关证件。其次，汉普公司于 2011 年 10 月就涉案工程中“仓库装配车间和生产研发楼”工程设计图纸进行了设计变更，并向桓台公司下发了《工程设计变更通知单》。再者，根据双方签订的施工合同约定，汉普公司并未按照合同约定如期进行进度款拨付，截至 2014 年 1 月共计拨付 200 万元，拨款比例不足 50%。最后，根据《通用条款》第十三条工期顺延约定，汉普公司未按合同约定提供开工条件的，未能按约定支付进度款的，施工中存在设计变更的，工期应相应顺延。

一审法院认为：签订《补充协议 2》时，约定的竣工日期已超过，《补充协议 2》约定，工程进度现已造成事实延期，现阶段仅处罚三个月违约金，共计 204824.08 元，该违约金的计算虽然是按照合同价款，但明确计算了数额，应认定桓台公司已经同意缴纳逾期竣工违约金的数额为 204824.08 元。其他施工过程中的罚款，因双方当事人为平等的民事主体，对非因质量问题进行的罚款，不再支持。关于汉普公司主张的其他逾期竣工违约金，因确实存在未及时支付工程款、设计变更等情形，其他逾期竣工违约金不再支持。

3.11.2.3　裁判要点

双方当事人约定了明确数额的逾期竣工违约金，发包人又主张其他逾期竣工违约金的，因发包人确实存在未及时支付工程款、设计变更等情形，其他逾期竣工违约金不再支持。

3.11.2.4　相关法条

《中华人民共和国合同法》（1999 年颁布）

第六十条　当事人应当按照约定全面履行自己的义务。

当事人应当遵循诚实信用原则，根据合同的性质、目的和交易习惯履行通知、协助、保密等义务。

第一百零七条　当事人一方不履行合同义务或者履行合同义务不符合约定的，应当承担继续履行、采取补救措施或者赔偿损失等违约责任。

第一百一十四条　当事人可以约定一方违约时应当根据违约情况向对方支付一定数额的违约金，也可以约定因违约产生的损失赔偿额的计算方法。

约定的违约金低于造成的损失的，当事人可以请求人民法院或者仲裁机构予以增加；约定的违约金过分高于造成的损失的，当事人可以请求人民法院或者仲裁机构予以适当减少。

当事人就迟延履行约定违约金的，违约方支付违约金后，还应当履行债务。

第二百八十三条　发包人未按照约定的时间和要求提供原材料、设备、场地、资金、技术资料的，承包人可以顺延工程日期，并有权要求赔偿停工、窝工等损失。

3.11.3 律师说法

追究承包人逾期违约金的法律责任，已经成为发包方用来对付承包方，达到少付或者不支付工程款的惯用手段。承包人应在建设工程施工合同的签约阶段、履约阶段、诉讼阶段采取相应措施。

(1) 合同签约阶段，避免出现关于逾期竣工违约金的高金额约定条款。

建设施工合同中，发包人为了约束承包人，都会在建设施工合同中主张写明承包人逾期竣工的违约条款，约定的逾期竣工违约金一天几万元甚至几十万元的都有。虽然承包人同时也会提出要求在合同中添加发包人承担逾期付款违约金条款，但是为了保护承包人的合法权益，避免出现承包人承担巨额逾期竣工违约金的严重后果，应尽量降低逾期竣工违约金的标准，避免过高的违约金条款的出现。

(2) 合同签约阶段，对逾期竣工违约金写明封顶条款。

现阶段在建筑市场中，发包人往往具有优势地位。若发包人坚持要在合同中写明“逾期竣工一天，承包人需承担违约金 60 万元或工程造价的千分之二”等类似条款，承包人可以要求在合同中写明承包人承担逾期竣工违约金的最高总金额，从而化解未来的风险。比如，在合同中写上“承包人承担的逾期竣工违约金总额不超过工程造价的百分之四”等类似条款。

(3) 合同履行阶段，承包人务必加强管理，狠抓工期管理，确保按期竣工。

从自身角度来说，承包人要不断提高建设项目的管理能力和水平，加强工期管理，按约竣工交房，才能从根本上避免己方出现违约的可能，从而避免因自身原因承担逾期竣工责任的风险发生。

(4) 合同履行阶段，承包人务必及时全面地收集、固定与工期相关的证据。

建筑工程纠纷产生后，从举证的角度来说，承包人需要举证证明逾期竣工并非是承包人原因造成的，或者是发包人原因造成的，或者是不可抗力原因造成的。

承包人在合同履行中，将下列相关材料作为与工期相关的证据加以收集和固定。如果出现工期逾期情况，承包人可以举出下列材料作为要求工期顺延的证据，从而避免承担逾期违约责任：因发包人不能按时办理土地征用、拆迁、平整施工场地等工作，使施工场地不具备施工条件，影响正常施工的；发包人不能提供施工所需的水电等条件的；通往施工场地的必经通道、道路不能保证畅通的；发包人提供的工程地质和地下管线资料不准确，影响正常施工的；发包人不能按时提交施工图纸，或不能按时组织图纸会审和设计交底的；发包人未能按时支付工程预付款、进度款的；设计变更导致工程量增加的；非承包人原因出现停水、停电等影响施工情况的；不可抗力；出现交通管制等影响正常施工的情况；发包人逾期提供甲供材料，发包人指定分包的单位原因造成工期延误；等等。

(5) 合同履行阶段，承包人要及时行使合同抗辩权。

由于建设施工合同对工期顺延方面有时效性和程序性的规定，承包人在出现非自身原因导致工期延误的事件发生时不仅要收集、固定相关证据，而且要及时向发包人书面提出要求顺延工期，实行合同抗辩权。

（6）在诉讼维权阶段，承包人要提出主张变更、减少违约金。

《合同法》规定，约定的违约金过分高于造成的损失的，当事人可以请求人民法院或仲裁机构予以适当减少。当工程逾期竣工的情形出现时，承包人按照合同约定要承担的违约金远远高于造成的损失的，承包人可以申请对违约金予以变更或减少。

第4章　履约中法律风险防范

4.1　挂靠行为法律风险防范

4.1.1　概述

挂靠在现行法律意义上主要是指没有资质的实际施工人借用有资质的建筑施工企业名义进行工程建设的行为，即工程实务中常说的“借名合同”“戴帽子合同”。通常表现为个人或企业不具备资质而与具备资质的施工企业签订挂靠合同或以项目承包名义等形式实施工程建设行为，挂靠人一般向被挂靠人交纳一定的“管理费”（或“点子费”），被挂靠人向挂靠人提供营业执照、组织机构代码证、税务登记证、资质证书、安全生产许可证、账户、印章等工程建设中必要的资料和文件，但不参与工程的实际施工和管理。挂靠是法律所禁止的行为，但同时也是实务中普遍存在的行为。根据《最高人民法院关于审理建设工程合同纠纷案件的暂行意见》第九条的规定，挂靠的表现形式主要有如下几种：

（1）不具有从事建筑活动主体资格的个人、合伙组织或企业以具备从事建筑活动资格的建筑企业的名义承揽工程；

（2）资质等级低的建筑企业以资质等级高的建筑企业的名义承揽工程；

（3）不具有工程总包资格的建筑企业以具有总包资格的建筑企业的名义承揽工程。

当然，由于实践中的情况非常复杂，挂靠人的操作手段越来越高明，在工程实务中，挂靠的表现形式不断翻新，远远超过了法律所界定的行为，因此，在处理挂靠经营的案件时，要结合个案的具体情况来具体判定。

4.1.2　典型案例

南京市江宁区江宁建筑工程有限责任公司与南京尚爱机械制造有限公司建设工程合同纠纷案（一审法院：南京市江宁区人民法院；二审法院：南京市中级人民法院）。

关键词：挂靠；实际施工人。

4.1.2.1　案情简介

2011年1月9日，南京市江宁区江宁建筑工程有限责任公司（以下简称建筑公司）

向南京尚爱机械制造有限公司（以下简称尚爱公司）出具投标函，主要内容：根据已收到的尚爱公司新建厂区项目的招标文件，建筑公司愿以 1693 万元作为投标价承包该工程的施工、竣工和保修，中标后将派出符金山作为该工程的项目经理等。同日，建筑公司向符金山出具授权委托书，主要内容：我蒋本保系建筑公司的法定代表人，现授权建筑公司的符金山为我公司代理人，以本公司的名义参加尚爱公司新建厂区项目工程的投标活动，代理人在投标、开标、评标、合同谈判过程中所签署的一切文件和处理与之有关的一切事务，我均予以承认。

2011 年 1 月 20 日，建筑公司和尚爱公司签订《协议书》，约定由建筑公司承包尚爱公司位于南京市江宁滨江经济开发区的联合厂房桩基、土建、水电安装、钢结构等图纸范围内的一切工作，合同价款为 1535 万元。该协议上，符金山、顾晓宁分别作为建筑公司和尚爱公司的代表签字。

2011 年 3 月 1 日，建筑公司和尚爱公司签订《建设工程施工合同》，约定由建筑公司承包尚爱公司位于南京市江宁滨江经济开发区联合厂房的桩基、土建、水电安装、钢结构工程。该合同于 2011 年 3 月 4 日在南京市江宁区建筑工程局备案。合同签订后，尚爱公司于 2011 年 1 月 21 日向建筑公司支付工程款 350 万元，于同年 3 月 21 日向建筑公司支付工程款 280 万元，于同年 6 月 15 日向建筑公司支付工程款 300 万元，合计 930 万元。

2011 年 3 月 5 日，建筑公司与南京金厦建筑安装工程有限公司（以下简称金厦公司）签订《建设工程施工专业分包合同》，约定由金厦公司分包涉案工程预应力管桩施工，建筑公司、尚爱公司及金厦公司均在合同上加盖印章。

之后，建筑公司、尚爱公司因工程价款结算发生纠纷，建筑公司诉至法院，请求判令尚爱公司支付工程款及利息。

4.1.2.2　争议焦点

（1）案外人符金山是否是实际施工人。

一审法院认为：实际施工人包括三个构成要件：一是实际施工人相对于名义承包人而存在；二是实际施工人是施工任务的实际承担者，即发包人和承包人发包合同中所约定的施工内容全部或者部分是由实际施工人承担、完成的；三是实际施工人承担施工任务违反了相关法律、法规或发包合同约定。

本案中，涉案工程由桩基、土建、水电安装、钢结构工程四部分组成。从双方合同的洽谈、签订、履行等情况来看，第一，建筑公司出具给符金山的授权委托书载明，委托符金山以建筑公司的名义参加涉案工程的招标活动，在合同谈判过程中签署文件和处理与之有关的事务。并且，在符金山下落不明后，建筑公司向尚爱公司索要工程款时，建筑公司法定代表人称符金山是挂靠建筑公司施工，以及建筑公司收取的 930 万元工程款亦转付给了符金山。上述事实表明符金山以名义承包人建筑公司同尚爱公司洽谈并签订施工合同。

第二，（2013）江宁商调初字第 8 号一案中，南京汪海混凝土有限公司（以下简称汪海公司）提供的《预拌混凝土供应合同》落款处，系符金山签字并加盖“南京市江宁区江宁建筑工程有限责任公司联合厂房项目部仅限工程资料使用”字样的印章。结合一审法院另案处理的水电安装工程款纠纷［案号为（2014）江宁江民初字第 676 号］，系符金山将涉案工程中水电工程转包他人施工。

第三，虽然建筑公司称其是实际施工人，其仅是将涉案工程交由符金山负责管理，其提供了《建设工程施工合同》及部分施工资料，但建筑公司并未提供证据证明其与符金山存在劳动合同关系，亦无证据证明其与符金山存在劳务分包合同关系。并且，建筑公司作为名义承包人，相应的施工资料必然是其名义。结合生效的（2013）宁民初字第26号民事判决，符金山与尚爱公司之间还就辅助工程签订有《附属工程协议》《建筑装饰工程施工合同》。上述事实足以证明建筑公司将涉案工程的土建及水电工程转包给符金山施工，符金山又将水电工程转包他人施工。因此，一审法院认定符金山是涉案工程土建部分的实际施工人，水电工程的违法转包人。

建筑公司认为：一审法院根据尚爱公司提交模糊不清的录音资料，认定符金山与建筑公司之间存在挂靠关系，不符合法律规定。一审法院认定符金山是涉案工程土建部分的实际施工人，水电工程的违法转包人，与事实不符。理由：①建筑公司仅委托符金山以建筑公司名义参加涉案工程招标活动，并未授权其签署及履行合同，建筑公司虽认可收取尚爱公司930万元的工程款，但建筑公司为购买钢材转付给符金山，收款收据已注明转款用途。②在（2013）江宁商调初字第8号民事调解案件中，汪海公司提供《预拌混凝土供应合同》的落款处虽系符金山签字并加盖“南京市江宁区江宁建筑工程有限责任公司联合厂房项目部仅限工程资料使用”印章，但建筑公司为该案的被告，且为执行案件的被申请执行人，现已执行大部分款项。③生效的（2013）宁民初字第26号民事判决书，只能证明符金山与尚爱公司之间签订了《附属工程协议》《建筑装饰工程施工合同》，该判决书判决符金山向尚爱公司返还工程款21692110元，足以证明尚爱公司对涉案工程并未支付相应工程款。④在（2014）江宁江民初字第676号民事案件中，法院并未对案外人王信池承包的水电工程属于主体工程抑或附属装修部分做出认定，建筑公司从未将水电工程授权符金山转分包给他人。因此，一审法院依据上述证据对于符金山在涉案工程中的身份所做出的认定，缺乏事实及法律依据。

尚爱公司认为：涉案工程实际施工人是符金山，符金山作为涉案工程的权利和义务的最终承担者和享有者，尚爱公司已经超额向实际施工人符金山支付了工程款。

二审法院认为：建筑公司否认其与符金山之间就涉案工程存在挂靠关系，主张由建筑公司完成施工任务，该主张与事实不符。首先，符金山在（2013）宁民初字第26号民事案件应诉答辩时，已明确承认其借用建筑公司名义与尚爱公司针对主体工程签订合同，建筑公司法定代表人蒋本保在尚爱公司一审提供的录音中，也多次承认符金山挂靠其公司施工。其次，建筑公司主张其仅授权符金山参加招投标并未授权符金山组织施工，但工程施工中所发生的系列签证单、联系单等，绝大部分均由符金山签名，符金山与汪海公司签订的《预拌混凝土供应合同》、符金山与王信池就水电安装工程的结算，均与涉案工程相关联，建筑公司认为符金山为其员工，符金山上述行为属于履行公司职务行为，但未能提供其与符金山之间存在劳动关系的证明，截至目前，建筑公司也不能提供其将钢结构工程委托他人施工的有效证据。最后，如建筑公司自行组织施工，而其将从尚爱公司仅收取的930万元工程款如数转付给符金山，违背常理。据上，应当认定符金山与建筑公司之间存在挂靠关系，涉案工程由符金山实际完成。虽然生效的仲裁裁决书、民事调解书已确定建筑公司承担了责任，但该责任系建筑公司向符金山出借资质行为而导致的结果，建筑公司以其为被申请执行人为由，否认挂靠关系及主张其为实际施工人，依据不足。

（2）尚爱公司是否应当向建筑公司支付工程款。

一审法院认为：本案中，虽然双方签订的《建设工程施工合同》因挂靠而无效，但涉案工程已竣工并实际交付使用，建筑公司可以参照合同约定要求尚爱公司支付工程款。结合《最高人民法院关于审理建设工程施工合同纠纷案件适用法律问题的解释》（以下简称《司法解释》）第二条的规定可见，虽然名义承包人有权请求发包人参照合同约定支付工程价款，但名义承包人取得的工程价款最终应归实际施工人所有。本案中，虽然建筑公司基于《建设工程施工合同》向尚爱公司主张工程款，并不违反合同相对性原则，但鉴于符金山系涉案工程土建部分的实际施工人，水电工程的违法转包人，其有权最终获得相应的价款，并且根据生效的（2013）宁民初字第 26 号民事判决，符金山需返还尚爱公司 21692110 元。此外，根据前述，建筑公司与尚爱公司在签订《建设工程施工合同》时，对符金山是实际施工人应是明知的，故对于建筑公司要求尚爱公司支付工程款的诉讼请求应根据公平原则从严把握。一审法院确定由尚爱公司按涉案工程的桩基及钢结构部分的价款继续支付建筑公司工程款 3215493.60 元。

建筑公司认为：涉案工程已由尚爱公司使用长达 4 年之久，理应向建筑公司支付该笔工程款及迟延付款的利息。

尚爱公司认为：一审法院已经认定双方签订的《建设工程施工合同》无效，符金山为实际施工人，也是最终权利和义务的享有者和承担者，依法承担涉案工程的风险和享有利润。根据《司法解释》第二十六条的规定，符金山作为实际施工人有权直接向发包人即尚爱公司主张工程款，当然，尚爱公司也可以直接将工程款支付给符金山，履行发包人工程款的支付义务。根据（2013）宁民初字第 26 号民事判决书认定的事实，符金山共收到尚爱公司支付的工程款 27492813.05 元，减去尚爱公司应支付附属及装饰工程的工程款 5796602.01 元，符金山多收 21692110 元可视为尚爱公司支付涉案工程的工程款，且存在超付。

二审法院认为：根据符金山持建筑公司的委托书参加招投标并签署《协议书》、符金山实际履行《建设工程施工合同》，尚爱公司单独与符金山签署《附属工程协议》《建筑装饰工程施工合同》，表明建筑公司和尚爱公司对符金山挂靠施工均明知，且建筑公司无证据证明在施工过程中，对符金山直接从尚爱公司领取工程款提出过异议。现已查明，除附属工程及装饰工程的工程款之外，符金山还从尚爱公司领取了 21692110 元，该事实经生效的（2013）宁民初字第 26 号民事判决书予以确认，而本案所涉主体工程造价经鉴定为 19338185.80 元，尚爱公司存在超付。因此，建筑公司仅为名义上的承包人，在发包人已向实际施工人付清工程款的情况下，再行向发包人尚爱公司主张欠付工程款，本院不予支持。一审认定尚爱公司仍需向建筑公司支付桩基及钢结构部分的工程价款，缺乏事实依据，所作判决不当。

4.1.2.3　裁判要点

实际施工人包括三个构成要件：一是实际施工人相对于名义承包人而存在；二是实际施工人是施工任务的实际承担者，即发包人和承包人发包合同中所约定的施工内容全部或者部分是由实际施工人承担、完成的；三是实际施工人承担施工任务违反了相关法律、法规或发包合同约定。借用资质或挂靠是实际施工人的通常表现形式之一。签订建设工程施工合同的双方当事人对挂靠施工均明知，在发包人已向实际施工人付清工程款的情况下，名义上的承包人再行向发包人主张欠付工程款的，不予支持。

4.1.2.4 相关法条

《中华人民共和国建筑法》（2011 **年修正**）

第二十六条　承包建筑工程的单位应当持有依法取得的资质证书，并在其资质等级许可的业务范围内承揽工程。

禁止建筑施工企业超越本企业资质等级许可的业务范围或者以任何形式用其他建筑施工企业的名义承揽工程。禁止建筑施工企业以任何形式允许其他单位或者个人使用本企业的资质证书、营业执照，以本企业的名义承揽工程。

《建设工程质量管理条例》（2017 **年修正**）

第二十五条　施工单位应当依法取得相应等级的资质证书，并在其资质等级许可的范围内承揽工程。

禁止施工单位超越本单位资质等级许可的业务范围或者以其他施工单位的名义承揽工程。禁止施工单位允许其他单位或者个人以本单位的名义承揽工程。

施工单位不得转包或者违法分包工程。

《最高人民法院关于审理建设工程施工合同纠纷案件适用法律问题的解释》（2004 **年颁布**）

第一条　建设工程施工合同具有下列情形之一的，应当根据合同法第五十二条第（五）项的规定，认定无效：

（一）承包人未取得建筑施工企业资质或者超越资质等级的；

（二）没有资质的实际施工人借用有资质的建筑施工企业名义的；

（三）建设工程必须进行招标而未招标或者中标无效的。

第四条　承包人非法转包、违法分包建设工程或者没有资质的实际施工人借用有资质的建筑施工企业名义与他人签订建设工程施工合同的行为无效。人民法院可以根据民法通则第一百三十四条规定，收缴当事人已经取得的非法所得。

4.1.3 律师说法

4.1.3.1 被挂靠企业有什么法律风险

（1）建筑施工合同无效。

《最高人民法院关于审理建设工程施工合同纠纷案件适用法律问题的解释》第一条规定："建设工程施工合同具有下列情形之一的，应当根据合同法第五十二条第（五）项的规定，认定无效：（一）承包人未取得建筑施工企业资质或者超越资质等级的；（二）没有资质的实际施工人借用有资质的建筑施工企业名义的；（三）建设工程必须进行招标而未招标或者中标无效的。"根据第二项的规定，挂靠的工程合同是无效合同，因合同无效给建设方造成经济损失的，应当由被挂靠企业来承担。

（2）对建设工程的质量承担连带责任。

《中华人民共和国建筑法》第六十六条规定："建筑施工企业转让、出借资质证书或者以其他方式允许他人以本企业的名义承揽工程的，责令改正，没收违法所得，并处罚款，可以责令停业整顿，降低资质等级；情节严重的，吊销资质证书。对因该项承揽工程不符合规定的质量标准造成的损失，建筑施工企业与使用本企业名义的单位或者个人承担连带赔偿责任。"被挂靠企业与挂靠人对建设工程本身不符合质量标准造成的损失承担连带赔偿责任，往往给被挂靠企业带来非常严重的损失，有时完全可能带来毁灭性的后果，所收取的管理费可能远远不足以弥补所承担的损失。

（3）对建设工程的对外债务承担法律责任。

被挂靠企业作为法律上的承包主体，是该建设工程的债权的享有者和债务的承担者。如果是以被挂靠企业的名义对外签订采购合同，在工程施工中往往出现挂靠人与供应商等第三人之间的债务纠纷，法院将会判决被挂靠企业承担给付责任，当被挂靠企业再向挂靠人行使追偿权时，也往往会因为前者的承担能力欠缺而落空。

（4）对挂靠企业的劳动纠纷承担法律责任。

劳动和社会保障部《关于确立劳动关系有关事项的通知》（劳社部发〔2005〕1 号）第一条规定："用人单位招用劳动者未订立书面劳动合同，但同时具备下列情形的，劳动关系成立。（一）用人单位和劳动者符合法律、法规规定的主体资格；（二）用人单位依法制定的各项劳动规章制度适用于劳动者，劳动者受用人单位的劳动管理，从事用人单位安排的有报酬的劳动；（三）劳动者提供的劳动是用人单位业务的组成部分。"第四条规定："建筑施工、矿山企业等用人单位将工程（业务）或经营权发包给不具备用工主体资格的组织或自然人，对该组织或自然人招用的劳动者，由具备用工主体资格的发包方承担用工主体责任。"在建筑工程施工过程中，挂靠人会大量招聘建筑工人。虽然挂靠人与被挂靠企业之间可能会在协议中明确约定建筑工人的工资以及一切工伤事故均由挂靠人承担，但是此约定会因为违反劳动法律而归于无效，最后被挂靠企业仍为责任承担者。另外，更多的情况是挂靠人与建筑工人之间根本不会签订任何合同，工人只知道自己在这个工地上班，直接招聘他的人是谁都不知道，一旦发生争议，就只有找登记备案的工程承包人也就是被挂靠企业，被挂靠企业承担用人单位应承担的所有责任。

（5）管理费可能被没收。

《最高人民法院关于审理建设工程施工合同纠纷案件适用法律问题的解释》第四条规定："承包人非法转包、违法分包建设工程或者没有资质的实际施工人借用有资质的建筑施工公司名义与他人签订建设工程施工合同的行为无效。人民法院可以根据民法通则第一百三十四条规定，收缴当事人已经取得的非法所得。"此被挂靠企业的"非法所得"即指向挂靠人收取的管理费。

（6）可能面临行政处罚。

《中华人民共和国建筑法》第二十六条第二款规定："禁止建筑施工企业超越本企业资质等级许可的业务范围或者以任何形式用其他建筑施工企业的名义承揽工程。禁止建筑施工企业以任何形式允许其他单位或者个人使用本企业的资质证书、营业执照，以本企业的名义承揽工程。"第六十六条规定："建筑施工企业转让、出借资质证书或者以其他方式允许他人以本企业的名义承揽工程的，责令改正，没收违法所得，并处罚款，可以责令停业整顿，降低资质等级；情节严重的，吊销资质证书。”被挂靠企业面临行政处罚的法律风险，其资质可能被降低甚至被吊销，这对被挂靠企业来说无疑是灭顶之灾。

4.1.3.2 如何预防挂靠的法律风险

（1）不得出借资质给其他单位和个人用以对外承接工程。

（2）分清挂靠与内部承包。如果采用内部承包方式的，施工单位应与项目经理等内部承包人签订书面劳动合同及交纳社保，并在资金、技术、设备、人力等方面给予内部承包人支持，避免出现“名为内部承包实为挂靠”的情形。

如果实在无法避免将工程交由实际施工人施工的，笔者建议：

（1）施工单位对实际施工人的资信进行审查，尽量选择信誉好、实力强、有良好合作经历的实际施工人。

（2）加强对实际施工人的管理，对实际施工所承包工程的工期及质量进行监管，避免出现工期延误或质量不合格等情形；要求实际施工人严格按照安全规范施工，避免发生安全责任事故；对实际施工人的材料、设备款项支付进行跟踪，避免出现逾期付款的行为；对农民工工资的支付进行监督，避免发生欠薪、农民工上访事件。

（3）要求实际施工人提供人保或物保，为实际施工人在合同项下的债务承担连带担保责任，以增强实际施工人的履约担保，避免实际施工人怠于履行合同或出现无力赔偿的情形。

4.2 违法分包法律风险防范

4.2.1 概述

违法分包是指下列行为：

（1）总承包单位将建设工程分包给不具备相应资质条件的单位的。

（2）建设工程总承包合同中未有约定，又未经建设单位认可，承包单位将其承包的部分建设工程交由其他单位完成的。

（3）施工总承包单位将建设工程主体结构的施工分包给其他单位的。

（4）分包单位将其承包的建设工程再分包的。

工程违法分包属于严重的违法行为，其法律后果如下：

（1）行政责任。

①施工单位将承包的工程违法分包的，责令改正，没收违法所得，处工程合同价款0.5%以上1%以下的罚款；可以责令停业整顿，降低资质等级；情节严重的，吊销资质证书。

②对于接受违法分包的施工单位，处1万元以上3万元以下的罚款。

（2）民事法律后果。

①根据《最高人民法院关于审理建设工程施工合同纠纷案件适用法律问题的解释》，

违法分包的，分包合同无效。

②施工单位违法分包的，发包人有权解除施工合同，并有权要求施工单位赔偿损失。

③施工单位对因违法分包工程不符合规定的质量标准造成的损失，与接受分包的单位承担连带赔偿责任。

④人民法院可以根据《中华人民共和国民法通则》第一百三十四条的规定，收缴违法分包当事人已经取得的非法所得。

4.2.2　典型案例

广西裕华建设集团有限公司与防城港市新亚太物业有限公司建设工程施工合同纠纷案（一审法院：防城港市防城区人民法院；二审法院：防城港市中级人民法院）。

关键词：违法分包；工程款结算。

4.2.2.1　案情简介

2012 年 9 月 25 日，作为发包人的防城港市新亚太物业有限公司（以下简称新亚太公司）与作为承包人的广西裕华建设集团有限公司（以下简称裕华公司）签订一份《建设工程施工合同》。约定承包方式为总承包（按设计施工图包工包料），承包方不得转包，否则甲方（即新亚太公司）有权终止合同并追究承包方由此造成的经济损失。之后，双方于 2013 年 1 月 7 日、2013 年 9 月 20 日、2015 年 4 月 2 日签订三份《补充协议》，就工作顺序、计价方式等进行约定。

2012 年 9 月 25 日，双方签订合同后，裕华公司按新亚太公司的要求进场施工。现部分工程已完工并经验收，部分工程至今未开工建设。

裕华公司与新亚太公司签订《建设工程施工合同》后，即与宏丰公司签订《工程分包合同》，2012 年 9 月 27 日与防城港市民森劳务有限公司（以下简称民森公司）签订劳务分包合同。宏丰公司与裕华公司签订合同后，并未实际参与工程建设，与新亚太公司之间的工作往来均由裕华公司完成。2015 年 2 月 11 日，裕华公司与民森公司解除劳务分包合同，合同约定裕华公司补偿 300 万元给民森公司。2015 年 10 月 20 日，裕华公司停止工程建设，工程停工后，双方为工程款的结算支付产生争议。裕华公司诉至法院，请求判令解除《建设工程施工合同》及 2013 年 9 月 20 日签订的《补充协议》、新亚太公司支付欠付工程款及利息等。

4.2.2.2　争议焦点

（1）裕华公司是否将工程违法分包给宏丰公司。

一审法院认为：裕华公司确与宏丰公司签订分包合同，但宏丰公司并未实际参与涉案工程的建设，工程还是由裕华公司来完成，所完成的工作量都是由裕华公司盖章签字确认。新亚太公司的信函往来都送达裕华公司，新亚太公司也无证据证明工程建设存在实际施工人问题，新亚太公司主张裕华公司涉嫌转包事实不成立。《建设工程施工合同》及补充协议是双方的真实意思表示，主体适格。合同未存在《最高人民法院关于审理建设工程施工合同纠纷适用法律问题的解释》（以下简称《司法解释》）第一条规定的情形，合同合法有效。

新亚太公司认为：裕华公司与新亚太公司签订合同后，又把工程转包给宏丰公司，签订了分包合同，且存在实际施工人的问题，裕华公司违反了法律规定。裕华公司提交证据的内容可以证实名为分包实为整体违法转包且未经新亚太公司同意。一审法院认为新亚太公司与裕华公司签订的《建设工程施工合同》及补充协议是双方真实意思表示，主体适格，合同未存在《司法解释》第一条规定的情形，合同合法有效，属于明显适用法律错误。

裕华公司认为：第一，合同签订后，裕华公司组织项目管理人员、材料、机械、人工等进场施工，并于 2012 年 9 月 27 日与民森公司签订劳务分包合同，将劳务分包给民森公司。在此过程中，裕华公司为了纳税方便，与宏丰公司签订了工程分包合同，裕华公司通过宏丰公司支付材料、机械租赁及民工工资等各种款项，但宏丰公司并不参与涉案工程的施工及管理，只负责支付资金及纳税。

第二，新亚太公司所称“裕华公司转包工程”与事实不符。本案中，裕华公司承包新亚太公司开发的亚太新城 B 区项目后，即从裕华公司中派出项目负责人、技术负责人、质量管理负责人、安全管理负责人等主要管理人员组建项目部，履行管理义务，并组织材料、机械、人工等进场施工。与新亚太公司对接、组织施工活动、上报资料等工作，均是由裕华公司自行完成的。裕华公司承包涉案工程后，已全面履行了合同的责任和义务，不存在违反法律规定的行为，没有将涉案工程违法分包、转包。在施工过程中，当地主管部门、监理单位及新亚太公司也多次对施工现场进行了检查，均认可是由裕华公司自行组织施工的，这些从新亚太公司提供的《材料证据清单二》中当地主管部门的检查函件以及监理部门的函件中均可证实该项目是由裕华公司自行组织施工的，不存在违法分包的问题。而裕华公司与宏丰公司的关系，是由于裕华公司的企业所得税属于查账征收形式，而宏丰司的企业所得税属于核定征收形式。为了便于交税，经钦州市税务局同意，裕华公司与宏丰公司签订了工程分包合同，裕华公司收到新亚太公司的工程款后即转到宏丰公司，以宏丰公司的名义缴纳企业所得税，并由宏丰公司根据裕华公司的指令支付材料款和工程队的款项，宏丰公司并没有参与涉案工程的施工。因此，裕华公司在整个施工过程中，并没有存在违法分包及转包的情形，新亚太公司所述与事实不符。

二审法院认为：新亚太公司与裕华公司签订《建设工程施工合同》后，裕华公司又与宏丰公司签订《工程分包合同》，两份合同的工程名称均是亚太新城 B 区。本案中，由于双方当事人在《建设工程施工合同》中约定，承包方不得转包，但裕华公司承包工程后，与宏丰公司签订《工程分包合同》，在未经建设单位同意的情况下，将包括工程主体结构在内的大部分工程分包给宏丰公司，工程款也全部支付到宏丰公司的银行账号上，既违反了合同的约定，又违反了法律的强制性规定，构成违法分包。裕华公司称其与宏丰公司签订《工程分包合同》只是为了便于交税，宏丰公司没有实际参与工程施工的辩解意见，因未能提供证据加以证明，本院不予采纳。

（2）鉴定报告书的工程量价款是否作为本案的工程结算依据。

一审法院认为：合同签订后，裕华公司进行了施工，完成了部分工程，并经各方验收，其中部分工程新亚太公司已投入使用，根据价格鉴定部门出具的鉴定报告，裕华公司完成上述工作量的价款为 48220283.07 元。在裕华公司所完成的 48220283.07 元工作量中有 1700214.64 元工程未盖公章确认，但该工程有新亚太公司的管理人员和监理部门人员的现场签字，视为裕华公司完成的实际工作量。新亚太公司已支付 35045974.7 元，尚欠 13174308.37 元。按《建设工程施工合同》第八条、第十一条的约定，裕华公司请求新亚太公司支付迟延付款利息，合法有据，该院予以支持。但约定按日 2‰计付利息违反了法律规定，应予纠正，利息应以年利率的 24%计，按新亚太公司支付裕华公司工程款的时间节点计算。新亚太公司应支付裕华公司逾期付款利息为 990946 元。

新亚太公司认为：一审法院依据鉴定报告书工程量价款进行判决属于适用法律错误，由于本案主合同无效，补充协议也是无效的，鉴定报告书采用合同及补充协议约定的价格鉴定工程款数额也是错误的。

裕华公司认为：新亚太公司“由于本案主合同无效，补充协议也是无效的，鉴定报告书采用合同及补充协议约定的价格鉴定工程款数额也是错误的”的说法，不符合法律的规定。本案中，新亚太公司于一审提交的《材料证据清单一》中第 6、8、9 三项就是新亚太公司与裕华公司于 2012 年 9 月 25 日签订的《建设工程施工合同》及补充协议，新亚太公司在庭审过程中也自认该《建设工程施工合同》及补充协议合法有效。根据裕华公司于一审中提供的《材料证据清单一》第 41 项由新亚太公司出具给裕华公司的函件中也可以证实，新亚太公司是按 2012 年 9 月 25 日双方签订的《建设工程施工合同》及补充协议与裕华公司进行结算的。从双方签订的补充协议中也可以看出，双方的真实意见表示就是执行 2012 年 9 月 25 日签订的《建设工程施工合同》及补充协议。因此，广西桂正信建设工程造价咨询有限公司依据新亚太公司与裕华公司于 2012 年 9 月 25 日签订的《建设工程施工合同》及补充协议对裕华公司实际完成的工程进行鉴定，合法有效。一审判决适用双方 2012 年 9 月 25 日签订的《建设工程施工合同》及补充协议进行判决，适用法律正确。

二审法院认为：虽然双方签订的《建设工程施工合同》无效，但裕华公司将工程分包出去后，实际施工人已经按新亚太公司的要求完成了一定的施工，新亚太公司也将部分已完工的楼房对外销售，该工程量已经广西桂正信建设工程造价咨询有限公司进行鉴定，计算了工程量价款。根据《司法解释》第二条、第十三条的规定，新亚太公司应按鉴定报告书鉴定的工程量价款向裕华公司支付工程款。虽然裕华公司违法分包本案的工程，但实际施工人已经为本工程投入了工程材料和必要的劳力，施工人员付出的工作成果物化成本案的工程成果，并且新亚太公司已经使用了部分楼房，法律保护实际施工人的合法利益。

4.2.2.3 裁判要点

双方当事人在《建设工程施工合同》中约定，承包方不得转包，但裕华公司承包工程后，与宏丰公司签订《工程分包合同》，在未经建设单位同意的情况下，将包括工程主体结构在内的大部分工程分包给宏丰公司，工程款也全部支付到宏丰公司的银行账号上，既违反了合同的约定，又违反了法律的强制性规定，构成违法分包。虽然裕华公司违法分包本案的工程，但实际施工人已经为本工程投入了工程材料和必要的劳力，施工人员付出的工作成果物化成本案的工程成果，并且新亚太公司已经使用了部分楼房，法律保护实际施工人的合法利益。

4.2.2.4 相关法条

《最高人民法院关于审理建设工程施工合同纠纷案件适用法律问题的解释》（2004 **年颁布**）

第一条 建设工程施工合同具有下列情形之一的，应当根据合同法第五十二条第（五）项的规定，认定无效：

（一）承包人未取得建筑施工企业资质或者超越资质等级的；

（二）没有资质的实际施工人借用有资质的建筑施工企业名义的；

（三）建设工程必须进行招标而未招标或者中标无效的。

第二条 建设工程施工合同无效，但建设工程经竣工验收合格，承包人请求参照合同约定支付工程价款的，应予支持。

第四条 承包人非法转包、违法分包建设工程或者没有资质的实际施工人借用有资质的建筑施工企业名义与他人签订建设工程施工合同的行为无效。人民法院可以根据民法通则第一百三十四条规定，收缴当事人已经取得的非法所得。

第十三条 建设工程未经竣工验收，发包人擅自使用后，又以使用部分质量不符合约定为由主张权利的，不予支持；但是承包人应当在建设工程的合理使用寿命内对地基基础工程和主体结构质量承担民事责任。

《建设工程质量管理条例》（2017 **年修订**）

第七十八条 本条例所称肢解发包，是指建设单位将应当由一个承包单位完成的建设工程分解成若干部分发包给不同的承包单位的行为。

本条例所称违法分包，是指下列行为：

（一）总承包单位将建设工程分包给不具备相应资质条件的单位的；

（二）建设工程总承包合同中未有约定，又未经建设单位认可，承包单位将其承包的部分建设工程交由其他单位完成的；

（三）施工总承包单位将建设工程主体结构的施工分包给其他单位的；

（四）分包单位将其承包的建设工程再分包的。

本条例所称转包，是指承包单位承包建设工程后，不履行合同约定的责任和义务，将其承包的全部建设工程转给他人或者将其承包的全部建设工程肢解以后以分包的名义分别转给其他单位承包的行为。

4.2.3 律师说法

4.2.3.1 违法分包行为的认定

《建筑工程施工转包违法分包等违法行为认定查处管理办法（试行）》第九条总结并完善了前述法律法规关于违法分包行为的规定，罗列了七种违法分包的具体情形：

（一）施工单位将工程分包给个人的；

（二）施工单位将工程分包给不具备相应资质或安全生产许可的单位的；

（三）施工合同中没有约定，又未经建设单位认可，施工单位将其承包的部分工程交由其他单位施工的；

（四）施工总承包单位将房屋建筑工程的主体结构的施工分包给其他单位的，钢结构工程除外；

（五）专业分包单位将其承包的专业工程中非劳务作业部分再分包的；

（六）劳务分包单位将其承包的劳务再分包的；

（七）劳务分包单位除计取劳务作业费用外，还计取主要建筑材料款、周转材料款和大中型施工机械设备费用的。

对比《建设工程质量管理条例》罗列的四种违法分包的情形，在认定违法分包情形时，尤为值得注意以下两点：

第一，不是所有将房屋建筑工程的主体结构的施工分包的行为都属于违法分包行为，钢结构工程除外。

第二，不是所有再分包行为都属违法分包行为，只有将专业工程再分包或是劳务分包单位将劳务再分包的才属于违法分包行为。专业分包单位将其承包的专业工程中的劳务作业部分再分包的，不属于违法分包行为。

4.2.3.2　违法分包的法律责任

(1) 因违法分包而订立的建设工程施工合同无效，法院可收缴当事人已取得的非法所得。

根据《合同法》第五十二条第五款："有下列情形之一的，合同无效：……（五）违反法律、行政法规的强制性规定"和《最高人民法院关于审理建设工程施工合同纠纷案件适用法律问题的解释》第四条："承包人非法转包、违法分包建设工程或者没有资质的实际施工人借用有资质的建筑施工企业名义与他人签订建设工程施工合同的行为无效。人民法院可以根据民法通则第一百三十四条规定，收缴当事人已经取得的非法所得"的规定，因违法分包所签订建设工程施工合同的行为无效，人民法院可收缴当事人已取得的非法所得。

建设工程施工合同被认定无效后如何处理呢?

建设工程施工合同相对其他合同而言有其特殊性，履行建设工程施工合同的过程就是将建筑物材料和劳务物化成建筑产品的过程，建筑物一旦建成，实际投入的人力、物力、财力就转化为不动产，根本无法返还。建设工程施工合同的特殊性决定了合同无效后不能适用"恢复原状"的返还原则，而应适用"折价补偿"的原则。"折价补偿"原则的适用前提是建筑产品是否有价值，而建筑产品是否有价值的衡量标准就是该建筑产品质量是否合格。

根据《司法解释》第二条："建设工程施工合同无效，但建设工程经竣工验收合格，承包人请求参照合同约定支付工程价款的，应予支持"的规定，因违法分包导致建设工程施工合同无效时，只有在工程经竣工验收合格的情况下，承包人才能适用"折价补偿"原则获得工程款，否则只能按"过错原则"进行赔偿。

(2) 存在违法分包行为的施工单位将面临被责令改正、没收违法所得、处以罚款、责令停业整顿、降低资质等级、吊销资质证书等行政处罚，直接负责的主管人员和直接责任人员面临被处罚款的行政处罚。

根据《中华人民共和国建筑法》第六十七条、《中华人民共和国招标投标法》第五十八条、《建设工程质量管理条例》第六十二条第一款、《建筑业企业资质管理规定》第三十七条、《房屋建筑和市政基础设施工程施工分包管理办法》第十八条的相关规定，承包单位将承包的工程违法分包的，给予责令改正，没收违法所得，并处罚款，可以责令停业整顿，降低资质等级；情节严重的，吊销资质证书。同时，对于接受违法分包的单位处以罚款。

《建筑工程施工转包违法分包等违法行为认定查处管理办法》（以下简称《认定查处办法》）对违法分包行为的处罚进一步细化。《认定查处办法》第十三条第（二）、（五）项规定：对有违法分包违法行为的施工单位，责令其改正，没收违法所得，并处工程合同价款0.5%以上1%以下的罚款；可以责令停业整顿，降低资质等级；情节严重的，吊销资质证书。对施工单位给予单位罚款处罚的，对单位直接负责的主管人员和其他直接责任人员处单位罚款数额5%以上10%以下的罚款。

（3）存在有违法分包违法行为的施工单位，将在一定期限内被限制参加招投标活动、承揽新工程，甚至被降低资质等级。

根据《认定查处办法》第十四条的规定，对有违法分包及挂靠等违法行为的施工单位，可依法限制其在3个月内不得参加违法行为发生地的招标投标活动、承揽新的工程项目，并对其企业资质是否满足资质标准条件进行核查，对达不到资质标准要求的限期整改，整改仍达不到要求的，资质审批机关撤回其资质证书。

对2年内发生2次违法分包的施工单位，责令其停业整顿6个月以上，停业整顿期间，不得承揽新的工程项目。对2年内发生3次以上违法分包的施工单位，资质审批机关降低其资质等级。

（4）存在违法分包及挂靠等违法行为的施工单位，会被记入信用档案并向社会公示。

根据《认定查处办法》第十五条的规定，县级以上人民政府住房城乡建设主管部门应将查处的违法发包的违法行为和处罚结果记入单位或个人信用档案，同时向社会公示，并逐级上报至住房城乡建设部，在全国建筑市场监管与诚信信息发布平台公示。

4.3 联合承包法律风险防范

4.3.1 概述

联合体投标是指两个以上法人或者其他组织可以组成一个联合体，以一个投标人的身份共同投标。实践中，大型复杂项目，对资金和技术要求比较高，单靠一个投标人的力量不能顺利完成的，可以联合几家企业集中各自的优势以一个投标人的身份参加投标。联合体内部成员是相对松散的独立单位，法律或者招标文件对投标人资格条件有要求的，联合体各方均应具备规定的相应的资格条件，而不能相互替代。

（1）联合体对外以一个投标人的身份共同投标，联合体中标的，联合体各方应当共同与招标人签订合同，就中标项目向招标人承担连带责任。

（2）组成联合体投标是联合体各方的自愿行为。

（3）联合体各方签订共同投标协议后，不得再以自己的名义单独投标，也不得组成新的联合体或参加其他联合体在同一项目中投标。

4.3.2　典型案例

冯兆亮与中山环保产业股份有限公司、淄博市周村区市政工程公司、邹平县长山镇污水处理厂建设工程施工合同纠纷案（一审法院：滨州市中级人民法院；二审法院：山东省高级人民法院）。

关键词：建设工程；联合承包。

4.3.2.1　案情简介

2012 年 9 月，邹平县长山镇污水处理厂（以下简称长山污水处理厂）作为发包人，中山环保产业股份有限公司（以下简称中山公司）、淄博市周村区市政工程公司（以下简称周村市政公司）作为承包人，签订《邹平县长山镇污水处理厂工程设计、施工总承包合同》，约定：发包人于 2012 年 10 月 10 日通过公开招标确定承包人承担长山污水处理厂设计、施工总承包及调试工作。承包人为中山公司、周村市政公司两方联合体，中山公司为联合体牵头人并承担本合同主要责任，其余联合体成员单位承担本合同连带责任。上述合同签订后，中山公司将长山污水处理厂土建工程交由冯兆亮施工。冯兆亮施工工程于 2013 年 5 月 30 日交付。2013 年 6 月 17 日，中山公司出具《长山污水处理厂冯兆亮施工内容》，对冯兆亮施工工程量进行了确认。2014 年 11 月 17 日，冯兆亮施工工程经竣工验收合格。

后因工程款结算发生纠纷，冯兆亮将中山公司、周村市政公司、长山污水处理厂诉至法院，请求判令中山公司、周村市政公司支付工程款 300 万元（以工程造价实际鉴定结果为准）及利息（自 2013 年 5 月 20 日至判决生效之日止，按照中国人民银行同期贷款利率计算约计 30 万元），长山污水处理厂在欠付工程款范围内承担支付责任。

4.3.2.2　争议焦点

（1）付款主体问题。

一审法院认为：首先，中山公司将其与周村市政公司承包的长山污水处理厂土建工程交由冯兆亮施工，其与冯兆亮之间形成口头建设工程分包合同关系。因冯兆亮不具有施工资质，其与中山公司之间的建设工程分包合同无效。根据《最高人民法院关于审理建设工程施工合同纠纷案件适用法律问题的解释》第二条的规定，本案中，冯兆亮施工工程已经竣工验收合格，其请求中山公司支付工程价款，应予支持。其次，周村市政公司与中山公司作为联合承包人与长山污水处理厂签订《邹平县长山镇污水处理厂工程设计、施工总承包合同》，其与中山公司均系承包人，冯兆亮施工工程包含在周村市政公司、中山公司与长山污水处理厂合同范围内，故周村市政公司、中山公司应共同向冯兆亮承担付款责任。冯兆亮请求周村市政公司支付工程款，本院予以支持。最后，根据《最高人民法院关于审理建设工程施工合同纠纷案件适用法律问题的解释》第二十六条的规定，发包人只在欠付工程价款范围内对实际施工人承担责任。本案一审中，至法庭辩论终结前，长山污水处理厂工程尚未整体竣工验收，中山公司、周村市政公司与长山污水处理厂未结算。因此，关于长山污水处理厂是否欠付中山公司、周村市政公司工程款以及欠付数额，均不能确定，对此冯兆亮亦未提交证据证实。故冯兆亮请求长山污水处理厂在欠付工程款范围内承担支付责任，不具有确定性，不予支持，冯兆亮可待条件具备后另行主张。

周村市政公司认为：本案是一起口头合同，主体是冯兆亮与中山公司，周村市政公司不是本案合同当事人，根据合同相对性原则，周村市政公司不应当作为付款主体承担付款义务。周村市政公司与中山公司虽然都是总承包人，但双方法人主体独立，合同地位也不同。一审在周村市政公司不是合同主体的前提下，判令其与中山公司承担无差别的付款责任并承担案件受理费、鉴定费没有事实及法律依据。

冯兆亮认为：周村市政公司与中山公司对本案工程签订了联合承包合同，应当对本案付款承担连带责任。

二审法院认为：本案中，从中山公司与周村市政公司签订的《联合体投标协议书》约定的双方权利与义务关系来看，双方签订的协议书虽然名为联合承包，但该工程的最终盈亏结果由中山公司负责，税费及一切其他费用也由中山公司承担，周村市政公司不承担任何风险，仅提供项目建设所需的资质、证件等证照，并收取一定比例的管理费。这与联合承包协议共享利润、共担风险的精神不符，该协议实为转包协议，双方之间实为转包关系。其后，中山公司将该项目的土建工程交由冯兆亮施工，与之形成建设工程口头分包合同关系。因冯兆亮不具有施工资质，该分包合同应属无效。依照《最高人民法院关于审理建设工程施工合同纠纷案件适用法律问题的解释》第二条的规定，中山公司与冯兆亮之间的合同虽为无效，涉案工程却已经竣工验收合格，实际施工人冯兆亮诉请中山公司参照合同约定支付工程价款，具有事实与法律依据。因冯兆亮施工依据的建设工程口头分包合同系与中山公司订立，与周村市政公司并不存在直接的合同关系，其请求周村市政公司承担连带付款责任，有违合同相对性原理，本院不予支持。

（2）涉案工程价款确定问题。

一审法院认为：经过鉴定，冯兆亮施工工程造价为 8288152.17 元（7264930.49 元+1023221.68 元），其中包含税金、管理费、利润，扣除电费。中山公司主张冯兆亮仅对长山污水处理厂土建部分进行施工，冯兆亮施工工程造价不应计取企业管理费、利润、规费、相应的措施费，缺乏依据，本院不予支持。因涉案工程税金冯兆亮未缴纳，中山公司向冯兆亮支付的工程款亦未扣除税金，故中山公司主张冯兆亮施工工程造价不应计取税金成立，予以支持。关于补充说明中的道路工程，系由冯兆亮实际施工，相对应的工程量签证单由长山污水处理厂、中山公司确认，且长山污水处理厂认可该道路工程系中山公司增加的工程量，故该部分工程应在本案中处理，中山公司主张该部分工程与其无关，不能成立。综上，一审法院确认冯兆亮施工部分工程造价为 7699353.23 元（8288152.17 元－588798.94 元），中山公司应向冯兆亮支付工程款数额为 1511433.23 元（7699353.17 元－6187920 元）。

中山公司认为：原审已经认定冯兆亮不具有施工资质，其建设工程分包合同无效，在合同无效的情况下给施工人计付企业管理费、利润、规费、相应的措施费，与法律规定不符。由于本案建设工程分包合同无效，应当按照冯兆亮的实际施工资质结算施工款。而冯兆亮无任何资质，依法只能计算实际施工费用，不能计算工程税金、企业管理费、工程利润、社会保障费。根据中介机构的《工程造价鉴定意见书》，冯兆亮施工部分工程款为8288152.17 元，扣减工程税金、企业管理费、工程利润、社会保障费后，应付冯兆亮施工费用 6333762.25 元，中山公司已经支付了 6187920 元，尚欠款 145842.25 元。

冯兆亮认为：对本案工程价款的鉴定是按照人工费定额出具的报告，而当时市场人工价明显高于定额，且施工现场用水用电、临时设施、大部分材料费用都是由冯兆亮承担的，出现工伤事故及各种需要协调的关系，也均由冯兆亮负责。中山公司主张工程价款中不应计取企业管理费、利润、规费及相应的措施费等，是错误的。

二审法院认为：中山公司因冯兆亮不具有相应资质，对施工工程造价鉴定中向其计付企业管理费、利润、规费及相应的措施费存有异议，但未申请重新鉴定，且双方之间对此并无约定，中山公司亦未能提供充分有效的依据加以支持，一审法院对该异议未予认可，并无不当。对于一审法院依据鉴定结果计算得出的工程款数额，本院予以确认。

（3）工程欠款利息问题。

一审法院认为：利息属于法定孳息，中山公司欠付冯兆亮工程价款，应当向冯兆亮支付利息。《最高人民法院关于审理建设工程施工合同纠纷案件适用法律问题的解释》第十八条第（一）项规定，建设工程已实际交付的，自交付之日计付工程价款利息。冯兆亮施工工程交付日期为 2013 年 5 月 30 日。本案工程欠款利息应以欠付工程价款 1511433.23 元为基数，按照中国人民银行同期同类贷款利率，自 2013 年 5 月 30 日起计算至本判决生效之日止。

中山公司认为：原审认定中山公司需从 2013 年 5 月 30 日起向冯兆亮计付工程款欠款利息无依据。

冯兆亮认为：本案工程的交付时间是 2013 年 5 月 30 日，对此，中山公司山东分公司经理和出庭证人在一审中都已经认可，利息应当自交付时间即 2013 年 5 月 30 日起算。

二审法院认为：利息属于法定孳息，中山公司在欠付工程价款事实存在的情况下，理应支付。本案一审中，中山公司曾明确认可冯兆亮施工工程交付日期为 2013 年 5 月 30 日，一审法院依据《最高人民法院关于审理建设工程施工合同纠纷案件适用法律问题的解释》第十八条第（一）项的规定，确定本案工程欠款利息应从该日起算正确，本院予以认可。

4.3.2.3　裁判要点

大型建筑工程或者结构复杂的建筑工程，可以由两个以上的承包单位联合共同承包。共同承包的各方对承包合同的履行承担连带责任。但本案中，从中山公司与周村市政公司签订的《联合体投标协议书》约定的双方权利与义务关系来看，双方签订的协议书虽然名为联合承包，但该工程的最终盈亏结果由中山公司负责，税费及一切其他费用也由中山公司承担，周村市政公司不承担任何风险，仅提供项目建设所需的资质、证件等证照，并收取一定比例的管理费。这与联合承包协议共享利润、共担风险的精神不符，该协议实为转包协议，双方之间实为转包关系。中山公司将该项目的土建工程交由冯兆亮施工，与之形成建设工程口头分包合同关系。因冯兆亮不具有施工资质，该分包合同应属无效。依照《最高人民法院关于审理建设工程施工合同纠纷案件适用法律问题的解释》第二条的规定，中山公司与冯兆亮之间的合同虽为无效，涉案工程却已经竣工验收合格，实际施工人冯兆亮诉请中山公司参照合同约定支付工程价款，具有事实与法律依据。因冯兆亮施工依据的建设工程口头分包合同系与中山公司订立，与周村市政公司并不存在直接的合同关系，其请求周村市政公司承担连带付款责任，有违合同相对性原理，本院不予支持。

4.3.2.4　相关法条

《中华人民共和国建筑法》（2011 **年修订**）

第二十七条　大型建筑工程或者结构复杂的建筑工程，可以由两个以上的承包单位联合共同承包。共同承包的各方对承包合同的履行承担连带责任。

两个以上不同资质等级的单位实行联合共同承包的，应当按照资质等级低的单位的业务许可范围承揽工程。

《最高人民法院关于审理建设工程施工合同纠纷案件适用法律问题的解释》（2004 **年颁布**）

第二条　建设工程施工合同无效，但建设工程经竣工验收合格，承包人请求参照合同约定支付工程价款的，应予支持。

第十八条　利息从应付工程价款之日计付。当事人对付款时间没有约定或者约定不明的，下列时间视为应付款时间：

（一）建设工程已实际交付的，为交付之日；

（二）建设工程没有交付的，为提交竣工结算文件之日；

（三）建设工程未交付，工程价款也未结算的，为当事人起诉之日。

第二十六条　实际施工人以转包人、违法分包人为被告起诉的，人民法院应当依法受理。

实际施工人以发包人为被告主张权利的，人民法院可以追加转包人或者违法分包人为本案当事人。发包人只在欠付工程价款范围内对实际施工人承担责任。

4.3.3　律师说法

两个以上不同法人单位组成联合体之后，能够实现营销优势、技术优势、管理优势、专业优势中的某一个方面或者多个方面的提升，可以直观地看到竞争实力增强的效果。然而，顾名思义，联合体本身是一个合伙型组织，而法律意义上的合伙型组织各成员之间需要共同出资、共同经营、共享收益、共担风险，并对合伙债务承担无限连带责任。也就是说，从其成立的那一天起，各成员单位之间便产生了相互可能被“连坐”的风险。

如果用一个比喻来诠释联合体的风险，那就好比是二个人的两条腿被捆绑在一起参加比赛，如果其中一个人的动作慢或二个人之间动作不协调，就可能会输掉比赛；如果一个人摔倒了，另一个人也会被带倒。因此，在以联合体模式承包工程时，其常见风险的影响后果大致可归于两类：一是由于一方或多方原因而使得工程承包合同不能有效履行，导致既得利益无法完全实现的风险；二是相对方产生债务而被要求连带承担的风险。据此，我们可以推导出以联合体模式承包工程的一些常见风险的表现形式。

4.3.3.1　联合体投标风险分析

(1) 投标报价的风险。应该说，投标报价属于工程承包最前端、最容易产生风险的一个关口，一旦由于技术水平限制或工作失误而导致投标发生错、漏，补救起来是相当困难的。而联合体由于是二个以上单位共同报价，除了任意一方可能在报价中产生的错、漏以外，还可能由于分工盲区上的忽略而产生报价上的遗漏。

(2) 签订工程承包合同的风险。首先，与投标报价相同，联合体各成员对工程承包合同中设置权利、义务的关注点是不同的，而不同的关注点之间无法避免因沟通不到位而出现的真空地带。比如，以外币为支付单位时的汇率变化的约定；发包人要求工程整体创优，但这需要联合体成员共同具备某几项条件或共同实施某几项行为。其次，由于对相对方履约能力的误判而认同了发包人提出的某项合同条件。比如，合同工期只约定了一个总的工期，而联合体一方由于错误地认为对方可以在某一个节点工期内完成自己的工作，从而确认总的工期没有问题。最后，由于联合体成员中的一方与发包人之间的关系过于亲密或者获得了发包人的更多信任，导致联合体其他方的权益无法在合同中得以完整地保护或得不到公正的待遇。

(3) 工程履约的风险。一是管理与组织的风险。我们知道，联合体并不是法律意义上的具备完全民事权利能力和行为能力的组织，联合体项目部中各成员单位派出的代表完全受制于派出单位；联合体缺少统一而完整的规章制度，更缺乏统一的组织文化，原本优势互补的初衷很可能会因为制度不同、文化差异以及各自企业利益、个人利益谋算的动机而被吞噬殆尽。二是履约控制上的风险。作为联合体，任一成员单位的任一合同义务未能按照工程承包合同约定履行，都意味着联合体对发包人的违约。而由于联合体各成员单位在行为能力上的差异和各自履约的相对独立性，以及联合体项目部在计划、组织、领导、激励等方面的先天不足，极易造成履约失控，其中尤以工期、质量履约为最。

(4) 对外债务的风险。联合体一般情况下都会设立自己的组织机构、刻制印章和开设账户。联合体所设立的组织机构的常见形式为联合体项目部，通过由各成员单位共同派员组成。联合体项目部对外代表着联合体全体成员共同的意思表示，其行为后果由联合体全体成员承担。这就意味着一切以联合体项目部名义所发生的债务都将会由联合体各成员连带承担偿付义务。

(5) 签订联合体协议的风险。签订联合体协议是联合体成立的标志，它是联合体运行管理的章程和制度。签订联合体协议是联合体各成员在确定工程意向后所做的第一件事，因此，在签订联合体协议时，上述风险并不会发生。但正因为如此，联合体协议预见性就显得非常重要，即要在签订联合体协议时，能够充分预见上述各种可能发生的风险，从而在通过协议确定管理模式时以及通过协议细化成员单位各自权利、义务时，加以有效规避或者明确责任。如果没有很好地做到这一点，其本身就是一项最大的风险。

4.3.3.2　联合体投标风险防范

在前面列举风险的表现形式时，我们首先提到了风险可能导致的影响后果有两类：一是既得利益无法完全实现；二是连带承担其他成员方的债务。因此，防范风险的措施也应当可以归于两个类别：一是确保工程承包合同的履约；二是避免连带承担债务责任的情形发生。

（1）建立联合体成员间的相互复审制度，即一方有权利和义务对另一方制作的提交与发包人的资料进行复查。在复查中发现问题时，另一方有义务按照因此而获利或减少损失的一定比例给予报酬；反之，在复查时对存在的问题未能识别的，应当按照一定比例分担另一方的损失。比如，联合体成员一方对另一方制作投标报价的复查，任何一方对工程承包合同的全面审查，等等。

（2）最大化地保留联合体各成员的自治空间和“包干到户”的分配模式。两个以上企业法人投资组建成一个新的法人企业之后，一般都会派出较高级别的管理者入主新公司任职，而且在公司法的基础之上，还会有自己的公司章程，并建立完善的管理制度、组织架构、考核机制和薪酬体系，股东利益更是通过最终的股权收益分红来实现的。但最后因为股东之间文化上的差异和投资目标、风险偏好上的不同等原因而剑拔弩张、分道扬镳的案例数不胜数。而为工程建设临时成立的联合体项目部，无论是联合体成员派出的人员级别，还是考核与管理制度的建立方面都远远比不上法人企业，追求项目收益最大化的动机也更加直观。企盼完全合二为一地完成项目实施是不具有现实性的，应当在发挥联合体既定优势的前提下，最大化地保持联合体各成员的自治，是化解联合体组织与管理风险、履约风险和对外债务风险的关键。就实际操作层面上讲，除了设立联合体项目部外，各成员单位都应当各自设立自己的项目部，联合体项目部则只负责对业主沟通的事宜、内部协调和疑难技术方案的制定，而不对外从事任何的经营活动；各成员单位所设项目部在所在单位分工范围内独立完成工作，并以自己的名义对外从事经营活动。

（3）建立工程履约的互助机制。在联合体协议中，在工程承包合同项下的履约义务应当具体明确地分解到各成员单位，并约定当其中一方履约延期达到某种程度或发生某类级别的工程质量事故时，其他成员单位可以要求缩小其分工范围，并代为履行，代为履行的部分按原价格或在原价格基础上上浮一定比例从其应得收益中扣除。当然，即便无法达成上述协议基础，当一方不能履约时，其他成员单位也应当给予主动积极的协助。

（4）谨慎选择联合体其他成员。联合体风险的发生大部分是因为某一方联合体成员单位的信誉差和实力弱而引起的。选择好成员单位，多数的风险也就迎刃而解了。那么，究竟应当选择怎样的成员单位呢？一是曾经有过合作的企业。由于过去的合作，相互比较了解，从而具备了彼此信任和沟通的基础。二是大型的国有企业。这类企业的信誉和履约能力一般都比较高。三是其他非国有上市企业或明星企业。这类企业视信誉为生命，一般都会信守合同。四是经过充分的调查了解，认为信誉和履约能力都能够满足要求的其他企业。

（5）联合体项目部在每次拨付各成员单位应得款项时，应当要求各成员单位将所签订的全部采购合同送交联合体项目部备案，以查实其是否有以联合体项目部名义发生债务的情形；同时还应当落实其是否就已发生的民工工资、材料商价款履行了支付义务，从而避免独立债务最终转移由联合体承担。

4.4　情势变更法律风险防范

4.4.1　概述

所谓情势变更，是指合同有效成立后，因不可归责于双方当事人的原因发生情势变更，致合同的基础动摇或丧失，若继续维持合同原有效力显失公平，允许变更合同内容或者解除合同。情势变更原则的意义，在于通过司法权力的介入，强行改变合同已经确定的条款或撤销合同，在合同双方当事人订约意志之外，重新分配交易双方在交易中应当获得的利益和风险，其追求的价值目标是公平和公正。

4.4.2　典型案例

四川鼎恒建设工程有限公司与华蓥发展建设有限公司建设工程施工合同纠纷案（审理法院：华蓥市人民法院；案号：(2017) 川 1681 民初 792 号)。

关键词：建材价格；情势变更。

4.4.2.1　案情简介

2016 年 4 月 20 日，四川鼎恒建设工程有限公司（以下简称鼎恒公司）与华蓥发展建设有限公司（以下简称发展公司）签订了《华蓥市蓥城西区城中村改造项目施工合同》，约定由鼎恒公司承建华蓥市蓥城西区城中村改造项目，签约合同价为 74405919 元，物价波动引起的价格调整方法为不调整，本合同由协议书、中标通知书、投标函及投标函附录、专用合同条款、通用合同条款、技术标准和要求、图纸、已标价工程量清单、其他合同文件组成，合同期限为自监理人发出的开工通知中载明的开工日期起算，工期为两年等。鼎恒公司在施工过程中，部分建材价格上涨。鼎恒公司诉至法院，请求适用情势变更原则，对涉案合同进行变更，对建材价格予以调差，要求发展公司支付调差款。

4.4.2.2　争议焦点

(1) 本案是否适用情势变更原则。

鼎恒公司认为：合同签订前，鼎恒公司多次就物价价格调整方法要求按照川建造价发 (2009) 75 号文件执行，但发展公司坚持不调整物价价格。合同签订后，国家去产能、调结构的政策造成建材（钢材、商砼、砂石等）物价大幅上涨。发展公司在合同中约定物价采取不调整的方法，显失公正，严重违背了市场经济运行规律，给鼎恒公司造成了巨大的经济损失，致使合同不能继续履行，合同目的不能实现。依据《最高人民法院关于适用〈中华人民共和国合同法〉若干问题的解释（二）》第二十六条的规定，应适用情势变更原则。

发展公司认为：双方签订的建设工程施工合同合法有效，依法应得到尊重和履行，双方之间不论是招标文件还是施工合同均明确约定工程量清单综合单价不因物价波动而调整。在未经法院对是否变更合同做出裁决前，在双方未对实际完成工程量进行确认的情况下，鼎恒公司要求发展公司支付建材调差款既没有事实依据，也没有法律依据。讼争工程系采用工程量清单综合单价方式计价，无论是发展公司的招标控制价还是鼎恒公司的中标价均为综合单价（即完成一个规定清单项目所需的人工费、材料和工程设备费、施工机具使用费和企业管理费、利润以及一定范围内的风险费用），不存在鼎恒公司所说的单独的材料中标单价。鼎恒公司主张的钢材、混凝土等主要建材的实际购买单价未经发展公司事先确认，也远远高于实际市场价，真实性无法核实，鼎恒公司无权主张以所谓的材料实际采购价为基准调整价。

法院认为：《最高人民法院关于适用〈中华人民共和国合同法〉若干问题的解释（二）》第二十六条规定：合同成立以后客观情况发生了当事人在订立合同时无法预见的、非不可抗力造成的不属于商业风险的重大变化，继续履行合同对于一方当事人明显不公平或者不能实现合同目的，当事人请求人民法院变更或者解除合同的，人民法院应当根据公平原则，并结合案件的实际情况确定是否变更或者解除。情势变更的客观事实是指合同成立以后发生了当事人在订立合同时无法预见的、非不可抗力造成的不属于商业风险的重大变化。从事实来看，本案中建材价格上涨不构成情势变更的客观事实。建材作为在市场流通的交易物，其价格出现波动影响当事人的利益，属于市场发挥调节作用的正常现象，鼎恒公司作为专门从事房屋建筑工程、建筑装修装饰工程等项目的市场主体，对于该价格浮动应当存在一定程度的预见和判断。并且在招标文件合同履行过程中物价波动引起的价格调整那一栏明确列明“不可以调整，在履行合同时，应按照合同约定的单价和价格作价进行支付，即投标报价表中标明的单价和价格在合同执行过程中是固定不变的，不因物价波动而调整，风险和收益由承包人自行承担。但因法律变化引起的价格调整除外”。双方在签订合同时也约定“物价波动引起的价格调整方法为不调整”，该条款是针对合同约定的施工期间内包括主要建材价格产生变化的市场风险承担条款，说明双方在订立合同时已经预见到建材价格变化的市场风险。

抑或是如鼎恒公司所称，是国家宏观调控政策导致本案建材价格上涨，但是鼎恒公司对此应该是可以预见到的。鼎恒公司提交的国务院国发（2013）41 号《国务院关于化解产能严重过剩矛盾的指导意见》、（2016）6 号《国务院关于钢铁行业化解过剩产能实现脱困发展的意见》以及《国务院关于煤炭行业化解过剩产能实现脱困发展的意见》，发布时间分别为 2013 年 10 月、2016 年 2 月、2016 年 2 月，而本案双方签订合同的时间为 2016 年 4 月 20 日，故“无法预见”无从谈起。

当事人应当严格按照招投标合同的约定履行，经过正规程序中标后，不能随意以市场、政策变化为由进行调整，否则将损害国家招投标的秩序。故本案不适用情势变更原则。

4.4.2.3 裁判要点

从事实来看，本案中建材价格上涨不构成情势变更的客观事实。建材作为在市场流通的交易物，其价格出现波动影响当事人的利益，属于市场发挥调节作用的正常现象，鼎恒公司作为专门从事房屋建筑工程、建筑装修装饰工程等项目的市场主体，对于该价格浮动应当存在一定程度的预见和判断。并且招标文件合同及双方签订的建设工程施工合同均约定“物价波动引起的价格调整方法为不调整”，该条款是针对合同约定的施工期间内包括主要建材价格产生变化的市场风险承担条款，说明双方在订立合同时已经预见到建材价格变化的市场风险。

4.4.2.4　相关法条

《最高人民法院关于适用〈中华人民共和国合同法〉若干问题的解释（二）》（2009 **年颁布**）

第二十六条　合同成立以后客观情况发生了当事人在订立合同时无法预见的、非不可抗力造成的不属于商业风险的重大变化，继续履行合同对于一方当事人明显不公平或者不能实现合同目的，当事人请求人民法院变更或者解除合同的，人民法院应当根据公平原则，并结合案件的实际情况确定是否变更或者解除。

《最高人民法院关于审理建设工程施工合同纠纷案件适用法律问题的解释》（2004 **年颁布**）

第十六条　当事人对建设工程的计价标准或者计价方法有约定的，按照约定结算工程价款。

因设计变更导致建设工程的工程量或者质量标准发生变化，当事人对该部分工程价款不能协商一致的，可以参照签订建设工程施工合同时当地建设行政主管部门发布的计价方法或者计价标准结算工程价款。

建设工程施工合同有效，但建设工程经竣工验收不合格的，工程价款结算参照本解释第三条规定处理。

4.4.3　律师说法

情势变更在有些方面和不可抗力是一致的，如对于构成履行合同障碍的事由，订立合同时无法预见和发生时无法防止，而且双方均无过错等。两者的主要区别在于：

一是不可抗力一般导致合同无法履行，无法履行包括全部不能、部分不能、永久不能和一时不能。情势变更原则的适用，并不要求合同无法履行，情势变更后合同即使仍然处于能够履行的状态，但如果履行合同过于艰难，或者需要付出高昂的代价，其结果与订立合同时的目的相违背，按原合同履行必然导致显失公平。

二是不可抗力是法定免责事由，当事人只要依法取得了确切证据，履行了法律规定的通知义务、防止损害扩大的义务等相关义务，不履行合同不承担任何法律上的责任，而情势变更情况下履行合同将导致显失公平的结果，故因情势变更而引起的风险应由合同双方共同承担，但当事人主张适用情势变更原则，必须请求法院做出裁判，而不能当然地导致合同的变更和解除。

三是不可抗力包含不能预见、不能避免、不能克服三层含义，而情势变更只是因不能预见的事由引起合同基础发生重大变化，这种不能预见事由不限于不可抗力，还包括意外事故及其他事由，而且是否不可避免、不可克服在所不问。

四是不可抗力是法定免责事由，我国民法通则和合同法中均有明确规定，而情势变更在我国民事立法中未作规定，只是司法实践中曾由最高人民法院以批复的形式承认其适用。

通过以上比较可以看出，情势变更法律未作规定，属于不确定概念，故在司法实践中远较不可抗力复杂，难以准确把握。但有一点比较明确的是，两者在平衡合同双方当事人利益的程度方面存在差异。从此种意义上说，情势变更原则比不可抗力制度更有利于促进合同双方当事人之间利益的平衡，更符合社会经济发展的实际需要。

情势变更不同于商业风险。其一，商业风险属于从事商业活动所固有的风险，作为合同成立基础的客观情况的变化未达到异常的程度，一般的市场供求变化、价格涨落等属此类；而情势变更则是作为合同成立基础的环境发生了异常变动。其二，对商业风险，法律推定当事人有所预见，能预见；对情势变更，当事人未预见，不能预见。其三，商业风险带给当事人的损失，从法律的观点看可归责于当事人；而情势变更则不可归责于当事人。

4.5 设计变更法律风险防范

4.5.1 概述

设计变更是指项目自初步设计批准之日起至通过竣工验收正式交付使用之日止，对已批准的初步设计文件、技术设计文件或施工图设计文件所进行的修改、完善、优化等活动。设计变更应以图纸或设计变更通知单的形式发出。

在建设单位组织的有设计单位和施工企业参加的设计交底会上，经施工企业和建设单位提出，各方研究同意而改变施工图的做法，都属于设计变更，为此而增加的新的图纸或设计变更说明都由设计单位或建设单位负责。

施工企业在施工过程中，遇到一些原设计未预料到的具体情况，需要进行处理，因而发生设计变更。如工程的管道安装过程中遇到原设计未考虑到的设备和管墩、在原设计标高处无安装位置等，需改变原设计管道的走向或标高，经设计单位和建设单位同意，办理设计变更或设计变更联络单。这类设计变更应注明工程项目、位置、变更的原因、做法、规格和数量，以及变更后的施工图，经甲方签字确认后即为设计变更。

工程开工后，由于某些方面的需要，建设单位提出要求改变某些施工方法，或增减某些具体工程项目等，如在一些工程中由于建设单位要求增加的管线，再征得设计单位的同意后可作为设计变更。

施工企业在施工过程中，由于施工方面、资源市场的原因，如材料供应或者施工条件不成熟，认为需改用其他材料代替，或者需要改变某些工程项目的具体设计等引起的设计变更，经双方或三方签字同意后可作为设计变更。

4.5.2 典型案例

许昌水利建筑工程有限公司与淇县交通运输局建设工程施工合同纠纷案（审理法院：

鹤壁市中级人民法院；案号：(2014) 鹤民初字第 13 号)。

关键词：设计变更；工程款。

4.5.2.1　案情简介

2003 年 12 月 5 日，许昌水利建筑工程有限公司（以下简称许昌建筑公司）中标承建位于淇县的大骑线大王屯起到古烟村南的三级公路 8.7 公里，并于 2004 年 1 月 13 日同淇县交通运输局订立了《淇县大骑线公路改建工程 NO1 合同段合同》。暂定合同内工程造价 2640347.63 元，工期 6 个月，路基填筑利用土方 43808 立方米。

许昌建筑公司于 2004 年 3 月 10 日开始施工，并于 2004 年 9 月 10 日经监理工程师验收合格。施工过程中因工程量变更增加造价，2011 年 5 月 28 日至 8 月 25 日，许昌建筑公司、淇县交通运输局及监理三方对涉案工程工程量进行了审核。实际工程量工程造价经司法鉴定为 3592625.07 元，淇县交通运输局已给付许昌建筑公司工程款 2759953.89 元。

后因工程款结算发生纠纷，许昌建筑公司诉至法院，请求判令淇县交通运输局偿付下欠许昌建筑公司的工程款 2079919 元，并自 2004 年 9 月 10 日起到付清欠款之日止，偿付逾期付款违约金（按欠款额的日万分之二点一计算）等。

4.5.2.2　争议焦点

本案争议焦点为许昌建筑公司主张偿付下欠工程款及利息的诉求应否处理。

许昌建筑公司认为：涉案工程于 2004 年 3 月 10 日开始施工，并于 2004 年 9 月 10 日经监理工程师验收合格交付使用。涉案工程因工程量变更增加造价，实际总造价应为 4838919 元，淇县交通运输局至今仅给付许昌建筑公司工程款 2759000 元，尚欠许昌建筑公司工程款 2079919 元。

淇县交通运输局认为：许昌建筑公司诉请不是事实，淇县交通运输局不欠许昌建筑公司工程款。争议工程的标准和投资均有明确规定，淇县交通运输局无权同意 2000000 元以上的工程变更。工程施工中产生了三处公路改线，改线后公路总长减少 667 米，成本造价减少约 200000 元。许昌建筑公司的证据显示，该工程于 2004 年 3 月开工，11 月底完工，按照合同约定延迟交工两个多月，应该扣除延迟交工违约金。

法院认为：经招投标程序，许昌建筑公司于 2004 年 1 月 13 日同淇县交通运输局订立的《淇县大骑线公路改建工程 NO1 合同段合同》系双方的真实意思表示，且合同内容不违反法律、行政法规的强制性规定，为有效合同。

第一，关于淇县交通运输局答辩称已付清许昌建筑公司工程款的主张。本院认为，在合同履行过程中，由于设计变更导致工程量增加、工程价款发生变化。2011 年 5 月 28 日至 8 月 25 日，许昌建筑公司、淇县交通运输局及监理三方对涉案工程工程量进行了审核确认。河南建业工程造价咨询有限公司根据监理签字认可的完工工程量出具了司法鉴定意见，涉案工程的工程造价为 3592625.07 元。淇县交通运输局已经支付许昌建筑公司工程款 2759953.89 元，即淇县交通运输局还应向许昌建筑公司支付工程款 832671.18 (3592625.07－2759953.89) 元。故淇县交通运输局答辩称已付清许昌建筑公司工程款的抗辩主张本院不予支持。

第二，关于欠付工程价款的利息计付问题。根据《最高人民法院关于审理建设工程施工合同纠纷案件适用法律问题的解释》第十七条、第十八条的规定，以及《淇县大骑线公路改建工程施工招标NO1合同段招标文件》第4篇《合同通用条款》第20（60.15）条“监理工程师签发最后支付证书后42天内支付工程价款”的工程款支付期限约定，本案工程2004年9月10日交付使用，由于工程量变更，监理工程师未签发最后支付证书，本院给予相应核对工程量时间50天。即淇县交通运输局最迟应从2004年11月1日起在欠付工程款范围内按照中国人民银行发布的同期同类贷款利率向许昌建筑公司计付利息。

4.5.2.3 裁判要点

在合同履行过程中，由于设计变更导致工程量增加、工程价款发生变化。对于该工程变更，许昌建筑公司、淇县交通运输局及监理三方进行了审核确认。河南建业工程造价咨询有限公司根据监理签字认可的完工工程量出具了司法鉴定意见，涉案工程的工程造价为3592625.07元。淇县交通运输局已经支付许昌建筑公司工程款2759953.89元，即淇县交通运输局还应向许昌建筑公司支付工程款832671.18（3592625.07－2759953.89）元。

4.5.2.4 相关法条

《中华人民共和国合同法》（1999年颁布）

第六十条　当事人应当按照约定全面履行自己的义务。

当事人应当遵循诚实信用原则，根据合同的性质、目的和交易习惯履行通知、协助、保密等义务。

第一百零九条　当事人一方未支付价款或者报酬的，对方可以要求其支付价款或者报酬。

《最高人民法院关于审理建设工程施工合同纠纷案件适用法律问题的解释》（2004年颁布）

第十七条　当事人对欠付工程价款利息计付标准有约定的，按照约定处理；没有约定的，按照中国人民银行发布的同期同类贷款利率计息。

第十八条　利息从应付工程价款之日计付。当事人对付款时间没有约定或者约定不明的，下列时间视为应付款时间：

（一）建设工程已实际交付的，为交付之日；

（二）建设工程没有交付的，为提交竣工结算文件之日；

（三）建设工程未交付，工程价款也未结算的，为当事人起诉之日。

4.5.3 律师说法

设计变更实施后，由监理工程师签注实施意见，但应注明以下两点：

（1）本变更是否已全部实施，若原设计图已实施后，才发生变更，则应注明。因牵扯到原图制作加工、安装、材料费以及拆除费。若原设计图没有实施，则要扣除变更前部分内容的费用。

（2）若发生拆除，已拆除的材料、设备，或已加工好但未安装的成品、半成品，均应由监理人员负责组织建设单位回收。

由施工单位编制结算单，经过造价工程师按照标书或合同中的有关规定审核后作为结算的依据，此时也应注意以下几点：

（1）由于施工不当，或施工错误造成的，正常程序相同，但监理工程师应注明原因，此变更费用不予处理，由施工单位自负，若对工期、质量、投资效益造成影响的，还应进行反索赔。

（2）由设计部门的错误或缺陷造成的变更费用，以及采取的补救措施，如返修、加固、拆除所产生的费用，由监理单位协助业主与设计部门协商是否索赔。

（3）由于监理部门责任造成损失的，应扣减监理费用。

（4）设计变更应视作原施工图纸的一部分内容，所发生费用计算应保持一致，并根据合同条款按国家有关政策进行费用调整。

（5）材料的供应及自购范围应同原合同内容相一致。

（6）属变更削减的内容，应按上述程序办理费用削减，若施工单位拖延，监理单位可督促其执行或采取措施发出的削减费用结算单。

（7）合理化建议按照上面的程序办理，奖励、提成另按有关规定办理。

（8）由设计变更造成的工期延误或延期，则由监理工程师按照有关规定处理，没有经过监理工程师认可并签发的变更一律无效；若经过监理工程师口头同意的，事后应按有关规定补办手续。

4.6　工程签证法律风险防范

4.6.1　概述

工程签证按承发包合同约定，一般由承发包双方代表就施工过程中涉及合同价款之外的责任事件所做的签认证明。

工程签证是指在施工合同履行过程中，承发包双方根据合同的约定，就合同价款之外的费用补偿、工期顺延以及因各种原因造成的损失赔偿达成的补充协议。

4.6.2　典型案例

辽宁城建集团有限公司与中国人民解放军 65144 部队建设工程施工合同纠纷案（一审法院：铁岭市中级人民法院；二审法院：辽宁省高级人民法院）。

关键词：签证单；工程增量。

4.6.2.1　案情简介

2010 年 10 月 5 日，中国人民解放军 65144 部队（以下简称 65144 部队）与辽宁城建集团有限公司（以下简称城建集团）经过招投标签订建设工程施工合同一份，约定由城建集团承建 65144 部队技术区新建半封闭彩板库房四栋。

合同签订后，城建集团施工队伍进场施工，2013 年 10 月 24 日、11 月 3 日、11 月 4 日，城建集团、65144 部队双方及设计单位、监理单位共同确认变更部分设计图纸，增加了相应的工程量。城建集团按照图纸会审记录要求进行后续施工，并对实际发生的工程量变化进行现场签证确认。2010 年共计签证单 25 张，均有 65144 部队现场人员王朝晖签字确认，有监理公司的公章和监理工程师的签字确认。城建集团出示 2011 年的签证单 9 张，均没有甲方代表签字。

2011 年 10 月 20 日，5＃库房经过竣工验收合格，2011 年 11 月 20 日，6＃、7＃、8＃库房经过竣工验收合格。2013 年 12 月 31 日，城建集团向一审法院提起诉讼，请求判决 65144 部队支付未付工程款 2148534 元、按同期贷款利率支付利息 283606 元、按同期贷款利率支付违约金 644560 元等。

4.6.2.2 争议焦点

（1）关于施工过程中新增加的工程量。

一审法院认为：第一，2010 年的现场签证单既有现场监理代表高俊波的签字和监理公司的盖章，又有 65144 部队现场工作人员王朝晖的签字。经庭审调查，王朝晖并非发包人派驻的工程师，但其在现场负责联系协调工作，能够证明工地现场实际发生的情况。其签字的现场签证单具有法律效力，能够证明工程增量部分实际发生，因此现场签证单反映的工程量应予以确认。

第二，关于 2011 年的现场签证单是否有效的问题。首先，2011 年的现场签证单全部没有建设单位人员的签字，事后也没有建设单位的追认。其次，城建集团并未举证证明监理单位获得特别授权，即建设单位授权给监理单位在工程签证单上签字即可生效。同时，签证单上的监理代表蔡忠利并未出庭作证，也没有监理日志等原始资料予以佐证。最后，城建集团并未提供任何其他证据证明签证单上的增量实际发生，且竣工图上并未体现出 2011 年的增量已经实际发生。综上，对 2011 年的现场签证单不予认可，该部分签证单不能直接作为结算的依据，该部分工程款可以待证据充分后另行主张。

城建集团认为：关于 2011 年部分的工程量是确实发生的，本案涉诉工程有确实的工程量增加，且工程变更经过发包方、承包方、设计单位及监理单位的共同确认。本案涉诉工程已经完成验收并实际交付使用，并在验收前通过军区审计，对设计变更部分增加的工程量我方已将决算书交给甲方、监理公司及发包方，在近三年的时间里并未对我方完成的工程量提出异议。发包方只是认为工程款的具体数额有些出入，如果我方没有完成 2011 年增加的工程量，涉诉工程怎能完成验收并交付使用?

65144 部队认为：2010 年的现场签证单共计 25 张，其中只有 4 张有监理公司的盖章，其他 21 张只有高俊波的签字，而没有监理公司的盖章。我方单位的王朝晖并非是在施工当天签署的现场签证单，而是在不了解的情况下一天内将现场签证单签署的，而且王朝晖不是合同上委派的我方单位的工程师，其无权在现场签证单上签字，一审法院在查明前述事实的情况下，依然认定王朝晖签署的现场签证单有效。2011 年增加的工程量没有我方签章确认，对我方没有法律效力。

二审法院认为：2010 年的现场签证单既有监理单位的签字和盖章，又有 65144 部队的工作人员王朝晖的签字，故签证单应当认定合法有效。关于 2011 年增加的工程量是否存在问题。虽然城建集团提供了签证单，但是该签证单上没有 65144 部队的签章，仅有监理单位的代表签字，存在瑕疵，故一审对于 2011 年增加的工程量不予确认是正确的。

（2）65144 部队应支付的工程款数额。

一审法院认为：根据城建集团的申请，一审法院技术处经司法鉴定程序委托辽宁天启工程造价咨询事务所对新增加工程量的工程造价进行鉴定。鉴定结论中 2010 年签证单增加的工程价款为 794048.15 元，图纸会审增加的工程价款 27814.07 元应该作为结算款项。65144 部队辩称应在增加的工程量中扣除 10％的意见不符合合同约定，不予支持。关于市场钢材、钢结构调价及水泥涨价的调价款为 255674.98 元、2011 年 10 月 1 日以后施工部分人工费调整为 131380.68 元，因 2011 年的现场签证单不予认可，因此，市场钢材、钢结构调价及水泥涨价的调价款及 2011 年 10 月 1 日以后施工部分人工费调整的价款均不能作为结算的依据，该部分工程款可以待证据充分后另行主张。2010 年冬季施工费 21821.84 元实际发生，应作为工程结算的依据。现工程竣工已经超过合同约定的两年质保期，工程质保金应予返还。综上，65144 部队应支付的工程款数额为 843684.06 元。关于欠付工程款利息问题，根据《通用条款》第 33 条的约定："发包人收到竣工结算报告及结算资料后 28 天内无正当理由不支付工程竣工结算价款，从第 29 天起按承包人同期向银行贷款利率支付拖欠工程价款的利息。"城建集团的该项主张符合合同约定，应予以支持。

（3）65144 部队是否存在违约。

城建集团认为：65144 部队逾期支付相应工程款应当承担违约利息和逾期付款的惩罚。

65144 部队认为：城建集团未在施工设计变更后提出工程量和工程价款的变更，我方在合同约定的期间按合同约定的工程价款已全部支付给城建集团，没有拖欠城建集团合同价款，在双方进行结算时未确认增加的工程量和工程价款，因此我方没有违约，不应支付违约利息。

一审法院认为：《通用条款》第 13 条规定：因以下原因造成工期延误，经工程师确认，工期相应顺延。

（4）设计变更和工程量增加。

城建集团并未在上述情况发生后 14 天内，就延误的工期以书面形式向工程师提出报告。因城建集团未履行合同约定的义务，因此双方对顺延工期的时间未进行确定。城建集团并未提交变更价款的报告，致使工程价款无法确认，因此城建集团主张按照合同法，请求 65144 部队支付未付工程款 30％的违约金没有事实依据，不予支持。诉争工程竣工后，65144 部队应支付城建集团相应的工程款，65144 部队至今未予支付，存在违约。逾期付款利息属于违约方拖欠工程款所产生的法定孳息损失，是违约造成的损失。结合本案合同的履行情况，依据过错相抵原则及公平原则，确定 65144 部队承担拖欠工程款的利息，不再承担其他违约责任。

4.6.2.3　裁判要点

本案中，2011 年的现场签证单全部没有建设单位人员的签字，事后也没有建设单位的追认，故对 2011 年的现场签证单不予认可，该部分签证单不能直接作为结算的依据。

4.6.2.4 相关法条

《中华人民共和国合同法》（1999 **年颁布**）

第六十条 当事人应当按照约定全面履行自己的义务。

当事人应当遵循诚实信用原则，根据合同的性质、目的和交易习惯履行通知、协助、保密等义务。

《最高人民法院关于审理建设工程施工合同纠纷案件适用法律问题的解释》（2004 **年颁布**）

第十九条 当事人对工程量有争议的，按照施工过程中形成的签证等书面文件确认。承包人能够证明发包人同意其施工，但未能提供签证文件证明工程量发生的，可以按照当事人提供的其他证据确认实际发生的工程量。

4.6.3 律师说法

现场签证不可避免，它不仅在单位工程中影响工程成本，而且在工程造价管理中存在着“三超”的隐患。因此，加强现场签证管理，堵塞“漏洞”，把现场签证费用缩小到最小限度，应注意以下问题：

（1）现场签证必须是书面形式，手续要齐全。

（2）凡预算定额内有规定的项目不得签证。

（3）现场签证内容应明确，项目要清楚，数量要准确，单价要合理。

（4）现场签证要及时，在施工中随发生随进行签证，应当做到一次一签证，一事一签证，及时处理。

（5）甲、乙双方代表应认真对待现场签证工作，提高责任感，遇到问题双方协商解决，及时签证，及时处理。

4.7 表见代理法律风险防范

4.7.1 概述

表见代理是指虽然行为人事实上无代理权，但相对人有理由认为行为人有代理权而与其进行法律行为，其行为的法律后果由被代理人承担的代理。表见代理从广义上看也是无权代理，但是为了保护善意第三人的信赖利益与交易的安全，法律强制被代理人承担其法律后果。

表见代理制度是基于被代理人的过失或被代理人与无权代理人之间存在特殊关系，使相对人有理由相信无权代理人享有代理权而与之为民事法律行为，代理行为的后果由被代理人承担的一种特殊的无权代理。

4.7.2　典型案例

许俊华与江西省赣东北建设集团有限公司建设工程施工合同纠纷案（一审法院：江西省抚州市中级人民法院；二审法院：江西省高级人民法院）。

关键词：合同效力；表见代理。

4.7.2.1　案情简介

2013 年 1 月 23 日，江西省赣东北建设集团有限公司（以下简称赣东北公司）出具法人授权委托书给江西诺曼特织造有限公司（以下简称诺曼特公司），授权委托叶修行到诺曼特公司办理工程的投标、开标、合同谈判、工程计价、结算等。同日，诺曼特公司与赣东北公司签订一份《建设工程施工合同》（以下简称施工合同），约定由赣东北公司承建诺曼特公司厂房建设项目，叶修行作为委托代表人在合同上签名并加盖公司合同专用章。

之后，赣东北公司成立江西省赣东北建设集团有限公司诺曼特织造公司工程项目部，委派叶修行为工程项目部负责人。2013 年 3 月 1 日，许俊华与赣东北公司签订《江西诺曼特织造有限公司生产厂房、仓库等建筑工程施工合同补充协议书》（以下简称补充协议），约定：赣东北公司将其与诺曼特公司于 2013 年 1 月 23 日签订的建设工程施工合同中部分工程项目发包给许俊华施工，合同约定工程工期、质量、工程款支付等具体事项，按赣东北公司与诺曼特公司签订的施工合同的条款执行，赣东北公司按定额总造价下浮 8%作为公司管理费及其他费用向许俊华收取，许俊华向赣东北公司交纳履约保证金 600 万元。许俊华、叶修行在合同上签名，叶修行还加盖江西省赣东北建设集团有限公司诺曼特织造公司工程项目部公章，业主诺曼特公司参与补充协议的签订，也在合同上加盖公章。

合同签订后，许俊华按照叶修行的要求，先后三次将共计 600 万元履约保证金汇入诺曼特公司账户，叶修行向许俊华出具了三张收条，共计 600 万元，收条加盖了江西省赣东北建设集团有限公司诺曼特织造公司工程项目部公章。之后，许俊华组织人员进场施工。由于诺曼特公司没有根据合同及协议支付工程进度款，许俊华与业主诺曼特公司进行结算，诺曼特公司出具欠条两张。之后，许俊华继续组织人员施工，诺曼特公司向许俊华支付工程款共计 290 万元。诺曼特公司、陈自强未按欠条内容履行，赣东北公司未按合同履行义务，许俊华向法院提起诉讼，请求判令赣东北公司返还履约保证金。

4.7.2.2　争议焦点

（1）本案中施工合同、补充协议的效力。

一审法院认为：诺曼特公司与赣东北公司签订的建设工程施工合同是双方真实意思表示，不违反法律规定，诺曼特公司开工建设的投资项目得到县政府的准建批复，并非“三无”工程，双方签订的建设工程施工合同合法有效。合同订立后，赣东北公司与许俊华签订补充协议，将部分工程分包给许俊华，业主诺曼特公司表示同意，并在补充协议上签名盖章。但由于许俊华未取得建筑施工企业资质，个人分包承建工程，根据《最高人民法院关于审理建设工程施工合同纠纷案件适用法律问题的解释》第一条的规定，应认定该补充协议无效。

赣东北公司认为：赣东北公司与诺曼特公司签订的施工合同自始无效。签订合同后，诺曼特公司没有取得土地使用权证，无建筑工程规划许可证，也未办理报建手续，属于“三无”工程，且直至破产，上述手续均没有办理。根据《最高人民法院关于审理建设工程施工合同纠纷案件的暂行意见》第十条的规定，该施工合同自始无效。赣东北公司未收到诺曼特公司下达的开工通知书，合同未实际履行。原审未出示过所谓县政府批准的证据，且县政府不是颁证的主管业务部门，即使有准建批复，其他两证未办，也是无证工程，同样无效。所谓的施工、签订补充协议、支付保证金等都不是赣东北公司履行合同的行为，而诺曼特公司与赣东北公司及许俊华三方签订及履行合同的行为，与赣东北公司无关。

二审法院认为：本案中，赣东北公司具有相应的建设资质等级，其与诺曼特公司于2013年1月23日签订的建设工程施工合同，内容不违反法律、行政法规的强制性规定，不存在《最高人民法院关于审理建设工程施工合同纠纷案件适用法律问题的解释》中的关于建设工程合同无效的情形，且诺曼特公司厂房项目已经政府部门批准建设，因此，赣东北公司主张该合同无效的上诉理由不成立。

（2）叶修行的行为是否构成表见代理。

一审法院认为：第三人叶修行的行为构成表见代理，赣东北公司是本案适格被告。本案中，叶修行受赣东北公司的委托参与诺曼特公司厂房建设项目工程的投标、开标、合同谈判、工程计价、结算、汇款等事务，叶修行作为公司代表与诺曼特公司签订施工合同。之后，叶修行被赣东北公司委任为公司在诺曼特公司的工程项目部负责人，有权处理诺曼特公司工程项目部相关事务，作为项目负责人将承包的部分工程分包给许俊华承建，许俊华根据叶修行的要求将履约保证金交给诺曼特公司，冲抵赣东北公司应交纳的履约保证金，叶修行出具了收条，并加盖了江西省赣东北建设集团有限公司诺曼特织造公司工程项目部公章，赣东北公司与诺曼特公司签订承建厂房项目合同，赣东北公司对该项目的运行、实施、管理仅委托叶修行而未委托其他人。叶修行的一系列行为，已经形成表见代理，能让许俊华有理由相信叶修行有权代理赣东北公司。叶修行与许俊华签订的补充协议，所完成的工程为赣东北公司总承包工程的一部分，并按工程总造价的8%上交给赣东北公司管理费，许俊华与叶修行订立合同是善意的、正常的交易，许俊华并没有与代理人叶修行恶意串通损害被代理人赣东北公司的利益，故叶修行的行为符合表见代理的构成要件，赣东北公司应当对叶修行的行为承担相应民事法律责任，赣东北公司是本案适格被告。赣东北公司辩称叶修行与许俊华签订的补充协议所加盖的江西省赣东北建设集团有限公司诺曼特织造公司工程项目部公章，是叶修行私刻的。原审法院认为，对于善意的合同相对人许俊华而言，叶修行的系列行为足以表明其具有代理权，不至于使许俊华产生合理怀疑，且赣东北公司提供的只在广丰县公安局治安大队备案的项目部业务专用章在诺曼特公司项目并未使用，再要求许俊华来审查印章真伪，过于苛刻，也不符合合同法鼓励交易与诚实信用的基本原则，故对赣东北公司的辩称理由不予支持。许俊华请求赣东北公司返还履约保证金，具有事实和法律依据。

赣东北公司认为：第一，叶修行的行为不构成表见代理。赣东北公司向诺曼特公司出具的《授权委托书》，对叶修行授权的同时，还明确叶修行无转委托权，叶修行超出授权时限和范围，赣东北公司不承担责任及所有签订合同和相关资料必须有公司合同专用章和法定代表人亲笔签字后才有效等。授权范围和内容是明确、具体的，并没有任何授权不清的情形。诺曼特公司清楚叶修行无权代表赣东北公司签订补充协议，且叶修行加盖的是江西省赣东北建设集团有限公司诺曼特织造公司工程项目部印章，而不是赣东北公司印章，叶修行的行为不构成表见代理。在补充协议签订的过程中，叶修行是否出示过能代表赣东北公司的授权委托书、合同章、法人章或印鉴等，原审法院并未查实，可见叶修行签订协议时只代表江西省赣东北建设集团有限公司诺曼特织造公司工程项目部，不代表赣东北公司。

第二，许俊华签订补充协议时，未尽一般注意义务，主观上并非善意且存在重大过失。许俊华长期从事工程施工承包，深悉工程建设发包、承包、项目经理职权等事项，工程款标的额几千万元，其警觉性应高于一般主体。许俊华在签订补充协议时没有要求叶修行出示授权委托书、公司法人章或合同章、印鉴等能代表赣东北公司的依据，则证明许俊华只与诺曼特公司及叶修行本人签订，未牵涉赣东北公司。如果许俊华要求了，则叶修行出示的授权委托书明确了授权范围，且公司印章为“江西省赣东北建设集团有限公司诺曼特织造公司工程项目部”，该印章如果是真印章，则叶修行代表的并非赣东北公司；如果是伪造的，仍与叶修行等签订补充协议，证明其未尽到一般注意义务，有重大过错。原审法院应当按照《最高人民法院关于当前形势下审理民商事合同纠纷案件若干问题的指导意见》的有关规定来认定叶修行的行为是否构成表见代理，但原审法院无视叶修行是否出示过授权委托书及补充协议加盖的是“江西省赣东北建设集团有限公司诺曼特织造公司工程项目部”印章的事实，更无视许俊华未尽到一般注意义务，有重大过失的情况，未依法要求许俊华就此举证，原审法院认定叶修行构成表见代理错误。

许俊华认为：第一，叶修行的行为已构成表见代理。许俊华相信叶修行代表赣东北公司，首先是叶修行出示了赣东北公司与诺曼特公司签订的施工合同，而签订该合同时，叶修行是赣东北公司的委托代表人。赣东北公司与诺曼特公司签订合同后，成立了江西省赣东北建设集团有限公司诺曼特织造公司工程项目部。根据赣东北公司给叶修行的《授权委托书》，叶修行具有项目部负责人的职权。赣东北公司在广丰县公安局治安大队备案的项目部印章，从未使用，也没有交付给叶修行，许俊华从未见过该备案印章。许俊华有理由相信叶修行持有的项目部印章，是赣东北公司在诺曼特公司工程唯一的项目部印章。建设工程施工，承建商必须要向建设行政管理部门报送建造师和施工员、安全员、质监员、材料员、预算员证书。叶修行将全套证书复印件交给了许俊华，许俊华有理由相信叶修行是赣东北公司派驻的负责人。

第二，许俊华是善意相对人。赣东北公司与诺曼特公司签订施工合同后，提交了建造师和安全员等证书，认可了许俊华代交履约保证金，没有向许俊华出示叶修行持有的项目部印章以外的其他印章。整个施工期间，赣东北公司对叶修行的代理权没有提出异议，对许俊华是分包和实际施工人的身份从来没有提出异议，对已经完成的近 1000 万元的工程量没有提出异议。许俊华有充分、正当的理由相信，叶修行具有代理权。

二审法院认为：本案中，叶修行受赣东北公司的委托参与诺曼特公司厂房建设项目工程的投标、开标、合同谈判、工程计价、结算、汇款等事务，并作为赣东北公司的委托代表与诺曼特公司签订施工合同，该合同加盖了赣东北公司的公章。之后，赣东北公司并未转账交纳履约保证金给诺曼特公司。叶修行作为赣东北公司在诺曼特公司工程项目的负责人，与许俊华签订补充协议，将赣东北公司承包的部分工程分包给许俊华承建，约定按工程总造价的8%上交给赣东北公司管理费及600万元履约保证金。该协议加盖了江西省赣东北建设集团有限公司诺曼特织造公司工程项目部公章，而分包行为得到诺曼特公司的同意，诺曼特公司在补充协议签字盖章。同时，叶修行也向许俊华提交了赣东北公司的各种证书的复印件。补充协议签订后，许俊华根据协议的约定及叶修行的要求将履约保证金转账支付给诺曼特公司，且在转账凭证上注明代赣东北公司交纳，叶修行以项目部名义出具了收条。赣东北公司明知许俊华在实际施工，但未向诺曼特公司及许俊华提出异议，可见，赣东北公司知晓并默认了叶修行将部分工程分包给许俊华。赣东北公司认为补充协议所加盖的江西省赣东北建设集团有限公司诺曼特织造公司工程项目部公章是叶修行私刻的，并非其公司备案的项目部公章，但是并无法律规定项目部印章必须向公安机关登记备案，其所主张的公章也未在施工中使用过，作为签订合同一方，许俊华不可能审查项目部印章的真伪，何况叶修行的分包行为得到业主诺曼特公司的认可，因此，许俊华有理由相信叶修行的行为代表赣东北公司。此外，赣东北公司向诺曼特公司出具的授权委托书只是约束叶修行与业主诺曼特公司之间的民事行为，而实际施工人许俊华并不知晓该授权委托书，不能以此来认定许俊华知晓叶修行无权代理赣东北公司签订分包合同。同时，赣东北公司无证据证明许俊华与叶修行存在串通损害赣东北公司的恶意。故可认定赣东北公司系补充协议的相对人，其应承担相应的民事责任。

4.7.2.3 裁判要点

对于善意的合同相对人许俊华而言，叶修行的系列行为足以表明其具有代理权，不至于使许俊华产生合理怀疑，且赣东北公司提供的只在广丰县公安局治安大队备案的项目部业务专用章在诺曼特公司项目中并未使用，再要求许俊华来审查印章真伪，过于苛刻，也不符合合同法鼓励交易与诚实信用的基本原则。故叶修行的行为构成表见代理。

4.7.2.4 相关法条

《中华人民共和国合同法》（1999 **年颁布**）

第四十九条　行为人没有代理权、超越代理权或者代理权终止后以被代理人名义订立合同，相对人有理由相信行为人有代理权的，该代理行为有效。

《最高人民法院关于审理建设工程施工合同纠纷案件适用法律问题的解释》（2004 **年颁布**）

第一条　建设工程施工合同具有下列情形之一的，应当根据合同法第五十二条第（五）项的规定，认定无效：

（一）承包人未取得建筑施工企业资质或者超越资质等级的；

（二）没有资质的实际施工人借用有资质的建筑施工企业名义的；

（三）建设工程必须进行招标而未招标或者中标无效的。

第二条　建设工程施工合同无效，但建设工程经竣工验收合格，承包人请求参照合同约定支付工程价款的，应予支持。

第二十六条　实际施工人以转包人、违法分包人为被告起诉的，人民法院应当依法受理。

实际施工人以发包人为被告主张权利的，人民法院可以追加转包人或者违法分包人为本案当事人。发包人只在欠付工程价款范围内对实际施工人承担责任。

4.7.3 律师说法

表见代理制度的出发点和立法意图是为了维护财产流转的安全，即市场的交易安全，保护善意第三人的利益，使其在有理由的、善意的相信他人是有代理权并与之交易的情况下，由被代理人承担表见代理的法律后果。

该法律制度在保护善意交易方的同时，对被代理人苛以极重的法律责任，从某种角度上讲，是牺牲被代理人的利益来保护市场交易安全。

对于建筑公司而言，可以理解为没有经过公司 A 授权的单位或个人 B，以公司名义与他人 C 进行经营活动，如果他人依法有理由相信未经授权的单位和个人有代理权，公司就该单位和个人的行为向他人承担责任。如项目经理在无公司授权的情况下，擅自对外签订合同、对外付款、对外借款、对外出具结算协议书等，给建筑企业带来巨大风险。而在以往的司法实践中，法院认定表见代理的条件较为宽泛，最终往往会以表见代理为由而判决建筑公司承担相应的法律后果。建筑公司是“哑巴吃黄连，有苦说不出”。目前表见代理责任已使许多企业陷入债务泥潭，成为吞噬企业资产的黑洞和威胁企业生存的隐形杀手。

概括来讲，风险主要有两方面：建筑企业需要就实际施工人对外从事的商事行为承担责任；建筑企业承担责任后难以向实际施工人追偿，或无法百分之百追偿。

可以通过如下手段防范表见代理的风险：

（1）拒绝挂靠和违法分包、转包，实行内部承包经营模式。

（2）加强对分包商的选择、管理、考核。

（3）加强内部承包协议的约定。

（4）完善公司制度，严格监管公章、合同章、财务专用章、企业证照、法人委托书的使用。

（5）强化管理，有效控制工程资金。

（6）重视对项目经理的管理，实行激励与约束并重。

4.8 工期延误法律风险防范

4.8.1 概述

建筑工程项目工期管理是项目管理的重点内容之一，工期是否准时直接影响承包方的履约效果。然而，由于建筑工程具有庞大、复杂、周期长和相关单位多等特点，以及发包方为追求效率和降低成本而压缩工期等因素，在工程实施中，由于发包方或承包方的原因，延误工期是经常发生的事情。这就使得承包方面临巨大的违约风险，甚至成为发包方拒付进度款和工程款的抗辩理由。

4.8.2 典型案例

山西天辰鼎立建筑装饰工程有限公司与太原市天鼎恒砼外加剂科技发展有限公司建设工程施工合同纠纷案（一审法院：太原市尖草坪区人民法院；二审法院：太原市中级人民法院）。

关键词：逾期竣工；解除合同。

4.8.2.1 案情简介

2015年5月12日，太原市天鼎恒砼外加剂科技发展有限公司（以下简称天鼎恒砼公司）与山西天辰鼎立建筑装饰工程有限公司（以下简称天辰鼎立公司）签订了《二次工程施工合同》，合同约定：天辰鼎立公司承包天鼎恒砼公司位于太原市新店街（北机务段对面）工程，承包方式为包工包料，工程总造价为270万元（不含税金）；商定工期为90天，天鼎恒砼公司书面下达开工令后的10日内天辰鼎立公司进场施工，进场施工后的90天为交工时间；如遇不可抗力、图纸修改、天鼎恒砼公司财力不足或不按合同约定预付工程备料款和工程进度款等影响施工，工期顺延；施工期间通过天辰鼎立公司销售商品砼、外加剂、房屋等所得的回笼资金按进度支付工程款。

2015年5月22日，天鼎恒砼公司给天辰鼎立公司下达了书面的开工令，要求其于2015年6月3日前进场施工。天辰鼎立公司没有按照约定期限完工，天鼎恒砼公司于2015年12月22日发出了《施工催促函》，天辰鼎立公司收到后给天鼎恒砼公司出具了《工程进度保证书》，承诺在2016年1月8日全部完工。但天辰鼎立公司没有在2016年1月8日完工，天鼎恒砼公司在2016年1月21日发出了第二份《施工催促函》，天辰鼎立公司收到后给天鼎恒砼公司出具了《工程计划（竣工）说明单》，承认按照合同的约定应该在2015年9月7日竣工验收，因为天辰鼎立公司的原因导致工程不能如期交付，并承诺在2016年3月30日完工。但天辰鼎立公司没有在2016年3月30日完工，双方在2016年4月16日重新达成了《新建厂房计划（竣工）补充协议》，天辰鼎立公司承诺在2016年5月10日完成协议第二条约定的工程，在其完成第二条约定的工程后天鼎恒砼公司才支付天辰鼎立公司货物（包括商品砼、添加剂等），天辰鼎立公司承诺在2016年6月10日全部完工。天辰鼎立公司至今也没有完成协议约定的工程。天鼎恒砼公司共计支付2025445.11元工程款。

天鼎恒砼公司诉至法院，请求判令解除双方于2015年5月12日签订的《二次工程施工合同》，判令天辰鼎立公司立即清理施工现场，拆除施工设施、设备，撤走工人。

4.8.2.2 争议焦点

本案争议焦点为天鼎恒砼公司主张解除合同的诉求应否处理。

一审法院认为：根据双方在2016年4月16日重新达成的《新建厂房计划（竣工）补充协议》，天辰鼎立公司在2016年5月10日完成协议第二条约定的工程后，天鼎恒砼公司才支付货物（包括商品砼、添加剂等），现天辰鼎立公司没有提供证据证明已经完成了协议第二条约定的工程，无权要求天鼎恒砼公司支付工程款，天辰鼎立公司称其没有完工是因为天鼎恒砼公司没有按照约定支付工程进度款的抗辩理由不能成立。2015 年 5 月 12 日双方签订了《二次工程施工合同》，商定工期为 90 天，天辰鼎立公司认可应该在 2015 年 9 月 7 日竣工验收，但其没有在约定的期限内完工，天鼎恒砼公司两次发出《施工催促函》，天辰鼎立公司三次向天鼎恒砼公司做出承诺，承诺最终于 2016 年 6 月 10 日完工，但其至今没有完工，依照《最高人民法院关于审理建设工程施工合同纠纷案件适用法律问题的解释》第八条第二项“承包人具有下列情形之一，发包人请求解除建设工程施工合同的，应予支持：（二）合同约定的期限内没有完工，且在发包人催告的合理期限内仍未完工的”的规定，天辰鼎立公司在合同约定的期限内没有完工，经天鼎恒砼公司两次催告，天辰鼎立公司三次做出承诺后仍然没有完工，现天鼎恒砼公司要求解除合同，本院予以支持。根据《中华人民共和国合同法》第九十七条“合同解除后，尚未履行的，终止履行；已经履行的，根据履行情况和合同性质，当事人可以要求恢复原状、采取其他补救措施、并有权要求赔偿损失”的规定，天鼎恒砼公司要求解除合同后天辰鼎立公司立即清理施工现场，拆除施工设施、设备，撤走工人，本院予以支持。

天辰鼎立公司认为：一审判决程序严重违法，一审判决使用未经举证质证的证据，天鼎恒砼公司对 2015 年 12 月 12 日的《施工催促函》、2015 年 12 月 23 日的《工程进度保证书》、2016 年 1 月 21 日的《施工催促函》、2016 年 1 月 22 日的《工程计划（竣工）说明单》没有当庭质证，天辰鼎立公司没有在本案一审庭审时对该证据发表质证意见。一审判决基本事实查明不清，认定天鼎恒砼公司已经通过实际行为向天辰鼎立公司供应商品砼，与事实相违背。

天鼎恒砼公司认为：一审法院判决程序合法，天辰鼎立公司所提的四份证据没有当庭质证不是事实，该四份证据在尖草坪区人民法院（2017）晋 0108 民初 307 号建设工程施工合同纠纷一案庭审中质证过，那个案子与这个案子是同一案件事实，只是不同诉求分成了两个案子，这个案子的审判人员也是那个案子的合议庭成员，质证的是相同证据。一审查明事实清楚，因为一审的诉求是解除合同，没有其他诉求，对方没有提出不予解除合同的证据。

二审法院认为：双方于 2015 年 5 月 12 日签订《二次工程施工合同》，因天辰鼎立公司未能如期完工，双方在 2016 年 4 月 16 日重新达成了《新建厂房计划（竣工）补充协议》。以上两项均基于双方当事人的真实意思表示，合同（协议）不违反法律规定，为有效合同。根据双方约定，天辰鼎立公司在 2016 年 5 月 10 日完成补充协议第二条约定的工程后，天鼎恒砼公司才支付货物（包括商品砼、添加剂等），现天辰鼎立公司没有提供证据证明已经完成了协议第二条约定的工程，无权要求天鼎恒砼公司支付工程款，天辰鼎立公司称其没有完工是因为天鼎恒砼公司没有按照约定支付工程进度款的抗辩理由不能成立。天辰鼎立公司未能如约履行双方签订的合同，如期完成工程，且在发包方天鼎恒砼公司催告的合理期限内仍未完工。依照《最高人民法院关于审理建设工程施工合同纠纷案件适用法律问题的解释》第八条第二项“承包人具有下列情形之一，发包人请求解除建设工程施工合同的，应予支持：（二）合同约定的期限内没有完工，且在发包人催告的合理期限内仍未完工的”的规定，天鼎恒砼公司诉请解除合同，本院予以支持。

天辰鼎立公司提出了未经质证的四份证据：2015 年 12 月 22 日的《施工催促函》、2015 年 12 月 23 日的《工程进度保证书》、2016 年 1 月 21 日的《施工催促函》、2016 年 1 月 22 日的《工程计划（竣工）说明单》。这四份证据在当事人相同、争议事实相同、案由相同，只是不同诉求的另案庭审时也出示质证过。本案一审独任审判人员也是另案即太原市尖草坪区人民法院（2017）晋 0108 民初 307 号建设工程施工合同纠纷一案合议庭成员之一，其也参加了对该证据的审查。该四份证据由天辰鼎立公司的法定代表人李刚签字盖章认可，一审法院在本案审理时对该四份证据未重复质证，并不存在剥夺天辰鼎立公司对该证据质证的权利，因此一审审理程序并不存在程序严重违法的情况。

4.8.2.3 裁判要点

承包人天辰鼎立公司没有在约定的期限内完工，发包人天鼎恒砼公司两次发出《施工催促函》，天辰鼎立公司三次向天鼎恒砼公司做出承诺，承诺最终于 2016 年 6 月 10 日完工，但其至今没有完工。该情形符合发包人享有单方解除权的条件，发包人请求解除合同，应予支持。

4.8.2.4 相关法条

《最高人民法院关于审理建设工程施工合同纠纷案件适用法律问题的解释》（2004 **年颁布**）

第八条　承包人具有下列情形之一，发包人请求解除建设工程施工合同的，应予支持：

（一）明确表示或者以行为表明不履行合同主要义务的；

（二）合同约定的期限内没有完工，且在发包人催告的合理期限内仍未完工的；

（三）已经完成的建设工程质量不合格，并拒绝修复的；

（四）将承包的建设工程非法转包、违法分包的。

《中华人民共和国合同法》（1999 **年颁布**）

第九十七条　合同解除后，尚未履行的，终止履行；已经履行的，根据履行情况和合同性质，当事人可以要求恢复原状、采取其他补救措施、并有权要求赔偿损失。

4.8.3 律师说法

承包方在两种情况下享有工期顺延的权利：一种是发包方存在过错，另一种是由于客观原因或第三方原因。虽然在这两种情况下承包方不承担责任，但负有较大的举证义务，需要大量的签证和证据材料证明自己具有工期顺延的正当理由，并积极向发包方索赔。因此，施工人需要在适当时候采取工期签证的方式，以规避工期延迟的风险。

工期签证最主要的目的一是顺延工期，减免违约责任；二是补偿费用，减免工期延长带来的费用损失。而且一旦发生争议，工期签证是最有力、最直接的减免责任的重要证据，因此一定要从各方面规范重视。

（1）办理签证要快速及时。当出现工期延迟的法定情形时，一定要第一时间向发包方发送签证，否则会因为拖延造成证据丢失，不利于索赔。同时，承包方应按照合同约定的方式提出工期签证，特别是合同有约定时限时，要注意在顺延事件发生后合同约定时限内提出。如果合同有约定签证格式或程序，则要严格遵守，避免出现签证无效的情形。

（2）签证内容要具体、准确。工期签证必须要明确两方面内容：一是工期顺延的具体天数。如果未明确天数，一旦发生争议将由鉴定机构来鉴定工期，费时费力且不可预测因素太多。二是工期顺延的费用补偿。应明确工期延误给承包方增加的实际费用，包括人、财、机的具体数目、计算方式，做成详细的清单台账。如果不能计算出具体数字，则应写明停工人数、停滞的机械台班或材料，以便作为今后计算的依据。此外，要注意写明事件起因经过，提出工期顺延和补偿依据，明确各方责任。

（3）签署签证要意思明确。工期签证只有发包方和承包方一致同意才真正生效，不能只是简单告知。通常表述为“双方一致同意”“发包方同意”“发包方批准”等直接表示发包方认可的字样，尽量避免“情况属实”等模糊字眼，提高签证效力。

（4）管理签证要系统规范。建筑工程复杂、长期、变更因素多的特点意味着需要大量的签证，这就需要有一套规范、严格的签证管理体系。做好签证的及时报送、回馈、签收，整理签证台账，及时保留签证原件，注意复印件一般是不具备证据效力的。做到任何签证都有据可查、有章可循。

4.9　项目部章管理法律风险防范

4.9.1　概述

根据法律的规定，一个有效的法人民事行为能力，严格来说，应由法定代表人代表该法人去行使。这也是为什么在办理很多工商、银行等重要手续时，要求同时盖有公章与法定代表人章。而除了法定代表人之外的其他人，以公司名义对外进行民事法律行为的，其权利都来源于另一种民事关系，即代理关系。《中华人民共和国民法通则》第六十三条规定，在非法定代表人以公司名义对外进行民事法律行为时，应当具有公司的授权。由此可见，盖有项目部印章的合同或其他文件的效力，并不取决于项目部印章本身，而是取决于持章人所得到的授权权限。工程实践中，通常有实际施工人持有项目部章对外签订合同，被认定构成表见代理，从而让建筑施工企业承担责任的情况发生。

4.9.2　典型案例

王杨武与重庆祥瑞建筑安装工程有限公司、王慧斌建设工程合同纠纷案（一审法院：重庆市九龙坡区人民法院；二审法院：重庆市第五中级人民法院）。

关键词：项目部章；表见代理。

4.9.2.1　案情简介

2011 年 10 月 12 日，重庆祥瑞建筑安装工程有限公司（以下简称祥瑞公司，甲方）

与王慧斌（乙方）签订《内部承包合同》，约定甲方聘任乙方为金科·廊桥水乡三组团二期（E9－E14、E19楼及相应地下车库）工程项目经济承包人；乙方承包工程的范围，涵盖甲方与建设单位签订的总承包合同及补充合同所约定的全部施工内容，本合同与总承包合同为背靠背的承包合同；未经甲方授权，乙方不得以甲方或项目部名义进行任何社会经济活动等一切有损甲方利益的行为，否则由乙方承担全部经济损失和法律责任；乙方材料采购、工程分包、劳务分包、周转材料和机械设备租赁与项目成本相关的合同签订，应先向甲方通报并经甲方同意后由甲方与之签订合同。

2011年10月26日，王杨武（乙方）与祥瑞公司金科·廊桥水乡三组团二期工程项目部（甲方）签订《外墙施工承包合同》，约定乙方承包大学城金科廊桥水岸（E9－E14号楼）外墙保温、外墙漆工程，工程承包方式为包工包料，合同价暂定860万元。2011年12月7日，双方再次签订《外墙施工承包合同》，约定乙方承包大学城金科廊桥水乡（E6、E8、E15－E17号楼）外墙保温、外墙漆工程，工程承包方式为包工包料，合同价暂定860万元。两份合同尾部，王慧斌在甲方代表人处签名捺印。

2013年1月31日，祥瑞公司金科·廊桥水乡三组团二期工程项目部（甲方）与王杨武（乙方）、王慧斌（丙方）签订《终止〈外墙施工承包合同〉协议》，载明：鉴于乙方为签订和准备履行《外墙施工承包合同》已支付了部分机械（外墙吊篮）、材料费、人工费等费用，现由于各种原因该合同已无法继续履行，三方协商就合同的终止及相关款项结算事宜达成如下协议：一、自本协议签订之日起解除甲、乙双方分别于2011年10月26日和2011年12月7日所签订的《外墙施工承包合同》；二、甲方于本协议签订之日起30日内向乙方一次性支付30万元，作为对乙方前期投入的补偿，若祥瑞公司不认可两份《外墙施工承包合同》及本协议的效力、不支付本条前述款项，则乙方有权立即要求丙方代为支付补偿费30万元；三、若甲方及丙方未按期、足额支付本协议第二条约定的款项，则每逾期一日按欠付金额的万分之六向乙方支付违约金。王杨武和王慧斌分别在该协议尾部乙方、丙方处签名捺印，祥瑞公司·廊桥水乡三组团二期工程项目部未签字、盖章。

王杨武提起诉讼，请求判令祥瑞公司、王慧斌连带补偿工程款30万元，连带支付以30万元为基数，从2013年3月1日起至付清之日止，按日万分之六计算的违约金。

4.9.2.2 争议焦点

本案争议焦点为王慧斌的行为是否构成表见代理，王杨武的诉求应否处理。

一审法院认为：第一，建筑工程内部承包属于建筑公司开展经营管理的一种方式，属于内部管理行为。在对外关系上，建筑公司仍是其承包工程的施工主体，因工程施工而对外产生的债权债务应由建筑公司享有和承担。建筑公司对外承担债务后，可以按其内部管理规定或内部约定追究承包人的相应责任。祥瑞公司、王慧斌签订的内部承包合同是双方的真实意思表示，不违反法律行政法规的强制性规定，应为有效。双方有关权利与义务的约定仅对内部有效，对外不具有法律约束力。

第二，承包建筑工程的单位应当持有依法取得的资质证书，并在其资质等级许可的业务范围内承揽工程。承包人未取得建筑施工企业资质的，建设工程施工合同无效。王杨武系自然人，不具备专业工程承包主体资质，其与祥瑞公司金科·廊桥水乡三组团二期工程项目部签订的两份外墙施工承包合同违反法律规定，属于无效合同，自始不具有法律效力。

第三，王慧斌作为祥瑞公司承揽工程的内部承包人，其在与王杨武签订合同时，已披露其内部承包人的身份，并以项目部代表人名义签字确认，且加盖项目部印章，王杨武有理由相信王慧斌的行为代表祥瑞公司。虽然祥瑞公司否认项目部签章的真实性，但对内部承包以及承包本案所涉工程的事实予以认可，其应当对内部承包人就内部承包的工程进行经营管理所产生的债务风险承担责任。

第四，王杨武与王慧斌及工程项目部签订的《终止〈外墙施工承包合同〉协议》，虽然项目部未签字、盖章确认，但王慧斌作为内部承包人，同时也是王杨武与项目部签订的《外墙施工承包合同》的签约代表人、工程负责人，王杨武有理由相信其有权代表项目部签字确认，故三方的终止协议依法成立。建筑公司项目部不具有法人资格，不能独立承担责任，其责任由建筑公司承担。建设工程承包合同无效，并不必然导致无效合同终止后各方就法律后果所达成协议的效力，故终止协议中有关费用补偿金额、补偿方式及逾期支付违约金的约定合法有效，对王杨武及祥瑞公司、王慧斌具有法律约束力。故祥瑞公司应当于签订终止协议之日即 2013 年 1 月 31 日起 30 日内向王杨武支付工程补偿费 30 万元。协议中“若祥瑞公司不认可两份《外墙施工承包合同》及本协议的效力、不支付本条前述款项，则乙方有权立即要求丙方代为支付补偿费 30 万元”的表述，应理解为王慧斌主动添附的一种附条件的连带给付责任，在祥瑞公司做出不认可合同及协议的效力并不支付补偿款的意思表示时，王慧斌即应对祥瑞公司的债务承担连带支付责任。现祥瑞公司在庭审中明确表示不认可合同及协议的效力并不支付补偿款，王慧斌应对工程补偿款的支付承担连带责任。

第五，违约金应以损失补偿为主、惩罚为辅。祥瑞公司、王慧斌未按协议约定期限及金额支付补偿款，应按约定承担违约责任。王杨武认可祥瑞公司、王慧斌未履行付款义务给其造成了逾期付款利息损失，约定的违约金明显高于造成的损失，应当酌情予以调整。结合本案实际情况，一审法院酌情确定祥瑞公司、王慧斌应连带支付以 30 万元为本金，从 2013 年 3 月 3 日起至付清之日止，按中国人民银行规定的商业银行贷款利率的 130％计算的逾期付款违约金。

祥瑞公司认为：祥瑞公司与王杨武没有任何法律关系。王慧斌是挂靠祥瑞公司承包工程。本案中没有足以使王杨武相信王慧斌具有代理权的事实和理由。王杨武知晓祥瑞公司与王慧斌签订的《内部承包合同》，应知晓王慧斌没有权利对外签订合同。《终止〈外墙施工承包合同〉协议》的内容也显示王慧斌不能代表公司签订协议，因此王慧斌承担责任的后果。《终止〈外墙施工承包合同〉协议》约定要三方签字生效，现祥瑞公司并未签字，该协议对祥瑞公司并无约束力。故王慧斌的行为不能视为表见代理，祥瑞公司不应承担给付责任。

王杨武认为：王慧斌与祥瑞公司签订了《内部承包协议》，王慧斌以内部承包人的身份与王杨武签订的合同，代表了祥瑞公司，是表见代理，祥瑞公司、王慧斌应当承担连带责任。

二审法院认为：第一，祥瑞公司与王慧斌之间于 2011 年 10 月 12 日签订《内部承包合同》，约定祥瑞公司聘任王慧斌为金科廊桥水乡三组团二期（E9－E14、E19 楼及相应地下车库）工程项目经济承包人。祥瑞公司在一审中也明确认可与王慧斌之间存在劳动关系。故本院认为祥瑞公司与王慧斌之间系工程内部承包合同关系。上诉人祥瑞公司在二审中称双方系挂靠关系的上诉理由不成立，本院不予采纳。

第二，庭审中，王杨武明确表示知道祥瑞公司与王慧斌之间签订有《内部承包合同》但没有细看，其意思可理解为知道且看过，但没有仔细审查。祥瑞公司与王慧斌之间签订的《内部承包合同》明确约定，王慧斌对于材料采购、工程分包、劳务分包、周转材料和机械设备租赁与项目成本相关的合同签订，应先向祥瑞公司通报并经祥瑞公司同意后由祥瑞公司与之签订合同。该条款表明王慧斌没有对外签订工程分包合同的权利。故从庭审中王杨武的陈述可知，王杨武在与王慧斌签订《外墙施工承包合同》时是没有尽到谨慎审查的义务的，主观上存在过失。而《终止〈外墙施工承包合同〉协议》中约定的若祥瑞公司不认可两份《外墙施工承包合同》及本协议的效力、不支付本条前述款项，则乙方有权立即要求丙方代为支付补偿费 30 万元；本协议自甲、乙、丙三方签字或盖章之日起生效的内容则印证了王杨武对王慧斌没有对外签订工程分包合同和结算的权利是明知的。虽然《外墙施工承包合同》盖有祥瑞公司金科・廊桥水乡三组团二期工程项目部章，但祥瑞公司否认有该项目部章且王杨武没有提供证据证明该项目部章经祥瑞公司工商登记或在其他文件中使用过该印章。故王慧斌的行为不符合表见代理的构成要件，王慧斌与王杨武签订的《外墙施工承包合同》和《终止〈外墙施工承包合同〉协议》的法律后果不应由祥瑞公司承担。另外，《终止〈外墙施工承包合同〉协议》也明确约定本协议自甲、乙、丙三方签字或盖章之日起生效。该协议也未经祥瑞公司盖章或其法定代表人签字，故对祥瑞公司而言，该协议也未生效，对其也无约束力。故一审法院判决祥瑞公司支付工程补偿款 30 万元并支付违约金系适用法律错误，应予纠正。本案中，王慧斌与王杨武在《终止〈外墙施工承包合同〉协议》上签字并明确约定若祥瑞公司不认可两份《外墙施工承包合同》及本协议的效力、不支付本条前述款项，则乙方有权立即要求丙方代为支付补偿费 30 万元。故王慧斌应当按照该协议支付王杨武补偿费 30 万元并承担相应的违约责任。一审法院结合本案实际情况，酌情确定支付以 30 万元为本金，从 2013 年 3 月 3 日起至付清之日止，按中国人民银行规定的商业银行贷款利率的 130%计算的逾期付款违约金并无不当。

4.9.2.3　裁判要点

祥瑞公司与王慧斌之间系工程内部承包合同关系，王杨武对该内部承包合同关系知晓但未仔细审查，其主观上存在过失。王杨武与祥瑞公司金科・廊桥水乡三组团二期工程项目部签订承包合同，虽然该承包合同盖有祥瑞公司金科・廊桥水乡三组团二期工程项目部章，但祥瑞公司否认有该项目部章且王杨武没有提供证据证明该项目部章经祥瑞公司工商登记或在其他文件中使用过该印章，故王慧斌的行为不符合表见代理的构成要件，祥瑞公司不承担责任。

4.9.2.4　相关法条

《中华人民共和国合同法》（1999 **年颁布**）

第四十八条　行为人没有代理权、超越代理权或者代理权终止后以被代理人名义订立的合同，未经被代理人追认，对被代理人不发生效力，由行为人承担责任。

相对人可以催告被代理人在一个月内予以追认。被代理人未作表示的，视为拒绝追认。合同被追认之前，善意相对人有撤销的权利。撤销应当以通知的方式作出。

第四十九条　行为人没有代理权、超越代理权或者代理权终止后以被代理人名义订立合同，相对人有理由相信行为人有代理权的，该代理行为有效。

第一百一十四条　当事人可以约定一方违约时应当根据违约情况向对方支付一定数额的违约金，也可以约定因违约产生的损失赔偿额的计算方法。

约定的违约金低于造成的损失的，当事人可以请求人民法院或者仲裁机构予以增加；约定的违约金过分高于造成的损失的，当事人可以请求人民法院或者仲裁机构予以适当减少。

当事人就迟延履行约定违约金的，违约方支付违约金后，还应当履行债务。

《中华人民共和国建筑法》（2011 年颁布）

第二十六条　承包建筑工程的单位应当持有依法取得的资质证书，并在其资质等级许可的业务范围内承揽工程。

禁止建筑施工企业超越本企业资质等级许可的业务范围或者以任何形式用其他建筑施工企业的名义承揽工程。禁止建筑施工企业以任何形式允许其他单位或者个人使用本企业的资质证书、营业执照，以本企业的名义承揽工程。

4.9.3　律师说法

项目部经理擅自使用、伪造使用项目部印章，为公司造成损失的原因，主要在于公司的默示追认行为与善意相对人的存在（即表见代理）。而防止此类风险的关键也就在于防止默示追认行为的发生与消除善意相对人的存在。

结合我们实践中较容易发生的争议，应对措施应当包括但不限于以下几种：

（1）立即向相对人披露项目经理或承包人已经超越代理权限的事实。根据实际履行情况，可考虑让对方当事人解除合同。即使决定追认的，也应对合同条款进行完善，以避免日后产生不必要的法律风险。

（2）若是挂靠关系的，有必要时可以要求项目经理或承包人以个人名义与相对人签订合同，公司再以同等对价与项目经理或承包人签订合同，将风险止于项目经理或承包人个人。若如此做，相关款项就不再由公司直接支付于相对人，而应通过项目经理或承包人领取转付。

（3）发现合同条款违反法律强制性规定的，应立即通知项目经理或承包人与相对人。由双方确认该合同条款效力，或补签符合法律规定的合同，或协议终止履行该合同，以避免无效合同为双方当事人带来损失。

（4）发现合同条款约定与实际履行行为不符的，应及时确认履行情况，要求项目经理或承包人做出说明，甚至随时追究其责任。必要时应通知相对人，要求其如约履行。

（5）发现合同条款显失公平，可能会对公司造成影响的，应及时与相对人进行磋商，变更相关条款。磋商不成的应及时提起相关法律程序，变更、撤销合同。

4.10 重大责任事故法律风险防范

4.10.1 概述

根据《中华人民共和国刑法》第一百三十四条第一款的规定，重大责任事故罪是指在生产、作业中违反有关安全管理的规定，因而发生重大伤亡事故或者造成其他严重后果的行为。

重大责任事故罪是近年来常见多发的一种犯罪行为，不仅危及人民群众的生命安全，而且造成了国家和群众财产的重大损失，严重地阻碍了企事业单位的正常经营和发展，直接危害社会的稳定。我国1979年颁行的刑法第一百三十一条即有规定，现行刑法第一百三十四条又原样保留了该规定，最高司法机关也没有新的司法解释，有效惩治重大责任事故犯罪和保障企业生产、作业安全的功能。

4.10.2 典型案例

杭州市余杭区人民检察院诉汪某重大责任事故案（一审法院：杭州市余杭区人民法院；二审法院：杭州市中级人民法院）。

关键词：重大责任事故；建设工程。

4.10.2.1 案情简介

2011年1月，汪某未经审批，在杭州市余杭区仁和街道明水码头擅自建造装卸粉煤灰的港口设施。在建造过程中，汪某违反《中华人民共和国建筑法》《浙江省建设工程质量管理条例》等相关规定，在施工过程中未聘用监理单位现场监管，招用无资质人员进行桩基施工，随意更改钢结构设计方案、更换建筑材料等。

2011年8月，四座钢板仓装卸设施完工，汪某将钢板仓设备投入经营使用，其中4号钢板仓自2011年11月起租赁给宁波市经济技术开发区一顺贸易有限公司使用（以下简称宁波一顺公司），货物装卸、计量及清仓工作等由汪某负责。

2012年3月14日，4号钢板仓装卸设施在作业过程中发生坍塌，造成程某甲、王某乙、郭某三人死亡，被害人王某丙、程某乙受伤以及房屋、车辆毁坏等财物损失的重大生产安全责任事故。经杭州市安全生产监督管理局调查，事故钢板仓土建基础桩基存在不均匀下沉，导致东南边钢管支撑承受力加大，以及施工焊接质量不合格，钢结构焊接强度未达到设计要求是事故发生的直接原因；事故钢板仓建造过程中违规施工及钢板仓设备使用安全管理不到位分别是事故发生的主要原因和重要原因。

事故发生后，被告人汪某委托妻子徐某拨打了110电话报警；2012年3月至4月，被告人汪某分别与被害人王某丙、程某乙以及被害人程某甲、王某乙的亲属达成调解协议并支付赔偿款，获得上述被害人和被害人亲属的谅解。

4.10.2.2　争议焦点

本案争议焦点为汪某的定罪和量刑问题。

一审法院认为：被告人汪某在生产、作业过程中，违反有关安全管理的规定，因而发生致三人死亡的重大伤亡事故，其行为已构成重大责任事故罪，且情节特别恶劣。被告人汪某案发后委托他人代为投案，应当视为自动投案，并如实供述自己的罪行，系自首，依法可以从轻处罚。被告人汪某案发后赔偿部分被害人及亲属经济损失，获得部分被害人及亲属的谅解，酌情予以从轻处罚。一审法院以重大责任事故罪，判处被告人汪某有期徒刑三年。

汪某及辩护人认为：事故责任不完全属于汪某，且汪某具有自首情节，积极赔偿被害人及其亲属的损失并取得谅解。因此，原判量刑过重，请求改判三年以下有期徒刑并适用缓刑。

二审法院认为：第一，汪某系杭州余杭区仁和明水黄沙供应店的经营者，全面负责事故钢板仓的建造及使用安全管理工作。据杭州市安全生产监督管理局调查，汪某在钢板仓建造过程中的违规施工及对钢板仓设备使用安全管理不到位，分别是事故发生的主要原因和重要原因。因此，汪某违反安全管理规定的行为与事故之间的因果关系明确，原判认定的事实清楚，证据确实充分。

第二，事故发生后，宁波一顺公司与所属员工被害人郭某的亲属达成调解协议并垫付了赔偿款。一审宣判后，汪某与宁波一顺公司就该经济赔偿问题达成了和解协议，取得了被害人郭某部分亲属的谅解，并已向宁波一顺公司偿还部分赔偿款。汪某及其辩护人就此提出的诉辩理由成立，予以采纳。

综上，原判定罪及适用法律正确。鉴于汪某具有自首情节，结合其赔偿经济损失并取得谅解的情况，可予以减轻处罚，但汪某及其辩护人关于适用缓刑的请求，本院不予采纳。判决汪某犯重大责任事故罪，判处有期徒刑二年六个月。

4.10.2.3　裁判要点

汪某在施工过程中未聘用监理单位现场监管，招用无资质人员进行桩基施工，随意更改钢结构设计方案、更换建筑材料等，违反有关安全管理的规定，因而发生致三人死亡的重大伤亡事故，其行为已构成重大责任事故罪。

4.10.2.4　相关法条

《中华人民共和国刑法》（2017 **年颁布**）

第一百三十四条　在生产、作业中违反有关安全管理的规定，因而发生重大伤亡事故或者造成其他严重后果的，处三年以下有期徒刑或者拘役；情节特别恶劣的，处三年以上七年以下有期徒刑。

强令他人违章冒险作业，因而发生重大伤亡事故或者造成其他严重后果的，处五年以下有期徒刑或者拘役；情节特别恶劣的，处五年以上有期徒刑。

4.10.3 律师说法

违反安全管理规定，是以管理制度的客观存在为前提的。一般而言，这种管理规定应当包括以下三种情况：

一是国家颁布的各类有关安全生产的法律、法规。

二是企业、事业单位及其上级管理机关制定的反映安全生产客观规律并涉及工艺技术、生产操作、技术监督、劳动保护、安全管理等方面的规程、规章、章程、条例、办法和制度及不同的单位按照各自的特点所做的有关规定。

三是该类生产、作业过程中虽无明文规定但却反映了生产、科研、设计、施工中安全操作的客观规律，已为人所公认的操作习惯和惯例等。

在工程项目建设中，安全生产风险防范是所有工作中的重中之重，一旦发生安全事故，造成重大人员伤亡或财产损失，工程建设的所有参与方及其人员均可能触犯刑法，构成犯罪。在工程项目建设过程中，应从以下几个方面来防范有关刑事法律风险：

其一，要牢固树立安全生产意识，重视生产作业中的细节问题。重大责任事故罪是过失犯罪，重大责任事故的发生往往是由于疏忽大意、习惯性违章造成的。一些看似细小轻微的、习以为常的违规违章行为及不良习惯，往往是发生重大责任事故的导火索。

其二，安全生产，人人有责。重大责任事故罪的犯罪主体是非常广泛的，任何参与工程项目建设的主体及其个人，只要违反了有关安全管理规定，导致发生安全事故，均可能触犯刑法，受到刑事处罚。在工程建设中，所有的参与主体均应高度重视安全生产工作，从我做起，严格履行安全管理职责，杜绝事故的发生。

其三，严格遵守安全生产有关法律法规、行业规范、规则，严格遵守企业的安全生产规章制度，养成良好的工作习惯。刑法中的“安全管理的规定”含义非常广泛，如在生产作业中，违反其中的任何内容，导致发生事故的，均可能承担刑事法律责任。

其四，发生安全事故后，要及时报告。《生产安全事故报告和调查处理条例》对于事故报告程序和内容做了非常明确的要求，事故发生后，事故现场有关人员应当立即向本单位负责人报告；单位负责人接到报告后，应当于1小时内向事故发生地县级以上人民政府安全生产监督管理部门和负有安全生产监督管理职责的有关部门报告。发生电力安全事故的，还应根据《电力安全事故应急处置和调查处理条例》有关规定向电力监督管理部门报告。事故发生后，有关责任人未按照法律规定的程序进行报告，不报或者谎报事故情况，贻误事故抢救，情节严重的，可能构成“不报、谎报安全事故罪”。

其五，在工程建设中，不同的参与主体承担不同的安全管理职责，工程各个参与主体应当严格依据有关法律规定及合同的约定履行各自的安全生产职责和义务。具体包括以下几个方面：

（1）项目业主单位应选择具备相应资质的勘察设计和施工承包单位，提供符合安全生产要求的施工条件，依据《企业安全生产费用提取和使用管理办法》有关规定提取和支付安全生产费用，确保提供的设备和材料（甲供材）符合相关质量安全标准等，发包人不得对勘察、设计、施工、工程监理等单位提出不符合建设工程安全生产法律、法规和强制性标准规定的要求，不得随意压缩合同约定的工期。

(2) 勘察设计单位应当严格按照国家法律法规及行业有关规定从事勘察设计工作，从事勘察设计的人员应当具备相应的资质，在设计过程中严格遵守国家、行业以及合同约定的有关质量标准。设计单位不按质量标准进行设计，擅自降低设计标准，导致发生工程重大责任事故的，可能触犯“工程重大安全事故罪”。

(3) 工程施工总承包单位应当对施工现场的安全生产负总责。施工总承包商不得将工程转包，不得进行违法分包，不得将工程分包给不具备相应施工资质的分包单位，在施工过程中不得偷工减料，不得违反国家或行业有关施工工艺和规程。施工总承包商的管理人员应当具备相应的管理资质（如建造师证书、安全生产考核合格证书等），施工总承包商应当合理使用安全生产费用，专款专用，不得挪为他用。

(4) 工程监理单位应当严格审查施工组织设计中的安全技术措施或者专项施工方案是否符合工程建设强制性标准。在实施监理过程中，发现存在安全事故隐患的，应当要求施工单位整改；情况严重的，应当要求施工单位暂时停止施工，并及时报告建设单位。施工单位拒不整改或者不停止施工的，工程监理单位应当及时向有关主管部门报告。监理单位的人员应当具备相应的监理资格。

(5) 机械设备出租单位应当确保出租的机械设备和施工机具及配件具有生产（制造）许可证、产品合格证。出租单位应当对出租的机械设备和施工机具及配件的安全性能进行检测。禁止出租检测不合格的机械设备和施工机具及配件。出租单位应当按照国家有关法律规定定期对出租的机械设备进行检修维护，出租单位应当指派具有相应资质的专业人员操作出租的机械设备，指派具有相应资质的专业人员对机械设备进行检修和维护。

4.11 预付款扣回法律风险防范

4.11.1 概述

工程实行预付款的，合同双方应根据合同通用条款及价款结算办法的有关规定，在合同专用条款中约定并履行。

承包人应在签订合同或向发包人提供与预付款等额的预付款保函后向发包人提交预付款支付申请，发包人应在收到支付申请的 7 天内进行核实后向承包人发出预付款支付证书，并在签发支付证书后的 7 天内向承包人支付预付款。

预付款是施工准备和所需材料、结构件等流动资金的主要来源，国内习惯上又称为预付备料款。

工程预付款的扣回：起扣点 $T=P-M/N$，P 为承包合同总合同额，M 为工程预付款数额，N 为主要材料和构件所占总价款的比重。

预付备料款的额度由合同双方商定。备料款的数额要根据工程类型、合同工期、承包方式和供应方式等不同条件而定。一般建筑工程不应超过工作量（包括水、电、暖）的 30%，安装工程不应超过工作量的 10%。备料款属于预付性质。施工的后期所需材料储备逐步减少，需要以抵充工程价款的方式陆续扣还。

4.11.2 典型案例

西安红星冷暖设备制造有限责任公司与西安谭家房地产开发有限公司建设工程施工合同纠纷案（一审法院：西安市莲湖区人民法院；二审法院：西安市中级人民法院）。

关键词：建设工程；预付款。

4.11.2.1 案情简介

2011 年 5 月 17 日，西安谭家房地产开发有限公司（以下简称谭家公司）与西安红星冷暖设备制造有限责任公司（以下简称红星公司）签订《谭家花苑换热系统安装合同》，双方约定由红星公司承建西安市太华路谭家花苑商住小区“西安谭家花苑换热站”项目。

2011 年 5 月 18 日，谭家公司按照合同约定通过银行转账向红星公司支付预付款 225000 元。但红星公司在合同约定工期内未进行施工。合同约定工期届满后，双方也未能对是否继续履行合同协商一致。故谭家公司诉至法院，请求判令红星公司立即返还谭家公司预付款 225000 元、红星公司向谭家公司支付违约金 862500 元。

4.11.2.2 争议焦点

本案争议焦点为谭家公司主张红星公司返还预付款及承担相关违约损失的诉求应否处理。

谭家公司认为：红星公司在收到预付款后，并未按照合同约定履行义务，拖至工程工期届满迟迟未予动工，因此，谭家公司多次向红星公司提出解除合同并要求退还预付款，但红星公司却拒不退还，其行为已严重损害了谭家公司的合法权益。

红星公司认为：合同签订后，红星公司即开始组织设备部件的采购进行设备制造。在合同履行期间，由于谭家公司与西安市热力总公司就热源“碰口”未能协商一致，谭家公司提出等其与西安市热力总公司协商好后再进行施工。之后红星公司曾多次催促，但是谭家公司告知协商未果，让红星公司等通知。直至 2012 年 8 月，谭家公司项目经理吴旭斌口头告知该项目已由西安市热力总公司下属公司承建，并要求终止与红星公司签订的合同，但双方未能就红星公司的损失赔偿问题协商一致。红星公司认为合同未能履行系谭家公司自身原因所致，故其诉讼请求不应得到支持。

一审法院认为：谭家公司与红星公司签订的《谭家花苑换热系统安装合同》系双方真实的意思表示，双方应严格按照合同约定履行义务。谭家公司按照合同向红星公司支付 225000 元后，红星公司应当及时履行施工义务。庭审中，红星公司辩称因谭家公司的原因致其未能进场施工，但红星公司未能提供谭家公司在合同工期内禁止其进场施工的书面证明，庭审中其提供的谭家公司项目经理吴旭斌录音证言，因吴旭斌未到庭质询，无法证明其证言的真实性，故法院不予采信。红星公司在约定的工期内未进场施工的行为已经构成违约。故谭家公司主张红星公司返还预付款及承担相关违约损失的诉讼请求，理由正当，依法应予以支持。因红星公司并未实际进场施工，故谭家公司的损失计算不适用合同约定的违约责任条款，谭家公司的损失应为已付预付款之相关利息损失（即以预付款 225000 元为本金，按照中国人民银行同期贷款利率计算自 2011 年 5 月 18 日给付之日至

2013 年 1 月 9 日起诉之日期间的利息损失）。

4.11.2.3　裁判要点

发包方已按约定支付预付款，承包方未按约定履行施工义务的，应返还预付款及承担相关违约损失。因承包方并未实际进场施工，故发包方的损失计算不适用合同约定的违约责任条款，发包方的损失应为已付预付款之相关利息损失。

4.11.2.4　相关法条

《中华人民共和国合同法》（1999 年颁布）

第八条　依法成立的合同，对当事人具有法律约束力。当事人应当按照约定履行自己的义务，不得擅自变更或者解除合同。

依法成立的合同，受法律保护。

第九十七条　合同解除后，尚未履行的，终止履行；已经履行的，根据履行情况和合同性质，当事人可以要求恢复原状、采取其他补救措施、并有权要求赔偿损失。

4.11.3　律师说法

建筑法规规定了预付款的支付和扣回的相关条款。

（1）预付款的支付。

工程预付款的比例不得高于合同价款（不含其他项目费）的 30%，一般为合同价款（不含其他项目费）的 10%，如果合同中有约定，应按合同约定比例支付。预付款不得用于与本合同工程无关的事项，具有专款专用的性质。

建设单位应该在收到承包人预付款支付申请 7 天内进行核实并签发预付款支付证书，建设单位应在签发预付款支付证书后 7 天内支付预付款，一般规定在工程开工前 7 天内支付。

（2）预付款的扣回。

建设单位和施工单位可以通过洽商用合同形式予以确定，也可针对工程实际情况具体处理；按建设工程主要材料占工程造价总额（不含其他项目费）的比重确定预付备料款的起扣点，每次扣款额度和总扣款次数根据合同约定执行。

第5章　竣工后法律风险防范

5.1　按送审价结算法律风险防范

5.1.1　概述

最高人民法院审判委员会第1327次会议通过，自2005年1月1日施行的《最高人民法院关于审理建设工程施工合同纠纷案件适用法律问题的解释》第二十条规定："当事人约定，发包人收到竣工结算文件后，在约定期限内不予答复，视为认可竣工结算文件的，按照约定处理。承包人请求按照竣工结算文件结算工程价款的，应予支持。"根据该条规定，发包人收到竣工结算文件后，在约定期限内不予答复，发包人就丧失了与承包人结算议价的权利，并且在诉讼或者仲裁过程中请求重新鉴定工程造价也不会得到支持，而只能以承包人提交的竣工结算文件为准支付工程款，这就是业界所称的"以送审价为准"原则。

5.1.2　典型案例

浙江万峰建设工程有限公司与江苏崇华国际大酒店有限公司、鲍崇宪建设工程施工合同纠纷案（一审法院：江苏省无锡市中级人民法院；二审法院：江苏省高级人民法院）。

关键词：送审价；工程结算。

5.1.2.1　案情简介

2011年7月，江苏崇华国际大酒店有限公司（以下简称崇华大酒店）与浙江万峰建设工程有限公司（以下简称万峰公司）签订了一份《建设工程施工合同》，约定由万峰公司承建崇华大酒店（裙房）的土建工程，合同工期为220日，合同价暂估550万元。同年7月13日，双方又签订了一份《崇华国际大酒店地下室工程施工协议》，约定由万峰公司承建酒店地下室的土建工程，合同工期为62日，合同价暂定800万元。合同签订后，万峰公司进场施工。裙房工程于2010年12月8日开工，地下室工程于2011年7月18日开工，均未进行竣工验收。

2012年7月，江苏永勤工程管理有限公司（以下简称永勤公司）与崇华大酒店签订

《建设工程造价咨询协议书》一份，约定由永勤公司对崇华城市广场与崇华大酒店地下室、辅房工程进行结算审核。2012 年 8 月 20 日，崇华大酒店签收了万峰公司送审的崇华大酒店辅房（包括辅房、左边、右边、左边钢筋配料单、基坑支护、右边钢筋配料单）工程结算书，结算价为 18781268.74 元。

2013 年 1 月 31 日，崇华大酒店、万峰公司、鲍崇宪三方签订《协议书》一份，约定：一、崇华大酒店于 2013 年 3 月 15 日前，必须对本项目审计结束，审计单位由崇华大酒店指定，万峰公司认可，审计结果为最终结算价。3 月 15 日前审计未结束，则三方必须视万峰公司送审价为最终结算价。二、崇华大酒店于 2013 年 2 月 1 日前支付万峰公司 250 万元，剩余款项崇华大酒店于同年 6 月 30 日前支付 50%，12 月 30 日前付清全部剩余款项。三、鲍崇宪愿意以自己的个人资产、股份为崇华大酒店担保。

后因崇华大酒店 2013 年 3 月 15 日前未完成审计，万峰公司诉至法院，请求判令崇华大酒店按送审价支付工程余款及利息、万峰公司有权就崇华大酒店涉案工程折价或者拍卖的价款优先受偿、鲍崇宪对崇华大酒店的债务承担连带清偿责任。

5.1.2.2　争议焦点

（1）涉案工程造价如何确认。

一审法院认为：双方在《协议书》中约定，涉案项目由崇华大酒店指定审计单位，由万峰公司认可，必须于 2013 年 3 月 15 日前审计结束，按审计价结算，否则视万峰公司的送审价为结算价。根据鉴定人员的陈述及相关证据，可以证明：①审计人员与万峰公司相关人员进行了电子邮件联系，万峰公司并未对永勤公司作为审计单位提出异议，应视为认可；②涉案工程于 2013 年 3 月 11 日完成审计，崇华大酒店签收了工作成果；③万峰公司收到审核报告电子稿后并未对审核报告的内容提出实质性的异议，诉讼中，万峰公司也只是提出永勤公司作为审计单位未经其认可、报告出具时间超过 2013 年 3 月 15 日等意见。万峰公司收到审核报告电子稿后未予签收确认，显然是为其能主张按送审价作为结算价创造条件，因此造成审核报告未经签收而导致生效时间的延误系万峰公司的原因，不能归责于崇华大酒店，因此，万峰公司以此为由主张按送审价结算不符合诚信原则及公平原则，不予支持。综上，确认涉案工程的审计于 2013 年 3 月 15 日之前完成，符合《协议书》约定，崇华大酒店裙房、地下车库审定价为 13427581.1 元，加上石材加工厂、污水沉淀池造价 14.6 万元，门厅加层 56 万元，涉案工程的结算价应为 14133581.1 元。

万峰公司认为：按照双方约定，崇华大酒店必须于 2013 年 3 月 15 日前审计结束，审计单位由崇华大酒店指定，万峰公司认可，审计结果为最终结算价，3 月 15 日前审计未结束，则必须视万峰公司送审价为最终结算价。涉案工程的审计单位永勤公司没有得到万峰公司的认可，不具备对涉案工程审计的资格，且直至上诉前，永勤公司仍未对涉案工程做出审计报告，一审判决将永勤公司在审计过程中的初稿、尚需各方核实工程量后做修改的数据作为最终审计结论是错误的。涉案工程应以万峰公司的送审价 19922600.74 元进行结算。

二审法院认为：崇华大酒店、万峰公司、鲍崇宪在《协议书》中确认崇华大酒店于 2013 年 3 月 15 日前必须对本项目审计结束，审计单位由崇华大酒店指定，万峰公司认可，审计结果为最终结算价，3 月 15 日前审计未结束，则三方必须视万峰公司送审价为最终结算价。从本案查明事实来看，崇华大酒店委托永勤公司就涉案工程审计后，永勤公司的审计人员在审计期间与万峰公司相关人员多次进行电子邮件的联系，万峰公司对于永勤公司作为审计单位未提出异议，万峰公司主张审计单位永勤公司未得到其认可，与事实不符，本院不予支持。2013 年 3 月 11 日，永勤公司出具（2013）第 021 号审核报告后，崇华大酒店与万峰公司虽然未在书面报告上签章，但永勤公司已将书面报告交给崇华大酒店，并将电子稿，即《崇华国际大酒店附房土建 2013 调整》发给万峰公司，万峰公司未提出异议，其在二审期间提供的电子邮件《崇华大酒店结算核对问题》仅表明永勤公司应万峰公司要求对之前审计核对问题做出说明，而非对审核报告提出的异议，此后直至 2013 年 7 月 24 日提起诉讼，万峰公司均无证据证明曾在合理期间内对涉案工程的工程量和造价问题再行与永勤公司进行过磋商，故万峰公司虽未在审核报告上签章，但并不能否定审计已结束的事实。万峰公司以 2013 年 3 月 15 日前未审计结束为由主张按其送审价 19922600.74 元结算涉案工程款，有违诚实信用和公平原则，本院不予支持。

（2）万峰公司主张的优先受偿权能否支持。

一审法院认为：涉案工程未经竣工验收，审理中双方均认为施工合同不再继续履行，故双方于 2013 年 1 月 31 日达成的协议应视为双方对涉案工程的完工、交接与结算，行使优先权的时效应从签订协议之时起算，万峰公司于 2013 年 7 月 24 日向一审法院提起诉讼未超出期限，故其主张的优先权应予支持。

（3）鲍崇宪是否应承担连带责任。

一审法院认为：鲍崇宪在《协议书》中确认愿意以自己的个人资产、股份为崇华大酒店提供担保，但未约定保证方式，按照法律规定应视为连带责任保证，故鲍崇宪应对崇华大酒店结欠万峰公司的工程款及利息承担连带保证责任。

5.1.2.3 裁判要点

本案中，永勤公司出具审核报告后，崇华大酒店与万峰公司虽然未在书面报告上签章，但永勤公司已将书面报告交给崇华大酒店，并将电子稿发给万峰公司，万峰公司未提出异议，此后直至 2013 年 7 月 24 日提起诉讼，万峰公司均无证据证明曾在合理期间内对涉案工程的工程量和造价问题再行与永勤公司进行过磋商，故万峰公司虽未在审核报告上签章，但并不能否定审计已结束的事实。万峰公司以 2013 年 3 月 15 日前未审计结束为由主张按其送审价 19922600.74 元结算涉案工程款，有违诚实信用和公平原则，本院不予支持。

5.1.2.4 相关法条

《最高人民法院关于审理建设工程施工合同纠纷案件适用法律问题的解释》（2004 **年颁布**）

第二十条　当事人约定，发包人收到竣工结算文件后，在约定期限内不予答复，视为认可竣工结算文件的，按照约定处理。承包人请求按照竣工结算文件结算工程价款的，应予支持。

最高人民法院关于如何理解和适用《最高人民法院关于审理建设工程施工合同纠纷案件适用法律问题的解释》第二十条的复函（2006 **年颁布**）

适用该司法解释第二十条的前提条件是当事人之间约定了发包人收到竣工结算文件

后，在约定期限内不予答复，则视为认可竣工结算文件。承包人提交的竣工结算文件可以作为工程款结算的依据。建设部制定的建设工程施工合同格式文本中的通用条款第 33 条第 3 款的规定，不能简单地推论出，双方当事人具有发包人收到竣工结算文件一定期限内不予答复，则视为认可承包人提交的竣工结算文件的一致意思表示，承包人提交的竣工结算文件不能作为工程款结算的依据。

《建筑工程施工发包与承包计价管理办法》（2013 **年颁布**）

第十九条　工程竣工结算文件经发承包双方签字确认的，应当作为工程决算的依据，未经对方同意，另一方不得就已生效的竣工结算文件委托工程造价咨询企业重复审核。发包方应当按照竣工结算文件及时支付竣工结算款。

竣工结算文件应当由发包方报工程所在地县级以上地方人民政府住房城乡建设主管部门备案。

《中华人民共和国合同法》（1999 **年颁布**）

第二百八十六条　发包人未按照约定支付价款的，承包人可以催告发包人在合理期限内支付价款。发包人逾期不支付的，除按照建设工程的性质不宜折价、拍卖的以外，承包人可以与发包人协议将该工程折价，也可以申请人民法院将该工程依法拍卖。建设工程的价款就该工程折价或者拍卖的价款优先受偿。

5.1.3　律师说法

（1）发包人和承包人必须在合同中有完整的明确的约定。

发包人与承包人约定的表述一般为“发包人在收到竣工结算文件后 28 天进行审核，逾期不答复的，视为认可竣工结算文件”，或者类似表述，具体审核期限是 28 天还是其他时间，由当事人商定，但必须是具体的天数。在合同的结算条款中仅约定“按国家规定执行”或者类似约定的，因其约定不明确，不能适用“以送审价为准”的原则。但是如果当事人明确约定适用《建筑工程施工发包与承包计价管理办法》和《建设工程价款结算暂行办法》的，可以适用“以送审价为准”的原则。《建筑工程施工发包与承包计价管理办法》第十六条规定：“发包方应当在收到竣工结算文件后的约定期限内予以答复。逾期未答复的，竣工结算文件视为已被认可。发承包双方在合同中对上述事项的期限没有约定的，可认为其约定期限均为 28 日。”《建设工程价款结算暂行办法》第十六条规定：“发包人收到竣工结算报告及完整的结算资料后，在本办法规定或合同约定期限内，对结算报告及资料没有提出意见，则视同认可。”第十四条规定：“建设项目竣工总结算在最后一个单项工程竣工结算审查确认后 15 天内汇总，送发包人后 30 天内审查完成。”这两个法律文件中均有审查期限和不予答复后果的明确规定，因此，可以适用“以送审价为准”的原则。

（2）发包人收到竣工结算文件。

发包人收到竣工结算文件的举证责任在承包人，因此，承包人必须编制好竣工结算文件并送发包人签收。竣工结算文件应当完整、真实，包括全部能够反映工程计价依据和工程计量的书面材料，根据承包人提交的竣工结算文件，能够计算出工程总造价。

竣工结算文件编制完成后，提交发包人，必须要有发包人的有效签收，签章人应当是发包人的法定代表人或者合同中约定的工程师、项目经理，这是关键，也是比较难操作的地方。

（3）约定的审价期届满。

“以送审价为准”给予了发包人一个月的审核期，只有过了这个审核期，承包人提交发包人的竣工结算文件才发生无可争议的法律效力，因此承包人需要注意的是，在约定的期限届满前不要急于向发包人催款，否则发包人在得到“提醒”后，做出答复，竣工结算即进入异议程序，承包人提交的竣工结算文件失去了强制结算的效力，发包人借此达到了拖延支付工程款的目的。

（4）发包人不予答复。

不予答复是指发包人收到竣工结算文件后，在约定期限内，既不明确表示认可，也不提出异议，没有任何回复。如果发包人在收到文件后要求承包人补充竣工结算材料或者要求对账，那么可以视为发包人进行了“答复”，不能适用“以送审价为准”的原则。因为竣工结算资料的完整性和真实性是进行竣工结算工程价款审核的基础，发包人对承包人提交竣工结算材料的异议实际上是对竣工结算价款异议的一种方式，双方都有核实的义务。

（5）审价期满承包人及时发出催款函。

审价期届满，发包人不予答复的，承包人应当及时向发包人发出竣工结算价以送审价为准的催款函。

5.2　合同无效结算法律风险防范

5.2.1　概述

无效合同是指已成立，因欠缺法定有效要件，在法律上确定地当然自始不发生法律效力的合同。

根据《中华人民共和国合同法》第五十二条的规定，有下列情形之一的，合同无效：（一）一方以欺诈、胁迫的手段订立合同，损害国家利益；（二）恶意串通，损害国家、集体或者第三人利益；（三）以合法形式掩盖非法目的；（四）损害社会公共利益；（五）违反法律、行政法规的强制性规定。

依据《最高人民法院关于审理建设工程施工合同纠纷案件适用法律问题的解释》（以下简称《司法解释》）第一条、第四条的规定，有以下几种情况可能导致建设工程施工合同无效。

（1）承包人未取得建设工程施工企业资质或者超越资质等级的建设工程施工合同无效。

根据《建筑业企业资质管理规定》，建筑业企业资质分为施工总承包、专业承包和劳务分包三个序列。施工总承包资质、专业承包资质、劳务分包资质序列按照工程性质和技术特点分别划分为若干资质类别。各资质类别按照规定的条件划分为若干资质等级，承包人承包工程应当具备相应的资质。承包人未取得建设工程施工企业资质或者超越资质等级的建设工程施工合同无效。

（2）没有资质的实际施工人借用有资质的建设工程施工企业名义的建设工程施工合同

无效。

鉴于没有法定资质的单位或个人以挂靠、联营、内部承包等形式使用有法定资质的建设工程施工企业名义与发包单位签订的建设工程施工合同的情况时有发生，《中华人民共和国建筑法》（以下简称《建筑法》）对此做了禁止性的规定。

根据《建筑法》第二十六条的规定，承包建设工程的单位应当持有依法取得的资质证书，并在其资质等级许可的业务范围内承揽工程。禁止建设工程施工企业超越本企业资质等级许可的业务范围或者以任何形式用其他建设工程施工企业的名义承揽工程。禁止建设工程施工企业以任何形式允许其他单位或者个人使用本企业的资质证书、营业执照，以本企业的名义承揽工程。

《司法解释》也明确规定，没有资质的实际施工人借用有资质的建设工程施工企业名义的，所签署的建设工程施工合同无效。

（3）建设工程必须进行招标而未招标或者中标无效的建设工程施工合同无效。

根据《中华人民共和国招标投标法》的规定，在中华人民共和国境内进行下列工程建设项目，包括项目的勘察、设计、施工、监理以及与工程建设有关的重要设备、材料等的采购，必须进行招标：（一）大型基础设施、公用事业等关系社会公共利益、公众安全的项目；（二）全部或者部分使用国有资金投资或者国家融资的项目；（三）使用国际组织或者外国政府贷款、援助资金的项目。

为了明确上述必须进行招标项目的范围，国家发展计划委员会发布了《工程建设项目招标范围和规模标准规定》，对必须进行招标的工程建设项目的具体范围和规模标准做了非常具体的规定。

此外，《中华人民共和国招标投标法》还规定了数种中标无效的情况。根据《司法解释》的规定，建设工程如果必须进行招标而出现中标无效的情况的，所签署的建设工程施工合同无效。可能出现中标无效的情况主要有以下情形：

①招标代理机构违反本法规定，泄露应当保密的与招标投标活动有关的情况和资料的，或者与招标人、投标人串通损害国家利益、社会公共利益或者他人合法权益，影响中标结果的，中标无效。

②依法必须进行招标的项目的招标人向他人透露已获取招标文件的潜在投标人的名称、数量或者可能影响公平竞争的有关招标投标的其他情况的，或者泄露标底，影响中标结果的，中标无效。

③投标人相互串通投标或者与招标人串通投标的，投标人以向招标人或者评标委员会成员行贿的手段谋取中标的，中标无效。

④投标人以他人名义投标或者以其他方式弄虚作假，骗取中标的，中标无效。

⑤依法必须进行招标的项目，招标人违反本法规定，与投标人就投标价格、投标方案等实质性内容进行谈判，影响中标结果的，中标无效。

⑥招标人在评标委员会依法推荐的中标候选人以外确定中标人的，依法必须进行招标的项目在所有投标被评标委员会否决后自行确定中标人的，中标无效。

（4）承包人非法转包、违法分包建设工程的建设工程施工合同无效。

根据《建设工程质量管理条例》的规定，违法分包，是指下列行为：（一）总承包单位将建设工程分包给不具备相应资质条件的单位的；（二）建设工程总承包合同中未有约定，又未经建设单位认可，承包单位将其承包的部分建设工程交由其他单位完成的；（三）施工总承包单位将建设工程主体结构的施工分包给其他单位的；（四）分包单位将其承包的建设工程再分包的。

根据《建设工程质量管理条例》的规定，转包是指承包单位承包建设工程后，不履行合同约定的责任和义务，将其承包的全部建设工程转给他人或者将其承包的全部建设工程肢解以后以分包的名义分别转给其他单位承包的行为。

《建筑法》对于转包、分包有非常明确和具体的规定。根据《建筑法》第二十八条的规定，禁止承包单位将其承包的全部建设工程转包给他人，禁止承包单位将其承包的全部建设工程肢解以后以分包的名义分别转包给他人。

《建筑法》第二十九条规定了特定情况下的分包。建设工程总承包单位可以将承包工程中的部分工程发包给具有相应资质条件的分包单位；但是，除总承包合同中约定的分包外，必须经建设单位认可。施工总承包的，建设工程主体结构的施工必须由总承包单位自行完成。建设工程总承包单位按照总承包合同的约定对建设单位负责，分包单位按照分包合同的约定对总承包单位负责。总承包单位和分包单位就分包工程对建设单位承担连带责任。禁止总承包单位将工程分包给不具备相应资质条件的单位，禁止分包单位将其承包的工程再分包。

《中华人民共和国合同法》对于转包和分包也做了明确的规定。《中华人民共和国合同法》第二百七十二条规定，总承包人或者勘察、设计、施工承包人经发包人同意，可以将自己承包的部分工作交由第三人完成。第三人就其完成的工作成果与总承包人或者勘察、设计、施工承包人向发包人承担连带责任。承包人不得将其承包的全部建设工程转包给第三人或者将其承包的全部建设工程肢解以后以分包的名义分别转包给第三人。禁止承包人将工程分包给不具备相应资质条件的单位，禁止分包单位将其承包的工程再分包。建设工程主体结构的施工必须由承包人自行完成。

为了贯彻实施上述法律，《司法解释》规定，凡是承包人非法转包、违法分包建设工程的建设工程施工合同，一律无效。

5.2.2 典型案例

于福贵与山东安泰建工有限公司、山东安泰建工有限公司潍坊分公司等建设工程施工合同纠纷案（一审法院：山东省潍坊市中级人民法院；二审法院：山东省高级人民法院）。

关键词：合同无效；工程款。

5.2.2.1 案情简介

青州经济开发区管理委员会（以下简称开发区管委会）经招标选定山东安泰建工有限公司（以下简称安泰公司）承建山东省民族中专新校建设工程，双方于 2011 年 11 月 14 日签订《青州市工程招标施工合同》一份，约定了承包范围、承包方式等内容，并约定该工程不得分包。

山东安泰建工有限公司潍坊分公司（以下简称安泰潍坊公司）系安泰公司的分公司。2013 年 3 月 13 日，安泰潍坊公司与于福贵签订《建设工程施工合同》一份，约定由于福贵包工包料进行山东省民族中专新校区的三栋宿舍楼和一栋后勤楼的土建、装饰、安装等部分的施工。

上述合同签订后，于福贵组织人员进行了施工。施工过程中安泰公司将于福贵施工范围内的部分内容甩项分包给案外人进行施工。

后因工程款结算发生纠纷，于福贵诉至法院，请求认定其与安泰潍坊公司签订的《建设工程施工合同》无效，依法判令安泰公司、安泰潍坊公司、开发区管委会支付拖欠的工程款 14821793 元，由三被告承担本案的诉讼、鉴定、保全费用。安泰公司提起反诉，请求判令于福贵返还超付的工程款 200 万元。

5.2.2.2　争议焦点

（1）《建设工程施工合同》的主体及效力问题。

一审法院认为：第一，依据《中华人民共和国公司法》第十四条的规定，公司可以设立分公司。设立分公司，应当向公司登记机关申请登记，领取营业执照。分公司不具有法人资格，其民事责任由公司承担。本案中 2013 年 3 月 13 日的《建设工程施工合同》虽系安泰潍坊公司与于福贵所签订，但安泰潍坊公司系安泰公司的分公司，且不具有法人资格，不能作为上述施工合同中的责任主体，应认定安泰公司和于福贵系上述施工合同的主体。

第二，依据《最高人民法院关于审理建设工程施工合同纠纷案件适用法律问题的解释》第一条第一项的规定，承包人未取得建筑施工企业资质或者超越资质等级的，应认定建设工程施工合同无效。本案中安泰公司将其承包工程的一部分交由于福贵进行施工，因于福贵系不具备施工企业资质的自然人，且该约定违反了开发区管委会与安泰公司之间关于招标施工合同不允许分包的约定，故双方 2013 年 3 月 13 日签订的《建设工程施工合同》应认定为无效。

（2）涉案工程的造价及工程款的支付问题。

一审法院认为：第一，依据《最高人民法院关于审理建设工程施工合同纠纷案件适用法律问题的解释》第十三条的规定，建设工程未经竣工验收，发包人擅自使用后，又以使用部分质量不符合约定为由主张权利的，不予支持。本案中由于福贵施工的涉案工程已于 2013 年 9 月 1 日交付使用，应视为安泰公司已经认可了涉案工程的质量，故应向于福贵支付工程款。

第二，依据《最高人民法院关于审理建设工程施工合同纠纷案件适用法律问题的解释》第二十二条的规定，当事人约定按照固定价结算工程价款，一方当事人请求对建设工程造价进行鉴定的，不予支持。本案中，于福贵与安泰公司约定的是所建设工程按固定价款方式进行结算，而于福贵要求对其施工的全部涉案工程进行鉴定，而未要求仅对因设计变更导致工程量增加的部分申请鉴定，其该项主张没有事实及法律依据，不予支持。依据《最高人民法院关于审理建设工程施工合同纠纷案件适用法律问题的解释》第二条的规定，建设工程施工合同无效，但建设工程经竣工验收合格，承包人请求参照合同约定支付工程价款的，应予以支持，故双方应按照约定的工程款计价方式进行结算。

第三，依据双方当事人约定的计价方式及双方均认可的施工面积，应认定于福贵完成施工的工程造价为 43978093 元。各方当事人均认可安泰公司已向于福贵支付的款项共计

45178215.94 元。故对于福贵主张支付工程欠款的诉讼请求，不予支持。对安泰公司所诉于福贵应返还超付部分工程欠款的反诉请求，因另有于福贵所完成设计变更部分的工程量在本案中无法确定，故无法最终确定安泰公司应向于福贵付款的实际数额，也无法确定双方间的实际欠款情况，故在本案中安泰公司要求于福贵返还超付的工程欠款的反诉请求，证据不足，不予支持。

于福贵认为：第一，一审判决事实认定不清。我方提交了《山东民族中等专业学校宿舍楼后勤楼工程结算书》作为确定工程价款的证据，一审法院未进行事实查明。我方在开庭过程中要求对整个工程进行工程造价鉴定并提交了上述结算书作为鉴定证据，但是一审法院未对此事项予以查明。一审法院未对双方签订《建设工程施工合同》的实际日期予以查明。一审法院仅对涉案双方履行施工合同的时间做出认定，即认定双方自 2012 年 2 月即开始履行涉案施工合同约定的相关义务，未查明《建设工程施工合同》的实际签订日期。这对于查明争议事项至关重要，一审法院未予以查明。

第二，一审判决法律适用错误。首先，《建设工程施工合同》无效，承包人不同意按照原合同约定支付工程价款，一审法院依据《最高人民法院关于审理建设工程施工合同纠纷案件适用法律问题的解释》第二十二条做出判决，适用法律错误。一审法院对法律的理解和适用上有偏差，第二十二条的规定是在合同有效的前提下予以适用。本案中，建设工程合同是自始无效的，关于工程款计价条款当然是无效的。当事人可以请求对全部涉案工程造价进行鉴定，并依照工程实际造价进行工程款的支付。依照《司法解释》第二条的规定，承包人享有可以选择的权利，并且此处规定的是参照合同约定支付工程价款，而非按照。这就意味着承包人未请求参照合同约定支付工程价款时，法院不应当自行选择按照合同约定的价款要求被上诉人支付工程价款。本案并非承包人请求参照合同约定支付工程价款，完全不能适用此条款。其次，建设工程完成并经被上诉人默认合格以后，承包人的履行行为已固化于建设工程中，无法予以返还，因此，应当由被上诉人折价予以补偿。我国立法及学理通说认为合同无效后，原来基于合同所发生的物权变动当然地丧失其基础，发生物权变动的回转。此时的返还财产请求权是属于物权性质的物权请求权。唯于原物不存在或已无法返还的场合，转变为不当得利的返还。所谓返还财产，仅具有债权的效力。因此，这种折价补偿并非合同上的责任，而是被上诉人对承包人的工作成果的取得没有法律或合同上的依据，其实质是一种不当得利的法律关系。故承包人于福贵有权请求被上诉人折价返还不当得利。安泰公司、安泰潍坊公司为恶意不当得利人，除了按照实际工程造价支付工程价款外，还应当就我方的损失进行赔偿。最后，《建设工程施工合同》约定的价格显失公平，一审法院应当参照《最高人民法院关于适用中华人民共和国合同法若干问题的解释（二）》（以下简称《解释（二）》）第十九条的规定，认定《建设工程施工合同》约定的价格为“明显不合理的低价”。因安泰潍坊公司采用欺诈的方式与我方约定工程价款，加之我方缺乏经验，导致我方对工程的施工出现了严重的权利、义务失衡和显失公平，严重损害了我方作为实际施工人的权益，不应作为建设工程合同价款支付的依据。根据潍坊邦正工程咨询有限公司依法出具的结算书，该工程的实际造价为 1959.48 元/平方米，而涉案合同约定仅为 1200 元/平方米，合同造价只有实际造价的 61.24%，远远低于上述《解释（二）》第十九条规定的 70%的界限，合同显失公平，不具有参照适用的效力。同时，安泰潍坊公司在合同中还单方面确定了钢材和商混的价格，给我方增加了 150 万元的成本。此外，安泰潍坊公司还拒绝履行变更签证，致使我方损失 100 万余元。

第三，一审判决程序错误，法院不支持我方进行工程造价鉴定的申请违反民诉法有关规定。涉案合同无效，并且承包人不同意适用合同约定的显失公平的价格进行工程款的结算，因此合同价款的确定失去了依据，法院只能够也唯一能够通过工程造价鉴定的方式做出公平合理的判决。《最高人民法院关于适用〈中华人民共和国民事诉讼法〉的解释》第一百二十一条规定，当事人申请鉴定，可以在举证期限届满前提出。申请鉴定的事项与待证事实无关联，或者对证明待证事实无意义的，人民法院不予准许。而在此案中，明确合法的工程造价依据至关重要，不进行鉴定就无法做出公正合理的判决。因此，法院应当支持我方关于工程造价鉴定的申请。我方一审时提交了由潍坊邦正工程咨询有限公司依法出具的结算书作为确定工程造价的证据，法院未对其进行质证，违反了程序法的要求。

二审法院认为：第一，《最高人民法院关于审理建设工程施工合同纠纷案件适用法律问题的解释》第二条规定，建设工程施工合同无效，但建设工程经竣工验收合格，承包人请求参照合同约定支付工程价款的，应予支持。2013 年 3 月 13 日于福贵与安泰潍坊公司签订的《建设工程施工合同》约定明确，是按固定价即“宿舍楼按 1200 元/平方米结算，后勤楼按 1270 元/平方米结算”。合同虽然无效，但于福贵仍可据此要求支付工程价款。于福贵二审提交的新证据与 2013 年 3 月 13 日《建设工程施工合同》并不矛盾。但于福贵申请对全部工程造价进行鉴定，主张应依据鉴定结论作为认定涉案工程价款的依据，缺乏合同依据和法律依据，本院不予支持。

第二，上诉人于福贵主张《建设工程施工合同》约定的价格显失公平，认为应当参照《最高人民法院关于适用中华人民共和国合同法若干问题的解释（二）》第十九条的规定，认定《建设工程施工合同》约定的价格为“明显不合理的低价”。但由于上述解释是针对《中华人民共和国合同法》第七十四条的规定所作，是对“明显不合理的低价”如何认定的具体化，而《中华人民共和国合同法》第七十四条是关于“因债务人放弃其到期债权或者无偿转让财产，对债权人造成损害的，债权人可以请求人民法院撤销债务人的行为”的规定，其中“以明显不合理的低价转让财产”是作为撤销的事由规定的。本案是建设工程施工合同纠纷，是对工程造价的认定发生争议，不符合上述法律规定的适用条件，上诉人于福贵请求参照适用，本院不予支持。

第三，一审法院不支持于福贵进行工程造价鉴定的申请符合法律规定，一审法院程序并无不当。《最高人民法院关于审理建设工程施工合同纠纷案件适用法律问题的解释》第二十二条明确规定，当事人约定按照固定价结算工程价款，一方当事人请求对建设工程造价进行鉴定的，不予支持。涉案合同虽然无效，但不影响当事人参照合同约定结算工程价款。于福贵申请通过鉴定依照定额等作为认定工程价款的依据，缺乏法律依据和合同依据。

5.2.2.3　裁判要点

本案中，安泰公司将其承包工程的一部分交由于福贵进行施工，因于福贵系不具备施工企业资质的自然人，且该约定违反了开发区管委会与安泰公司之间关于招标施工合同不允许分包的约定，故双方 2013 年 3 月 13 日签订的《建设工程施工合同》应认定为无效。建设工程施工合同无效，但建设工程经竣工验收合格，承包人请求参照合同约定支付工程价款的，应予支持。

5.2.2.4 相关法条

《最高人民法院关于审理建设工程施工合同纠纷案件适用法律问题的解释》（2004 **年颁布**）

第一条 建设工程施工合同具有下列情形之一的，应当根据合同法第五十二条第（五）项的规定，认定无效：

（一）承包人未取得建筑施工企业资质或者超越资质等级的；

（二）没有资质的实际施工人借用有资质的建筑施工企业名义的；

（三）建设工程必须进行招标而未招标或者中标无效的。

第二条 建设工程施工合同无效，但建设工程经竣工验收合格，承包人请求参照合同约定支付工程价款的，应予支持。

第四条 承包人非法转包、违法分包建设工程或者没有资质的实际施工人借用有资质的建筑施工企业名义与他人签订建设工程施工合同的行为无效。人民法院可以根据民法通则第一百三十四条规定，收缴当事人已经取得的非法所得。

第二十二条 当事人约定按照固定价结算工程价款，一方当事人请求对建设工程造价进行鉴定的，不予支持。

5.2.3 律师说法

《中华人民共和国合同法》第五十八条规定：合同无效或者被撤销后，因该合同取得的财产，应当予以返还；不能返还或者没有必要返还的，应当折价补偿。对于施工合同而言，发包人因无效合同取得的财产是在建工程或者已经竣工的房屋，而土地使用权属于发包人，因此，发包人是无法返还在建工程或已经竣工的房屋的，发包人只能通过折价的方式补偿承包人。从建设工程施工合同的实际履行情况看，当合同被确认无效后，有两种折价补偿方式：一是以工程定额为标准，通过鉴定确定建设工程价值，考虑到目前我国建筑市场的实际情况，有的发包人签订合同时往往把工程价款压得很低，如果合同被确认无效还按照该方案折价补偿，将会造成无效合同比有效合同的工程价款还高，这超出了当事人签订合同的预期；二是参照合同约定结算工程价款，这种折价补偿的方式符合双方当事人在订立合同时的真实意思。

《最高人民法院关于审理建设工程施工合同纠纷案件适用法律问题的解释》第二条规定："建设工程施工合同无效，但建设工程经竣工验收合格，承包人请求参照合同约定支付工程价款的，应予支持。"第三条规定："建设工程施工合同无效，且建设工程经竣工验收不合格的，按照以下情形分别处理：（一）修复后的建设工程经竣工验收合格，发包人请求承包人承担修复费用的，应予支持；（二）修复后的建设工程经竣工验收不合格，承包人请求支付工程价款的，不予支持。因建设工程不合格造成的损失，发包人有过错的，也应承担相应的民事责任。"根据上述规定，《最高人民法院关于审理建设工程施工合同纠纷案件适用法律问题的解释》将无效施工合同的结算方法分为两种情况。一种情况为质量合格的结算方法：参照合同约定进行结算。另一种情况为质量不合格的结算方法：修复后质量合格的，参照约定进行结算，但承包人应承担修复费用；修复后质量仍不合格的，承包人无权请求支付工程价款。

5.3　工程造价司法鉴定法律风险防范

5.3.1　概述

工程造价司法鉴定是指依法取得有关工程造价司法鉴定资格的鉴定机构和鉴定人受司法机关或当事人委托，依据国家的法律、法规以及中央和省、自治区及直辖市等地方政府颁布的工程造价定额标准，针对某一特定建设项目的施工图纸及竣工资料来计算和确定某一工程价值并提供鉴定结论的活动。当事人约定按照固定价结算工程价款，一方当事人请求对建设工程造价进行鉴定的，不予支持。

5.3.2　典型案例

广西建工集团第一建筑工程有限责任公司与北海市路港建设投资开发有限公司、北海市高昂交通建设有限责任公司清算组建设工程施工合同纠纷案（一审法院：北海市海城区人民法院；二审法院：北海市中级人民法院）。

关键词：造价鉴定；工程款。

5.3.2.1　案情简介

2009 年 12 月 10 日，北海市高昂交通建设有限责任公司（以下简称高昂公司）向广西建工集团第一建筑工程有限责任公司（以下简称建工集团一建公司）出具一份“承诺书”，承诺无论北海冠岭山庄项目是公开招标、邀请招标，还是直接发包，建工集团一建公司如是前三家中标单位，高昂公司同意优先考虑为中标施工单位。后北海冠岭山庄项目工程没有公开招标。建工集团一建公司与高昂公司于 2010 年 12 月 18 日补签了《建设工程施工合同》，约定建工集团一建公司承包的工程内容为施工便道工程。

工程已完工并交付使用，建工集团一建公司于 2010 年 1 月 11 日形成了冠岭项目 3 号路、4 号路施工便道工程竣工结算资料，结算总价为 1114927.10 元；2010 年 1 月 29 日又形成了冠岭项目 1 号路、2 号路施工便道工程竣工结算资料，结算总价为 1727109.14 元，高昂公司及建工集团一建公司分别盖章作了确认。

后高昂公司由北海市路港建设投资开发有限公司（以下简称路港公司）接管，2012 年 4 月 19 日，路港公司成立高昂公司清算组并报北海市工商局备案。

一审法院根据双方当事人的申请，委托广西公立天辰工程造价咨询有限公司作为鉴定评估机构对涉案工程的工程量和造价进行鉴定评估，鉴定机构于 2015 年 11 月 20 日做出“工程造价鉴定报告书”，北海冠岭项目一期 1＃、2＃、3＃、4＃路施工便道工程鉴定值为 2698125.54 元。

因工程款结算纠纷，建工集团一建公司以路港公司、高昂公司清算组为被告提起诉讼，请求判令路港公司支付工程款 2342036.51 元及逾期付款违约金 1285289.6 元。

5.3.2.2 争议焦点

(1)《建设工程施工合同》是否合法有效。

一审法院认为：建工集团一建公司与高昂公司 2010 年 12 月 18 日签订的《建设工程施工合同》虽然是双方自愿签订的，但该工程没有进行招投标，违反了法律强制性规定，该《建设工程施工合同》无效。

路港公司、高昂公司清算组认为：认定合同无效错误，一审判决结果不合法。本案双方补签的《建设工程施工合同》虽然没有进行招投标，但其不违反法律强制性规定，是合法有效的合同，一审判决适用法律错误。

建工集团一建公司认为：由于涉案工程属于财政性投资，根据《招投标管理办法》《广西壮族自治区建设工程施工招投标管理条例》《房屋建筑和市政工程招投标管理办法》的规定，市政工程单项合同估算价在 200 万以上的必须进行招投标程序，依据《最高人民法院关于审理建设工程施工合同纠纷案件适用法律问题的解释》第一条第三款有关建设工程必须进行招标而未招标或者中标无效等规定，一审法院认定合同无效是正确的。

二审法院认为：根据《中华人民共和国招标投标法》第三条第一款的规定，在中华人民共和国境内进行下列工程建设项目包括项目的勘察、设计、施工、监理以及与工程建设有关的重要设备、材料等的采购，必须进行招标：（二）全部或者部分使用国有资金投资或者国家融资的项目。本案中，高昂公司作为业主发包给建工集团一建公司施工的北海冠岭山庄项目一期后勤管理中心、网球场等大型土石方回填工程，系北海市人民政府财政拨款投资项目，按照上述法律规定，应该公开进行招投标。但为赶工期特事特办，涉案工程并未经过招投标程序，根据《最高人民法院关于审理建设工程施工合同纠纷案件适用法律问题的解释》第一条："建设工程施工合同具有下列情形之一的，应当根据合同法第五十二条第（五）项的规定，认定无效：（三）建设工程必须进行招标而未招标或者中标无效的"规定，高昂公司与建工集团一建公司于 2010 年 12 月 18 日补签的《建设工程施工合同书》无效。

(2) 广西公立天辰工程造价咨询有限公司做出的"工程造价鉴定报告书"能否作为定案的依据。

建工集团一建公司认为：广西公立天辰工程造价咨询有限公司做出的"工程造价鉴定报告书"应当作为定案依据。

路港公司、高昂公司清算组认为："工程造价鉴定报告书"以原有资料做出的鉴定与北海市政府投资审计中心做出的审计结果相冲突，与实际施工数据不吻合，"工程造价鉴定报告书"做出的审计结论不能作为定案的依据。

一审法院认为：广西公立天辰工程造价咨询有限公司做出的"工程造价鉴定报告书"是通过公开摇球方式选定并委托广西公立天辰工程造价咨询有限公司作为鉴定评估机构，程序合法，且鉴定机构对工程量数据的确定均来自三方签字确认的《完成工程量清单》《工程量申报表》《工程量申报记录》《现场收方记录》《工程签证单》，形式上也合法。路港公司认为"工程造价鉴定报告书"以原有资料做出的鉴定与北海市政府投资审计中心做出的审计结果相冲突，与实际施工数据不吻合否定"工程造价鉴定报告书"的结论，不予采纳。广西公立天辰工程造价咨询有限公司做出的“工程造价鉴定报告书”应当作为本案定案的依据。

二审法院认为：目前并未有法律规定财政性投资建设项目必须强制审计，且《广西壮族自治区预算执行情况审计监督办法》第五条关于“财政性资金投资要接受审计”的规定，目的是监管国有资产的预算执行情况，并不能约束与之发生民事关系的相对方。而审计机构做出审计结论的数额远低于司法鉴定的数额，是因为缺少《建设工程施工合同》《验收报告》和《竣工图》等相关材料，但上述材料、手续不完备的原因是高昂公司仓促催赶工所造成的，不能将其后果转嫁给被上诉人建工集团一建公司承担。广西公立天辰工程造价咨询有限公司做出的“工程造价鉴定报告书”是以高昂公司与被上诉人共同盖章确认的竣工结算材料为基础，以建设方、施工方、监理方盖章《工程签证单》《工程计量申报表》《收方记录》等为依据计算工程量，按定额计算工程造价，并注明施工程序、施工合同及结算资料有瑕疵不影响本鉴定的计价，因此，该鉴定结论程序合法，鉴定方法客观合理。上诉人路港公司对该鉴定报告并未提出实质性反驳意见，也未申请鉴定人出庭接受质询，又未书面提出申请重新鉴定，故上诉人主张以审计报告计算工程款不能成立，本案应以“工程造价鉴定报告书”的结论作为双方当事人确定结算工程款的依据。

（3）建工集团一建公司的诉求应否处理。

一审法院认为：广西公立天辰工程造价咨询有限公司做出的北海冠岭项目一期 1＃、2＃、3＃、4＃路施工便道工程鉴定值为 2698125.54 元，减除已收取的 50 万元工程款后，建工集团一建公司尚有工程款 2198125.54 元没有领取。冠岭项目一期 1＃、2＃、3＃、4＃路施工便道工程发包方虽然是高昂公司，但从 2010 年 12 月 8 日起高昂公司的人财物及其所属业务整体划归路港公司，依据《中华人民共和国公司法》第一百七十四条：“公司合并时，合并各方的债权、债务，应当由合并后存续的公司或者新设的公司承继”的规定，路港公司承继了高昂公司的权利与义务，应当对高昂公司的债务承担责任。建工集团一建公司请求路港公司承担支付工程款，依法有据，应予支持。驳回建工集团一建公司对高昂公司清算组的诉讼请求。建工集团一建公司与高昂公司签订的《建设工程施工合同》无效，建工集团一建公司主张违约金缺乏事实依据，不予支持，但路港公司没有及时清偿工程款，应当按中国人民银行同期贷款利率，以应支付工程欠款金额 2198125.54 元为计算基数，从 2010 年 1 月 11 日建工集团一建公司与高昂公司形成北海冠岭项目一期 1＃、2＃、3＃、4＃路施工便道工程竣工结算的次日即 2010 年 1 月 12 日起算支付资金占用利息至本判决确定还款之日止给付建工集团一建公司。

路港公司、高昂公司清算组认为：上诉人路港公司与被上诉人建工集团一建公司没有直接的施工合同关系，路港公司没有与高昂公司合并，高昂公司的主体资格没有被注销，一审判决由上诉人支付被上诉人工程款没有事实和法律依据。①《建设工程施工合同》是被上诉人与高昂公司补签的，而不是与上诉人签订的，被上诉人只能向高昂公司主张债权。②上诉人未与高昂公司合并，高昂公司只是被吊销执照，正在清算中，但主体资格是独立存在的，没有被注销，高昂公司应以其财产承担责任。③高昂公司的财产未划归上诉人所有，上诉人无须为其债务承担责任，被上诉人主张权利对象错误。北海市国资委《关于高昂公司划归路港公司管理的通知》规定：“自下文之日起，高昂公司的人、财、物及其所属业务整体划归路港公司管理；路港公司接管高昂公司后，暂时参照子公司的模式进行管理”。现国资委只把高昂公司的管理权划归路港公司行使，子公司为享有独立法人资格的民事主体，同样享有独立的法人财产权，其债务按法律规定也是以其所有的财产来进行承担。

一审判决上诉人支付利息没有合同依据和事实依据。①根据《中华人民共和国合同法》第六十七条的规定，被上诉人提供的结算资料不完整，履行债务不符合约定，高昂公司有权拒绝其支付工程款的请求，直到被上诉人按约定提供完整的竣工结算资料为止。因被上诉人履行债务不符合约定，其不享有通用条款第 33.3 条规定的权利，不能请求支付利息，况且被上诉人在起诉时请求支付的是违约金不是利息，一审判决上诉人支付利息超越被上诉人的诉讼请求。②结算资料应经审计才能确定工程款数额。按双方约定，应由被上诉人提供完整的竣工结算资料，再由高昂公司提交给北海市政府投资审计中心进行审计，以审计结论作为确定工程款数额的依据，不是只提交结算资料就应支付工程款。③一审判决认定合同无效，引用相关合同条款来判决支付利息自相矛盾。

建工集团一建公司认为：北海冠岭山庄系北海市人民政府出资采取非常措施特事特办的项目，高昂公司将涉案工程前期三通一平发包给被上诉人建工集团一建公司施工，在被上诉人一直要求完善手续的情况下，上诉人出具承诺书，要求被上诉人先行开工，有关手续后补。被上诉人组织人工设备加班施工，勉强按政府要求完成了任务。由于高昂公司及路港公司均为政府出资设立的国有独资公司，高昂公司营业期限届满后，政府将高昂公司人、财、物划归路港公司，路港公司接收后分批支付部分工程款，本案审理过程中即 2016 年 2 月，路港公司仍支付了 28 万元的涉案工程款。一审法院根据《中华人民共和国公司法》的有关规定，认定两个公司属于事实上的合并，高昂公司的债务应由路港公司来承担是正确的。

工程款需经财政评审的条款仅仅是高昂公司出具的承诺书第 6 条显示，如被上诉人没有中标，开标前的工程进度借款和余额经财政评审中心审定后造价为准结清；而后高昂公司与被上诉人签订的《建设工程施工合同》第 33.1 条约定，由发包人委托具有相应造价咨询资质机构审核，没有约定涉案工程必须经过财政评审中心进行审计才能确认工程款。本案合同双方均属于平等的民事主体，不能因为一方是国有公司就强压给另一方接受财政审计，财政评审不是双方约定的必经程序。正是由于涉案工程经过财政评审得出初步评审结论后，双方对初步审计结果均提出了大量异议，没有答复后被上诉人才提起诉讼。鉴定机构是依据双方提交的经过当庭质证的证据进行的鉴定，鉴定报告程序合法。审计机关认为没有提交其所要求的资料，过错不在被上诉人，而在于上诉人。

二审法院认为：北海市人民政府国有资产监督管理委员会印发北国贸发（2010）71 号文件载明：“自下文之日起，高昂公司的人、财、物及其所属业务整体划归路港公司管理，路港公司接管高昂公司后，由路港公司法定代表人兼任高昂公司法定代表人，暂时参照子公司模式进行管理。”根据上述文件精神，目前高昂公司正在清算，公司财产划归路港公司，路港公司法定代表人兼任高昂公司法定代表人，路港公司对高昂公司有财产管理权和支配权。由于路港公司与高昂公司人员、财产混同，因此，高昂公司的对外债务即建工集团一建公司主张拖欠的工程款应由高昂公司清算组和路港公司共同支付。

鉴定报告显示，北海冠岭项目一期 1＃、2＃、3＃、4＃路施工便道工程鉴定值为 2698125.54 元，扣除支付的 50 万元工程款后，路港公司及高昂公司清算组应继续向被上诉人建工集团一建公司支付尚欠的工程款 2198125.54 元。

高昂公司与被上诉人建工集团一建公司在合同中约定了逾期支付工程款的违约责任，即支付违约金和支付利息两种方式，因双方签订的《建设工程施工合同书》无效，故该约定亦属无效条款。但根据《最高人民法院关于审理建设工程施工合同纠纷案件适用法律问题的解释》第十七条的规定，工程款利息是法定孳息，是货币因法律关系或者交易关系应得的收益，属于工程价值的组成部分，不因建设工程施工合同的无效而丧失。因此，路港公司及高昂公司清算组应支付被上诉人建工集团一建公司工程欠款的利息。又根据《最高人民法院关于审理建设工程施工合同纠纷案件适用法律问题的解释》第十八条的规定，以及参照双方签订的《建设工程施工合同书》"结算经审定双方确认之日起 7 天内工程款支付至结算总价的 100%；工程竣工验收合格之日起 28 天内承包人提交工程竣工结算报告给发包人，发包人自收到承包人提交的工程竣工结算报告及工程竣工结算资料之日起 28 天内结束审核确认，在该 28 天内审核确认没有结果的，视为同意承包人的工程竣工结算报告及结算资料"的约定，涉案工程被上诉人建工集团一建公司于 2010 年 1 月 11 日、1 月 29 日向高昂公司提交竣工结算资料并交付工程，高昂公司在 28 天后并未给出结果，应视为同意被上诉人建工集团一建公司的结算，故应付工程款的时间确定为 2010 年 2 月 16 日、3 月 5 日，利息也应从该日起算，但被上诉人建工集团一建公司一审起诉主张从 2010 年 5 月 27 日起支付利息，并不违反法律规定，本院予以支持。因此，路港公司及高昂公司清算组应向被上诉人建工集团一建公司支付尚欠的工程款的利息，以本金 2198125.54 元为基数，按照中国人民银行发布的同期同类贷款利率为标准，从 2010 年 5 月 27 日起计至欠款清偿之日止。

5.3.2.3　裁判要点

广西公立天辰工程造价咨询有限公司做出的"工程造价鉴定报告书"是以高昂公司与被上诉人共同盖章确认的竣工结算材料为基础，以建设方、施工方、监理方盖章《工程签证单》《工程计量申报表》《收方记录》等为依据计算工程量，按定额计算工程造价，并注明施工程序、施工合同及结算资料有瑕疵不影响本鉴定的计价，因此，该鉴定结论程序合法，鉴定方法客观合理。上诉人路港公司对该鉴定报告并未提出实质性反驳意见，也未申请鉴定人出庭接受质询，又未书面提出申请重新鉴定，故上诉人主张以审计报告计算工程款不能成立，本案应以"工程造价鉴定报告书"的结论作为双方当事人确定结算工程款的依据。

5.3.2.4　相关法条

《最高人民法院关于审理建设工程施工合同纠纷案件适用法律问题的解释》（2004 年颁布）

第十九条　当事人对工程量有争议的，按照施工过程中形成的签证等书面文件确认。承包人能够证明发包人同意其施工，但未能提供签证文件证明工程量发生的，可以按照当事人提供的其他证据确认实际发生的工程量。

第二十条　当事人约定，发包人收到竣工结算文件后，在约定期限内不予答复，视为认可竣工结算文件的，按照约定处理。承包人请求按照竣工结算文件结算工程价款的，应予支持。

第二十二条　当事人约定按照固定价结算工程价款，一方当事人请求对建设工程造价进行鉴定的，不予支持。

《最高人民法院民事审判庭关于发包人收到承包人竣工结算文件后，在约定期限内不予答复，是否视为认可竣工结算文件的复函》（2006 **年颁布**）

适用该司法解释第二十条的前提条件是当事人之间约定了发包人收到竣工结算文件后，在约定期限内不予答复，则视为认可竣工结算文件。承包人提交的竣工结算文件可以作为工程款结算的依据。建设部制定的建设工程施工合同格式文本中的通用条款第 33 条第 3 款的规定，不能简单地推论出，双方当事人具有发包人收到竣工结算文件一定期限内不予答复，则视为认可承包人提交的竣工结算文件的一致意思表示，承包人提交的竣工结算文件不能作为工程款结算的依据。

《最高人民法院关于民事诉讼证据的若干规定》（2008 **年颁布**）

第二十七条　当事人对人民法院委托的鉴定部门作出的鉴定结论有异议申请重新鉴定，提出证据证明存在下列情形之一的，人民法院应予准许：

（一）鉴定机构或者鉴定人员不具备相关的鉴定资格的；

（二）鉴定程序严重违法的；

（三）鉴定结论明显依据不足的；

（四）经过质证认定不能作为证据使用的其他情形。

对有缺陷的鉴定结论，可以通过补充鉴定、重新质证或者补充质证等方法解决的，不予重新鉴定。

第七十一条　人民法院委托鉴定部门作出的鉴定结论，当事人没有足以反驳的相反证据和理由的，可以认定其证明力。

5.3.3　律师说法

不少建筑企业想当然地认为只要对发包人的审价结果不满意，就可以起诉到法院要求司法鉴定，以此来换取公道。其实不然，可能建筑企业所争议的内容不属于可鉴定范围，也可能所争议的内容经司法鉴定后的价格比按合同约定结算的价款还低，另外还需要考虑鉴定所耗费的时间和资金成本，等等。因此，在涉及工程造价鉴定时，建筑企业应当重点把握以下内容，再结合自身情况加以判断进行司法鉴定的可行性、利与弊以及相应的对策。

（1）双方约定以固定价结算工程价款的，在合同约定风险范围内的固定价部分不予鉴定。

《最高人民法院关于审理建设工程施工合同纠纷案件适用法律问题的解释》第二十二条规定："当事人约定按照固定价结算工程价款，一方当事人请求对建设工程造价进行鉴定的，不予支持。"这是最高人民法院对工程造价司法鉴定范围的规定。如何理解这里的"固定价"？

我们认为，该固定价应当理解为：不论合同约定采用的是固定总价合同还是固定单价合同，如果该固定价包含了合同约定的风险范围，则对风险范围以内的固定价部分是不予鉴定的。但如果发生了设计变更导致工程费用增加的，结合《施工合同司法解释》第十六条第二款"因设计变更导致建设工程的工程量或者质量标准发生变化，当事人对该部分工程价款不能协商一致的，可以参照签订建设工程施工合同时当地建设行政主管部门发布的计价方法或者计价标准结算工程价款”的规定，当双方因设计变更引起的工程价款调整方法达不成一致的，可以向法院申请对该变更部分的工程造价进行司法鉴定。

（2）仅对有争议的事实进行鉴定。

《最高人民法院关于审理建设工程施工合同纠纷案件适用法律问题的解释》第二十三条规定：“当事人对部分案件事实有争议的，仅对有争议的事实进行鉴定，但争议事实范围不能确定，或者双方当事人请求对全部事实鉴定的除外。”据此，工程造价鉴定并不是全盘鉴定，而只是针对有争议的事实进行鉴定。实践中，有的审价单位会超出双方的争议事实范围，对无争议事实范围也做出鉴定，对此，法院不应组织对该部分超出范围的鉴定内容进行质证，即使法院提出要求质证，建筑企业也有权拒绝质证。另外，工程造价的鉴定内容是对有争议的“事实”进行核查、确认，而不是对与争议相关的合同或其相关法律问题做出定性处理，如有的审价单位在未经法院判决的前提下擅自确认承发包双方提交的施工合同无效，于是抛开合同约定的结算原则，以其他计价方法进行审价等。建筑企业在司法鉴定的过程中要对此加以注意。

（3）鉴定单位不得擅自否定承发包双方的签证文件。

《最高人民法院关于审理建设工程施工合同纠纷案件适用法律问题的解释》第十六条第一款规定：“当事人对建设工程的计价标准或者计价方法有约定的，按照约定结算工程价款。”第十九条规定：“当事人对工程量有争议的，按照施工过程中形成的签证等书面文件确认。”但司法鉴定中，不少鉴定单位在司法鉴定过程中常常会对已经承发包双方确认的签证文件予以否定，或者对签证文件中的内容进行“加工处理”，出现鉴定结果与签证文件所载事实不符的情形。

签证文件是双方当事人在合同履行过程中按照合同约定达成的新的一致意见，其实质就是双方的补充协议，对双方均具有约束力。一份签证文件，如果它的内容是真实的，签字的人是有权限的人，那么它就应当是一份合法有效的签证文件，即补充协议，鉴定单位不是这份补充协议的当事方，其仅仅是作为一个第三方受到委托来鉴定这个事实，没有任何权利及法律依据可以擅自否认签证文件或是变更其中的内容。如果实践当中建筑企业遇到类似情况，一定要以上述最高人民法院的司法解释为法律依据据理力争，避免建筑企业合法利益受损的情形发生。这里需要提醒建筑企业注意的是，不论向鉴定单位提出异议还是向法院发表意见，均要以书面形式提出并留存相应的邮寄凭证，防止未提异议视为认可的不利后果发生。

5.4　政府审计法律风险防范

5.4.1　概述

政府审计是指政府审计机关对会计账目进行独立检查，监督财政、财务收支真实、合法和效益的行为，其实质是对受托经济责任履行结果进行独立的监督。

我国政府审计包括中央、地方以及行政单位预决算审计。政府审计的目的，一方面是监督国家财政预算资金合理、有效地使用；另一方面是对财政决算情况做出客观的鉴定与公证，为财政管理提供改进措施，并揭露违法行为。

审计机关对政府投资项目的审计依据来源于法律和行政法规的规定。《中华人民共和国审计法》（以下简称《审计法》）第二十二条规定，审计机关对政府投资和以政府投资为主的建设项目的预算执行情况和决算，进行审计监督。

同时，《政府投资项目审计规定》第六条明确细化了审计的内容，其中第六条第九款的内容为“工程造价情况”。因而，建设工程造价，也就是建设单位与承包人确定的合同价款，是审计机关的主要审计内容之一。

5.4.2 典型案例

浙江工商大学与浙江环宇建设集团有限公司建设工程施工合同纠纷（审理法院：杭州经济技术开发区人民法院；案号：（2016）浙 0191 民初 380 号）。

关键词：审计报告；约束力。

5.4.2.1 案情简介

2008 年 4 月，浙江工商大学与浙江环宇建设集团有限公司（以下简称浙江环宇公司）签订《建设工程施工合同》，约定浙江环宇公司承建浙江工商大学研究生宿舍（下沙高教园区东区生活后勤设施 E2F2 区四期）建安工程。

2010 年 1 月，涉案工程通过竣工验收。经浙江工商大学委托，杭州鼎盛造价师事务所有限公司于 2011 年 1 月 13 日出具了“工程造价咨询报告书”一份，审定涉案工程结算造价为 7947.1113 万元。双方对此审核结果均予认可。后浙江工商大学按约向浙江环宇公司付清了全部工程款 7947.1113 万元。

2012 年 11 月 5 日起，浙江省审计厅对浙江工商大学涉案工程价款进行复审，并于 2013 年 12 月 12 日做出审计报告，认为杭州鼎盛造价师事务所有限公司工作失误，未严格按照招投标文件、合同条款及现场实际进行计量计价，工程款计算存在明显错误，造成工程款不实多计，合计多结了工程款 56.56 万元，建议浙江工商大学对多计工程款予以追缴。

2015 年 9 月，浙江工商大学向浙江环宇公司退还了保修金 794711.13 元。2015 年 12 月 16 日，浙江工商大学致函浙江环宇公司要求其返还多付的工程款 56.56 万元。2016 年 1 月 7 日，浙江环宇公司致函浙江工商大学，认为双方已根据合同的全部约定事项履行完毕，国家行政主管部门对工程进行审计是一种行政监督管理行为，是对建设工程的资金使用情况进行监督管理评价。浙江工商大学遂诉至法院，请求判令浙江环宇公司返还多付的工程款。

5.4.2.2 争议焦点

本案争议焦点为浙江环宇公司是否应返还多付的工程款。

浙江工商大学认为：根据浙江审计厅的要求，原告先后两次致函被告，要求其返还原告多付的 56.56 万元工程款，被告却一直未返还。

浙江环宇公司认为：双方之间关于本案诉争的建设工程合同事实存在，双方已经完全履行，没有法律上的争议。原告诉状所称因行政监督原因由审计厅审计得出的结论与双方合同履行中结算的工程款有差异，要求调整结算价格，被告认为，原告因行政监督关系被财务审核，不影响原、被告双方的建设工程施工合同效力，更不能影响双方合同的权利与义务关系。

法院认为：双方签订的《建设工程施工合同》，系其真实意思表示，对双方当事人均有约束力，双方应当按照合同约定全面履行自己的义务。双方已对涉案合同约定的各自义务履行完毕，其中工程结算价款经浙江工商大学委托的机构审核确认后，双方亦均无异议，且浙江工商大学已按审核确定的金额支付了工程款，并向被告浙江环宇公司退还了涉案工程保修金。原告浙江工商大学现依据浙江省审计厅的审计决定要求被告浙江环宇公司返还多付工程款。第一，浙江省审计厅对涉案工程的审计属于政府审计，是国家对建设单位的一种行政监督，其审计决定不影响建设单位与承建单位对工程结算价款确认的效力，且本案的被告并非该具体行政行为的相对人，故审计决定对其并无约束力；第二，涉案合同并没有约定以审计部门的审计结论作为结算依据，也不存在合同约定不明确或无效的情形。故原告要求被告返还工程款 56.56 万元的诉请，缺乏事实及法律依据，本院不予支持。

5.4.2.3　裁判要点

浙江省审计厅对涉案工程的审计属于政府审计，是国家对建设单位的一种行政监督，其审计决定不影响建设单位与承建单位对工程结算价款确认的效力，且本案的被告并非该具体行政行为的相对人，故审计决定对其并无约束力。涉案合同并没有约定以审计部门的审计结论作为结算依据，也不存在合同约定不明确或无效的情形。故原告要求被告返还工程款的诉请，缺乏事实及法律依据，本院不予支持。

5.4.2.4　相关法条

《最高人民法院关于建设工程承包合同案件中双方当事人已确认的工程决算价款与审计部门审计的工程决算价款不一致时如何适用法律问题的电话答复意见》（〔2001〕**民一他字第** 2 **号**　2001 **年** 4 **月** 2 **日**）

河南省高级人民法院：

你院“关于建设工程承包合同案件中双方当事人已确认的工程决算价款与审计部门审计的工程决算价款不一致时如何适用法律问题的请示”收悉。经研究认为，审计是国家对建设单位的一种行政监督，不影响建设单位与承建单位的合同效力。建设工程承包合同案件应以当事人的约定作为法院判决的依据。只有在合同明确约定以审计结论作为结算依据或者合同约定不明确、合同约定无效的情况下，才能将审计结论作为判决的依据。

《中华人民共和国审计法》（2006 **年颁布**）

第二十二条　审计机关对政府投资和以政府投资为主的建设项目的预算执行情况和决算，进行审计监督。

《中华人民共和国审计法实施条例》（2010 **年颁布**）

第二十条　审计法第二十二条所称政府投资和以政府投资为主的建设项目，包括：

（一）全部使用预算内投资资金、专项建设基金、政府举借债务筹措的资金等财政资金的；

（二）未全部使用财政资金，财政资金占项目总投资的比例超过50%，或者占项目总投资的比例在50%以下，但政府拥有项目建设、运营实际控制权的。

审计机关对前款规定的建设项目的总预算或者概算的执行情况、年度预算的执行情况和年度决算、单项工程结算、项目竣工决算，依法进行审计监督；对前款规定的建设项目进行审计时，可以对直接有关的设计、施工、供货等单位取得建设项目资金的真实性、合法性进行调查。

5.4.3 律师说法

《中华人民共和国审计法》自1994年颁布，在其实施很长一段时间内，政府审计结果对建设单位和承包人之间的结算有无影响，并无明确的依据，司法实践中存在不少争论。

因为承包人无法参与到审计活动中，加之政府审计“审减”要求，且审计法没有赋予承包人对审计结果不服的救济途径，如果将政府审计结论作为政府投资项目结算的依据，在事实上将造成对承包人的不公平。

2001年，《最高人民法院关于建设工程承包合同案件中双方当事人已确认的工程决算价款与审计部门审计的工程决算价款不一致时如何适用法律问题的电话答复意见》明确：建设工程承包合同案件应以当事人的约定作为法院判决的依据。只有在合同明确约定以审计结论作为结算依据或者合同约定不明确、合同约定无效的情况下，才能将审计结论作为判决的依据。

建设工程企业可以从以下几个方面入手，做好政府审计的法律风险防范：

(1) 做好合同签约管理，做好事前防范工作。一是准确把握招标文件的要求，谨慎投标。承包人投标时应当看清招标文件中的审计要求和风险条款，充分考虑自身的风险承受能力，切忌漏项或做出无法实现的让利。二是强化合同签约管理。承包人在与建设单位的合同谈判阶段，尤其是在BOT、PPP等形式的合同中，要尽力排除适用审计结果的不利条款，使得结算条款尽可能地合理、明确，特别是对结算时限、结算依据等在合同中作明确约定。

(2) 做好合同的履约管理，加强风险的过程管理。一是做好合同交底工作。要准确、细致、及时地将合同的各项要求，向承包人的项目管理团队进行交底，将合同作为全体管理团队的行动指南。二是做好签证工作。合同履行过程中各种变更签证及索赔，要及时保留和收集相关证据资料，并严格按照合同约定的程序、时限办理签证及索赔工作。三是谨慎对待变更增加项，涉及重大变更、索赔等问题，最好请审计机关确认后再实施，尽可能提前与建设单位达成书面的补充协议。

(3) 做好合同的结算管理，建立合同后评估机制。一是强化结算资料管理，注意收集合同履行过程中的各种资料，按照合同要求，及时完整编制竣工结算文件并提交。二是加强与审计单位尤其是跟踪审计单位的工作沟通，对过程审计中发现的问题要及时纠正和整改。三是熟悉政府审计的工作要求和程序，归纳总结常见的审减项，并向承包人的全体员工加以宣贯，以便后期有针对性地规避和化解审计风险，提高合同履行质量。

5.5　实际施工人结算法律风险防范

5.5.1　概述

实际施工人是《最高人民法院关于审理建设工程合同纠纷案件适用法律问题的解释》（以下简称《司法解释》）中创设的一个法律新概念，2005 年 1 月 1 日施行的《司法解释》首次提到了“实际施工人”的概念，分别在第一、四、二十五、二十六条中出现，此四条规定中的“实际施工人”是司法实践中认定“实际施工人”的概念，可以说是司法实践中认定“实际施工人”的唯一法律依据，但《司法解释》并没有对该概念下定义。

最高法院负责人在公布该《司法解释》时答记者问中，对“实际施工人”的阐释是：“承包人与发包人订立建设工程施工合同后，往往又将建设工程转包或者违法分包给第三人，第三人就是实际施工人。”最高法院民事审判第一庭编著的《最高人民法院建设工程施工合同司法解释的理解与适用》一书中，对实际施工人的概念作了相对更为具体的诠释：“‘施工人’概括了建设工程施工合同的所有施工主体，包括总承包人、承包人、专业工程分包人、劳务作业的分包人。《中华人民共和国合同法》中的‘施工人’是指有效建设工程合同主体，不应包括转承包人和违法分包人的承包人”。为了区别《中华人民共和国合同法》规定的合法施工人，《司法解释》使用了“实际施工人”的称谓，其中，第一、四条规定中表述的“实际施工人”特指借用有资质的建筑施工企业名义签订施工合同的一方。第二十五条规定，在建设工程质量争议纠纷中，实际施工人可以同总承包人、分包人为被告方。第二十六条第 1 款规定，实际施工人可以作为原告起诉转包人、违法分包人；第 2 款规定，实际施工人可以只起诉发包人就欠付工程价款范围内承担责任的情形，此两条明确了实际施工人的诉讼地位。

上述规定的内容，我们可以归纳为“实际施工人”是特指无效建设工程施工合同的承包人，包括转承包人、借用资质的建筑施工企业或个人。根据这一定义，笔者认为，实际施工人具有以下几个特征：①是无效合同的承包人。有效的建设工程施工合同中不存在实际施工人的说法，直接称之为施工人。②是违法承包人。它没有取得相应建设工程施工资质，违反了我国建筑法、合同法的相关规定。③它与发包人之间不存在直接的建设工程施工合同关系，但却因实际组织了施工，与之形成了事实上权利与义务关系。④它与上位承包人（非法转包人、违法分包人）是非雇佣关系，如果是上位承包人的组成部门或雇用委托代理人员，则不能称为实际施工人。⑤建设工程必须进行招标而未招标或中标无效的建设工程施工合同的承包人。但不包括承包人的履行辅助人、合法的专业分包工程承包人和劳务作业承包人，即实际施工人必须是基于无效合同产生的。

5.5.2　典型案例

罗杰与广西信发铝电有限公司、湖南柏加建筑园林（集团）有限公司建设工程施工合同纠纷案（一审法院：湖南省长沙市中级人民法院；二审法院：湖南省高级人民法院）。

关键词：实际施工人；工程结算。

5.5.2.1 案情简介

2011年2月17日，罗杰（乙方）与湖南柏加建筑园林（集团）有限公司（以下简称柏加公司）（甲方）签订《项目承包合同文件》，约定甲方将建设单位广西信发铝电有限公司（以下简称信发公司）、山东信发集团有限公司及其投资的企业承接的工程项目从该合同生效起三年内全部交给乙方承包。

2011年2月20日、2月26日、2月27日、4月17日、5月6日，柏加公司多次与信发公司签订《建设工程施工合同》，约定柏加公司承包信发公司氧化铝厂6＃焙烧炉土建及附属工程、禄峒矿山土建工程、氧化铝厂11＃和12＃原料磨及主厂房工程等。

上述合同签订后，柏加公司依据与罗杰签订的《项目承包合同文件》，将上述工程交由罗杰施工。罗杰以柏加公司信发铝电项目经理部项目经理名义就上述工程分别编制了施工设计组织方案，报监理单位审查通过后，组织人员、设备对上述工程进行了施工。施工过程中，因出现村民阻工及信发公司未及时提供甲供材料，涉案工程发生了人员、设备窝工情况。

2011年11月2日起，罗杰陆续向监理单位报送各工程的《报验单》及竣工资料，监理单位对资料进行了签收并给出初步验收合格的审查意见。12月25日，信发公司签收了氧化铝厂6＃焙烧炉土建及附属工程、11＃和12＃原料磨竣工图纸。因罗杰认为柏加公司、信发公司欠付工程款，损害其合法权益，故诉至法院，请求判令柏加公司支付工程款及延期付款利息，支付停工损失及延期付款利息。

5.5.2.2 争议焦点

（1）罗杰主张工程款及利息的诉求应否处理。

一审法院认为：第一，根据查明的事实，罗杰与柏加公司无劳动合同关系，信发公司发包的涉案七个子项工程的实际投入、组织施工、人员管理均由罗杰负责，柏加公司仅收取管理费，故罗杰与柏加公司在柏加公司与信发公司就涉案七个子项工程签订合同之前签订的《项目承包合同文件》实质上系挂靠协议，涉案工程系没有施工资质的借用有资质的柏加公司名义从事的施工。根据《最高人民法院关于审理建设工程施工合同纠纷案件适用法律问题的解释》第一条的规定，罗杰以柏加公司名义与信发公司就涉案七个子项工程所签订的合同均应认定为无效合同。虽合同无效，但依据《最高人民法院关于审理建设工程施工合同纠纷案件适用法律问题的解释》第二条的规定，作为涉案工程的实际施工人，有权要求信发公司参照合同约定支付工程款。

第二，应付工程款金额。因双方当事人未进行最终结算，也无法通过协商达成一致，故本院结合长城咨询公司做出的《审核报告》《补充说明》《再次补充说明》及查明的案件事实综合认定如下：七个子项工程审定造价（包含养老保险）根据《补充说明》认定为40796915.02元，因信发公司未向建设行政主管部门劳保费管理机构缴纳劳保费，故养老保险金应计入工程款范围；甲供材和水电费根据《补充说明》载明的9527343.94元（不含浓密池工程）及《再次补充说明》载明的3781600元（浓密池工程未依据投标文件提取），认定为 13308943.94 元（9527343.94 元+3781600 元）；审核意见部分：原料磨对拉螺杆工程、原料磨工程设备基础二次灌浆工程、11＃和 12＃原料磨工程搅拌站安拆费及场外运输费、6＃焙烧炉工程搅拌站安拆费及场外运输费、氧化铝厂工程中的“防锈漆、油漆溶剂油”、回水池及回水泵房工程搅拌站安拆费及场外运输费、排泥加压泵房工程搅拌站安拆费及场外运输费等项目在提交的施工组织设计中有体现，甲供材保管费因实际发生，故《补充说明》载明的审核意见 414161.83 元均予以认定，《再次补充说明》中载明的浓密池工程甲供材保管费 36552.57 元也予以认定；增加工程部分《补充说明》中载明为 1136829.7 元，但因该增加工程部分的工程签证单上仅有施工方一方签字盖章，无建设方确认，故对该项费用，不予认定。综上，信发公司应向罗杰支付的工程款总额为 27938685.48 元（40796915.02 元+414161.83 元+36552.57 元−13308943.94 元）。

第三，已付工程款金额。信发公司单方面做出的罚款单未得到罗杰的认可，不应计入已付工程款，信发公司于 2011 年 6 月 28 日支付的 93000 元摘要备注为“浓密车间误工费款”，该费用也不应计入已付工程款。综上，信发公司已付工程款金额认定为 16642945 元。

综上，信发公司还欠付 11295740.48 元应当支付给罗杰。对于罗杰提出的要求信发公司按中国人民银行同期同类贷款利率标准支付自 2012 年 12 月 25 日起至工程款付清之日止的逾期付款利息的主张，本院结合合同约定的付款方式和合同实际履行情况，酌定信发公司以欠付工程款 11295740.48 元为基数，按照中国人民银行同期同类贷款利率标准向罗杰支付自 2013 年 12 月 25 日起至实际付清之日止的逾期付款利息。

罗杰认为：工程款应增加涉案工程施工中发生的抽水机械台班及人工费用 1136829.7 元，一审判决未依据下述规定认定：当事人对工程量有争议的应按照施工过程中形成的签证等书面文件确认，承包人能够证明发包人同意其施工，但未能提供签证文件证明工程量发生的，可以按照当事人提供其他证据确认实际发生的工程量。一审判决对逾期付款利息的起算时间认定有误，起算时间点应是实际交付涉案工程之日。涉案工程于 2012 年 12 月 25 日前全部交付信发公司，信发公司应以 12432570.18 为基数，自 2012 年 12 月 25 日起按照中国人民银行同期同类贷款利率标准计算至实际付清之日止。

信发公司认为：罗杰不能提供有效的签证单据，不能认可其增加工程量的主张，应认可一审判决对此工程量的计算。关于工程造价的鉴定没有去现场勘验，对未完成的工程量和减料、省工减成本的部分没有扣除，对部分问题没有提交鉴定结论，导致鉴定结论确认的需付工程余款比罗杰第一次诉讼请求要求所付工程余款还高出 28 万余元。一审对需付的工程余款的判决比实际需付的工程余款多了 500 余万元。

二审法院认为：第一，罗杰所主张的回水池工程和浓密池工程的基础费用已列入工程款的计算范围，但其所主张该项相应的措施费未计算。根据鉴定意见，该项措施费用需法院根据其他证据裁决，但罗杰未提供相应的签证单据，未提供双方对该措施费有约定的证据，也无其他会议纪要、工程联系单、工程变更单、工程对账签证以及往来函件予以佐证。本院认为，罗杰主张增加工程措施费 1136829.7 元的主张缺乏事实依据，一审法院对该项费用的认定并无不当。第二，信发公司认为一审认定的欠付工程款错误，主张欠付工程仅为 1242153 元。本院根据信发公司提出的上诉理由分述如下：①关于养老保险金是否需要扣减的问题。养老保险金应当由发包人在工程报建时向建设行政主管部门缴纳，由建设行政主管部门按照相关规定收取和支出。本案中，经鉴定，养老保险金数额为 949434 元。信发公司暂未缴纳，罗杰也未代替信发公司缴纳，信发公司应该向建设行政主管部门补缴。因此，信发公司关于上述养老保险金款项不应作为欠付工程款支付给罗杰的主张应予支持。②关于甲供材的问题。信发公司主张按领料单计算甲供材款项，但因提供的领料单中有的领料人系信发公司员工和出库清单的款项计算没有对方当事人的签字确认，鉴定机构没有采纳。鉴定机构依据合同和相关消耗定额标准计算甲供材款项并予以扣减。本院认为，信发公司提供的领料单及出库清单存在瑕疵，鉴定机构依据合同和相关消耗定额标准计算甲供材款项并无不当，信发公司主张罗杰将甲供材用于其他工程，但并未提供相关依据。因此，信发公司主张应从欠付工程款中扣减 390 万元并无充分依据。③关于双方对审核意见的争议，此争议包括两方面：一是对七个工程小项目价款计 414161.83 元的争议（即原料磨对拉螺杆工程、原料磨工程设备基础二次灌浆工程、11＃和 12＃原料磨工程搅拌站安拆费及场外运输费、6＃焙烧炉工程搅拌站安拆费及场外运输费、氧化铝厂工程中的"防锈漆、油漆溶剂油"、回水池及回水泵房工程搅拌站安拆费及场外运输费、排泥加压泵房工程搅拌站安拆费及场外运输费和保管费）。二是对浓密池工程甲供材保管费 36552.57 元有争议。一审中，鉴定机构对上述七个工程项目没有做出鉴定结论，只提供了计 414161.83 元的审核意见，并载明应根据双方举证由法院裁定。罗杰对上述七个工程未提供相关签证证明，也没有提供双方往来记录、函件等证明如何确定工程价款和应计入工程款。一审法院仅根据施工组织设计中有体现而认定上述费用不当。因此，本院对上述七个工程计费 414161.83 元不予认定。但是，对浓密池工程甲供材保管费 36552.57 元，因实际发生，应予认定。综上所述，信发公司还应向罗杰支付的工程款为 9932144.65 元（11295740.48 元－949434 元－414161.83 元）。

关于逾期付款利息的计算起点应如何确定的问题。罗杰主张欠付工程款利息起算日期应为 2012 年 12 月 25 日，一审法院结合合同约定的付款方式和合同实际履行情况，酌定利息的起算日期为 2013 年 12 月 25 日。本院认为，2012 年 12 月 25 日，信发公司签收了氧化铝厂 6＃焙烧炉土建及附属工程、11＃和 12＃原料磨竣工图纸，但该工程并未竣工验收。罗杰主张利息的起算日期为 2012 年 12 月 25 日没有依据，一审法院酌定利息的起算日期为 2013 年 12 月 25 日并无不当，本院予以确认。

（2）罗杰主张停工损失及利息的诉求应否处理。

一审法院认为：根据长城咨询公司做出的《审核报告》载明的停工损失，信发公司认可的金额为 157360 元；根据罗杰方提交的、信发公司不认可的证据，按照广西文件标准 21 元每工日计算的金额为 4416392.07 元，按照 80 元每工日计算的金额为 8370926.07 元。本院认为，罗杰提交的证据能够证实因信发公司未及时提供甲供材料而造成了停工，导致了罗杰损失，该损失应当由信发公司予以赔偿。对于赔偿标准，长城咨询公司做出的《审核报告》载明的 8370926.07 元系按照 80 元每工日计算，该标准无合同依据，且信发公司不予认可，故不予采信；《审核报告》载明的 4416392.07 元系依据广西文件标准 21 元每工日计算，本院予以支持，信发公司已向罗杰支付停工损失 93000 元，故还应向罗杰支付停工损失 4352032.07 元。对于罗杰主张的停工损失的利息，无法律依据，不予支持。对于罗杰要求柏加公司支付欠付工程款及停工损失的主张，因柏加公司在本案中仅出借资质给罗杰，并未对涉案工程进行实际投入、组织施工、人员管理，且柏加公司并未扣留罗杰工程款，故对罗杰的该项主张不予支持。

罗杰认为：第一，停工损失应按信发公司认可的 80 元每工日标准计算，一审判决未支持按照 80 元每工日计算的停工损失金额且未支持逾期付款利息错误。信发公司提交的证据证实其支付过部分停工损失时的人工费按照 80 元每工日计算。计算标准按照停工窝工补贴每工日 21 元是停工补贴，停工损失和实际费用有依据的应当据实计算。每工日 21 元不够弥补因停工造成的人工损失。第二，信发公司应当依法承担逾期支付停工损失的利息。因停工造成了损失，停工损失发生的时间点在涉案工程施工期间，停工是因信发公司不提供施工材料和施工条件导致的。第三，柏加公司应当对上述债务承担连带清偿责任。罗杰是涉案工程的实际施工人，依法有权要求柏加公司和信发公司支付工程款和停工损失。

信发公司认为：实际施工人对发包人提起诉讼的，在实体处理上应当适用《最高人民法院关于审理建设工程施工合同纠纷案件适用法律问题的解释》第二十六条的规定，发包人只在欠付工程价款范围内对实际施工人承担责任，而有关停工损失和逾期付款利息不在范围之内。并且罗杰对停工损失未向法院提交确实、充分的证据。本案的鉴定意见存在明显错误，不足采信。鉴定停工损失的依据不是经法庭质证确认的当事人提供的举证材料，鉴定方法不当、鉴定依据不足导致鉴定结论错误。

二审法院认为：罗杰提供的证据能够证实因信发公司未及时提供甲供材料而造成了停工，导致其损失。但是罗杰主张应按照 80 元每工日计算无合同依据和法律依据。一审中，鉴定机构依据广西文件标准 21 元每工日计算符合本案实际情况，因此，一审认定停工损失数额为 4352032.07 元并无不当，本院予以确认。

根据柏加公司与罗杰之间签订的合同，柏加公司对欠付工程款负有清偿责任。同时，柏加公司并未扣留罗杰的工程款，罗杰为实际施工人，根据《最高人民法院关于审理建设工程施工合同纠纷案件适用法律问题的解释》第二十六条第二款的规定："实际施工人以发包人为被告主张权利的，人民法院可以追加转包人或者违法分包人为本案当事人，发包人只在欠付工程价款范围内对实际施工人承担责任"，信发公司应对欠付工程款与柏加公司承担连带清偿责任。另外，根据双方的陈述及相关证据，柏加公司和信发公司进行合同洽谈和签订时，罗杰并未参与，柏加公司签订合同后将全部工程转包给罗杰。罗杰与柏加公司之间的法律关系并非借用资质而是转包，一审适用法律不当。

至于停工损失，根据柏加公司与罗杰之间签订的合同，本案停工损失应由柏加公司承担。同时，工程停工系因信发公司未及时提供甲供材而造成，各方对此无异议，因此，信发公司应与柏加公司共同对该停工损失承担责任。

5.5.2.3　裁判要点

罗杰与柏加公司之间的法律关系是转包，罗杰为实际施工人，发包人信发公司应对欠付工程款与柏加公司承担连带清偿责任。根据柏加公司与罗杰之间签订的合同，本案停工损失应由柏加公司承担。同时，工程停工系因信发公司未及时提供甲供材料而造成，各方对此无异议，因此，信发公司应与柏加公司共同对该停工损失承担责任。

5.5.2.4 相关法条

《最高人民法院关于审理建设工程施工合同纠纷案件适用法律问题的解释》（2004 **年颁布**）

第一条 建设工程施工合同具有下列情形之一的，应当根据合同法第五十二条第（五）项的规定，认定无效：

（一）承包人未取得建筑施工企业资质或者超越资质等级的；

（二）没有资质的实际施工人借用有资质的建筑施工企业名义的；

（三）建设工程必须进行招标而未招标或者中标无效的。

第二条 建设工程施工合同无效，但建设工程经竣工验收合格，承包人请求参照合同约定支付工程价款的，应予支持。

第二十六条 实际施工人以转包人、违法分包人为被告起诉的，人民法院应当依法受理。

实际施工人以发包人为被告主张权利的，人民法院可以追加转包人或者违法分包人为本案当事人。发包人只在欠付工程价款范围内对实际施工人承担责任。

《中华人民共和国建筑法》（2011 **年颁布**）

第二十八条 禁止承包单位将其承包的全部建筑工程转包给他人，禁止承包单位将其承包的全部建筑工程肢解以后以分包的名义分别转包给他人。

5.5.3 律师说法

（1）实际施工人在实际施工过程中有哪些行为可能会给施工企业带来哪些法律风险。

①因工程质量需承担的连带责任或连带赔偿责任。

实际施工人承包施工的工程质量出现问题及所造成的损失，施工企业需要与实际施工人一起承担连带责任或连带赔偿责任。

②因挂靠（借用资质）、违法分包、非法转包行为需承担的行政法律责任。

施工企业因挂靠（借用资质）、违法分包、非法转包等行为可能会被处以下列行政法律责任：责令改正、没收违法（非法）所得、罚款、停业整顿、降低资质等级、吊销资质证书等。

③实际施工人对外从事劳务分包、聘用农民工或其他商事行为，施工企业需承担相应的民事责任。

从实践来看，实际施工人进行工程施工往往需要劳务分包、聘用农民工、采购材料、租赁周转材料、设备以及组织项目施工所需的资金，来实现人、财、物的配置，从而完成工程项目。因此，实际施工人的下列行为可能会给施工企业带来法律风险，概括起来讲有劳务分包或聘用农民工的行为，买卖材料的行为，周转材料及机械设备的租赁行为，借贷资金的行为。

实际施工人的上述行为将会导致在大多数情况下，施工企业需要对外承担相应的民事责任，有时因第三人对施工企业采取了保全措施，查封了施工企业的银行账户，甚至短时间内会影响施工企业的正常运转，影响其他项目的资金使用。施工企业承担责任后，如果实际施工人资信状况较差，施工企业的该部分损失往往不能从实际施工人处百分之百地追回。

④实际施工人在施工过程中发生重大的质量、安全事故时，施工企业的相关负责人可能会承担相应的刑事责任。

建设工程领域主要涉及的罪名：重大责任事故罪，强令违章冒险作业罪，重大劳动安全事故罪，工程重大安全事故罪，消防责任事故罪，不报、谎报安全事故罪。在实际施工过程中，如造成死亡一人以上，或者重伤三人以上；或造成直接经济损失五十万元以上的；或发生矿山生产安全事故，造成直接经济损失一百万元以上的；或其他造成严重后果的情形，都有可能被追究刑事责任。

（2）司法实践中，法院对实际施工人对外从事商事行为的处理。

司法实践中，法院一般会基于表见代理（承包合同明确其项目经理或签章处其为代理人）、职务行为（存在劳动关系）、委托行为（出具授权委托书）、追认行为（加盖公章或支付部分款项）等法律关系，判决施工企业承担相应的民事责任。

（3）如何防范实际施工人的行为给施工企业带来的法律风险。

①尽量不采用挂靠、违法分包、转包的方式，承包施工建设工程。这既符合建筑法的强制性规定，也是规避此类风险的最好方法。但鉴于目前国内建筑市场的现状，挂靠、违法分包、转包现象也是一种常态，那就需要采取更多措施来防范实际施工人的风险。

②选择资信较好、经济实力较强的实际施工人承包施工工程项目。

③加强对挂靠项目的施工合同评审，对存在重大风险的项目一律不予挂靠。

④加强工程款收支的控制、管理。在承包合同中明确约定，建设单位的工程款必须支付至施工企业的指定账户；实际施工人对外支付款项必须报请施工企业审核，但同时不直接参与付款。

⑤加强项目部印章的管理。可根据具体情况刻制相应的印章，如项目部印章、资料专用章等，并在印章上明确“对外不得签订合同”的内容，以防被认定为表见代理。

⑥加强对项目经理、授权代表、现场各类人员的管理。项目经理尽可能是施工企业的人员而非实际施工人的人员，对现场各类人员，如材料员、施工员、技术员、现场负责人等，应加强管理，避免此类人员对外签字产生表见代理的法律效果。

⑦借助分包方式尽可能地隔离施工企业因挂靠产生的风险。以分包方式出现，实际施工人往往以自己的名义对外从事行为，根据合同的相对性原理，一般会由实际施工人承担责任，而不会直接波及施工企业。

⑧配备专门的团队，包括经营、技术、质量、审计、法律风险评估的人才，经常性地对挂靠、分包、转包的项目进行检查、评估、监督、管理，及时发现问题，采取措施，防止质量、安全事故发生，同时减少损失和负面影响的不必要的扩大。

5.6 未竣工工程优先受偿权法律风险防范

5.6.1 概述

建设工程优先受偿权（priority of construction project）是指承包人对于建设工程的价款就该工程折价或者拍卖的价款享有优先受偿的权利，优先于一般的债权。

《中华人民共和国合同法》第二百八十六条规定：发包人未按照约定支付价款的，承包人可以催告发包人在合理期限内支付价款。发包人逾期不支付的，除按照建设工程的性质不宜折价、拍卖的以外，承包人可以与发包人协议将该工程折价，也可以申请人民法院将该工程依法拍卖。建设工程的价款就该工程折价或者拍卖的价款优先受偿。

5.6.2 典型案例

中国三冶集团有限公司与富锦市房地产开发公司建设工程施工合同纠纷案（审理法院：黑龙江省高级人民法院；案号：(2016) 黑民初 19 号)。

关键词：未竣工工程；优先受偿权。

5.6.2.1 案情简介

2013 年 12 月 27 日，富锦市房地产开发公司（以下简称富锦开发公司）第六项目部（甲方）与中国三冶集团有限公司（以下简称三冶集团）（乙方）就富锦市星语新苑二期工程签订《建筑工程施工合同》。该合同签订后，富锦开发公司第六项目部与三冶集团经招投标程序，就富锦市星语新苑二期 6 号楼和 1 号楼、3 号楼、4 号楼工程又分别签订了两份《建设工程施工合同》，并在建设行政主管部门进行备案。上述合同签订后，三冶集团对 1 号楼、3 号楼、4 号楼工程实际施工至主体封顶，对 6 号楼工程提供了部分工程所用材料。

2014 年 8 月 27 日，富锦开发公司第六项目部（甲方）与三冶集团（乙方）就富锦市星语新苑二期 1 号楼、3 号楼、4 号楼应付工程款事宜签订《协议书》。约定本协议是双方为满足工程项目继续施工，保证双方权益在双方签订主合同基础上形成的补充协议。

经双方确认，三冶集团施工的富锦市星语新苑二期工程款共计 35887807.54 元。双方就以上结算事项形成《已完工程中间验收单》，并加盖双方当事人及监理单位印章。除经富锦市劳动保障监察局协调，富锦开发公司代三冶集团就 1 号楼、3 号楼、4 号楼支付农民工工资 5230855 元外，富锦开发公司未向三冶集团支付其他款项。因双方就涉案工程施工合同的履行存在争议，三冶集团对 1 号楼、3 号楼、4 号楼工程实际施工至主体封顶后，停工撤场。后经富锦市住房和城乡建设局同意，富锦开发公司将工程另行发包其他施工单位继续施工，现工程尚未竣工。

三冶集团向法院提起诉讼，请求判令解除富锦开发公司、三冶集团之间分别签订的两份《建设工程施工合同》；判令富锦开发公司给付三冶集团欠付的工程款及利息、给付三冶集团垫资补偿金、给付三冶集团 3%的总包服务费；三冶集团对其施工的建设工程折价或者拍卖的价款享有优先受偿权。

5.6.2.2　争议焦点

（1）关于涉案建设工程施工合同及补充协议的效力问题。

富锦开发公司认为：首先，双方就 6 号楼签订的 2013 年 4 月 23 日《建设工程施工合同》与实际签订时间不符。2013 年 5 月 1 日，富锦开发公司已就 6 号楼工程与案外人哈尔滨市第二建筑工程公司（以下简称哈二建公司）签订施工合同，并由哈二建公司于 2013 年实际施工了 6 号楼的基础工程。直至 2014 年 4 月 23 日，三冶集团才实际进场施工。因此，富锦开发公司与三冶集团就 6 号楼签订的施工合同实为规避招投标规定而倒签的合同。其次，2013 年 12 月 27 日，双方已实际就涉案工程的工程价款、工程款结算及支付方式等内容进行了实质性谈判，并签订了《建筑工程施工合同》。直到 2014 年，双方才履行招投标程序，双方的行为因违反《中华人民共和国招标投标法》第四十三条、第五十五条规定而中标无效。另外，双方之间施工合同的签订日期均早于中标日期，依据《中华人民共和国招标投标法》第四十六条规定，双方之间就涉案工程进行的招投标程序违法，中标应属无效。依据《最高人民法院关于审理建设工程施工合同纠纷适用法律问题的解释》第一条第一款第三项的规定，双方之间的《建设工程施工合同》因中标无效而合同无效。最后，双方于 2014 年 8 月 27 日签订的《协议书》系双方签订的《建设工程施工合同》的补充协议，因主合同无效，则补充协议亦应认定无效。

法院认为：根据《中华人民共和国招标投标法》第三条第一款第一项、第二款规定，大型基础设施、公用事业等关系社会公共利益、公众安全的工程建设项目，必须进行招标，其具体范围和规模标准，由国务院发展计划部门会同国务院有关部门制定，报国务院批准。另根据《工程建设项目招标范围和规模标准规定》第三条第五项的规定，商品住宅属关系社会公共利益、公众安全的工程建设项目。涉案工程系商品住宅工程，故属于必须进行招标的工程建设项目。根据《中华人民共和国招标投标法》第五十五条的规定，依法必须进行招标的项目，招标人与投标人就投标价格、投标方案等实质性内容进行谈判，影响中标结果的，中标无效。本案中，富锦开发公司与三冶集团在进行招标投标程序前，已就涉案工程的承包范围、造价依据、付款方式及垫资款和逾期付款利息等实质性内容进行谈判并签订了《建筑工程施工合同》。该合同中明确约定若工程涉及按招投标程序履行程序并需双方签订备案合同时，双方以该合同约定内容为依据，另行签订备案合同文本。而后双方签订并经备案的两份《建设工程施工合同》均系为履行招投标手续而签订，且从形式上看，该两份备案合同的签订时间均早于中标时间，故涉案工程招标程序因违反《中华人民共和国招标投标法》第五十五条的规定而中标无效。根据《最高人民法院关于审理建设工程施工合同纠纷案件适用法律问题的解释》第一条第三项的规定，建设工程必须进行招标而未招标或者中标无效的，应当根据《中华人民共和国合同法》第五十二条第五项的规定，认定施工合同无效，故涉案施工合同为无效合同。因双方随后就应付工程款事宜签订的《协议书》系为满足工程项目继续施工，保证双方权益在双方签订主合同基础上形成的补充协议，在涉案施工合同无效的情况下，补充协议也属于无效合同。三冶集团诉请解除双方就涉案工程签订的两份备案合同，而合同解除应以合同有效为前提，经本院就涉案施工合同效力问题向三冶集团释明后，三冶集团坚持不变更诉讼请求，故关于三冶集团该项诉请，本院不予支持。

（2）关于涉案工程价款的结算问题。

富锦开发公司认为：涉案工程未竣工验收，也未实际结算，三冶集团施工的工程量及工程价款应当以鉴定结论为准。因三冶集团拖欠农民工工资，经富锦市劳动监察部门协调，富锦开发公司共计向农民工支付工资1200余万元；因三冶集团多次无故停工，引发各项索赔，给富锦开发公司造成严重的经济损失；为保证工程进度，富锦开发公司购买商砼等建材款项。以上款项均应从三冶集团实际工程价款中扣除。

法院认为：根据《最高人民法院关于审理建设工程施工合同纠纷案件适用法律问题的解释》第二条的规定，建设工程施工合同无效，但建设工程经竣工验收合格，承包人请求参照合同约定支付工程价款的，应予支持。本案中，因双方对履行合同产生争议，三冶集团在对工程施工至主体封顶后停工撤场，涉案工程已转移占有并由富锦开发公司管理使用并发包其他施工单位继续施工。根据上述司法解释规定，涉案工程价款结算条件已成就。双方就三冶集团已完工程结算而形成的《已完工程中间验收单》应对双方具有约束力。根据双方结算金额，三冶集团施工的工程价款应为35887807.54元，扣除富锦开发公司代为支付的农民工工资5230855元，富锦开发公司还应向三冶集团给付工程款共计30656952.54元。

（3）关于三冶集团工程款逾期利息、垫资补偿金、总包服务费等诉请的认定问题。

三冶集团认为：根据双方于2014年8月27日就应付三冶集团工程款事宜签订的《协议书》约定，至2014年7月28日三冶集团完成主体十层的工程款拨付节点时止，三冶集团所完成的工程造价为3220万元，按拨付比例富锦开发公司应当给付2254万元，但富锦开发公司未予给付，应按照合同约定的逾期利率15%支付逾期利息，故从2014年7月28日起至2014年11月25日止的逾期支付利息为1127000元。在富锦开发公司未支付工程款的情况下，三冶集团身为中央直属企业，秉着负责任的态度继续施工至2014年11月25日主体完工暨第二次工程款拨付节点，但富锦开发公司仍未予给付。经双方对已完工程量进行认证，三冶集团施工的工程造价为35887808元，按拨付比例富锦开发公司应当给付三冶集团25121465.60元。故从2014年11月25日起至2015年11月30日止的逾期支付利息为5007086.64元，富锦开发公司还应另行支付三冶集团垫资补偿金10093194.80元。根据合同专用条款第21.1条第3款规定：“总承包服务费：分包工程按3%记取。”该工程的电气工程等系富锦开发公司外委工程，富锦开发公司应按合同约定给付三冶集团外委工程合同款3%的总承包服务费。

富锦开发公司认为：三冶集团主张的逾期付款利息，属于违约金性质，其主张的依据，应以合法有效的合同存在为前提。如前所述，涉案施工合同无效，故三冶集团主张的逾期付款利息不应得到支持。同理，三冶集团主张的垫资补偿金也不应得到支持。

法院认为：三冶集团为支持其工程款逾期利息诉请所提出的相关事实及理由，根据涉案施工合同约定，实则为关于工程进度款逾期拨付违约金的约定，三冶集团“误”当作工程款利息进行主张。因涉案施工合同为无效合同，合同中有关违约金的约定也属于无效条款，三冶集团所提出的该项诉请虽不能得到支持，但因其在提出该项诉请时已体现主张工程款利息的意思表示，且工程款利息从性质上属于法定孳息，故三冶集团关于工程款利息的诉请应当予以保护。因涉案施工合同中并未对工程款利息的计付标准进行约定，根据《最高人民法院关于审理建设工程施工合同纠纷案件适用法律问题的解释》第十七条的规定，三冶集团诉请的工程款利息应按照中国人民银行同期同类贷款利率计息。关于利息的起算时间，根据《最高人民法院关于审理建设工程施工合同纠纷案件适用法律问题的解释》第十八条的规定，应从应付工程价款之日计付，当事人对付款时间有约定的，应以当事人之间的约定作为优先判断标准。本案中，根据双方 2014 年 8 月 27 日就应付工程款事宜签订的《协议书》约定，富锦开发公司应于 2014 年 7 月 28 日向三冶集团支付工程款 2254 万元，故该 2254 万工程款应从 2014 年 7 月 28 日的次日即 2014 年 7 月 29 日开始计息；《协议书》同时约定，在涉案工程 1 号楼、3 号楼、4 号楼封顶后至 2015 年 3 月 31 日前，富锦开发公司应向三冶集团履行支付工程款的义务，根据双方《已完工程中间验收单》中的结算金额，三冶集团施工的工程总价款为 35887807.54 元，扣除已开始计息的 2254 万元，剩余 13347807.54 元应从 2015 年 3 月 31 日的次日即 2015 年 4 月 1 日开始计息。关于三冶集团垫资补偿金和总包服务费的诉请，如前所述，因涉案施工合同为无效合同，故合同中关于垫资补偿金及总包服务费等约定也应当属于无效条款，故三冶集团上述诉请，本院不予支持。

（4）关于优先受偿权问题。

三冶集团认为：工程系三冶集团建设施工，经催告，富锦开发公司拒不履行给付工程款的义务，三冶集团应依照法律规定享有优先受偿该项目的权利。

富锦开发公司认为：依据《最高人民法院关于建设工程价款优先受偿权的批复》第四条的规定，建设工程优先受偿权的行使，应当具备两个前提条件，即工程已竣工验收及自竣工验收之日起六个月内行使。因涉案工程并未竣工验收，故三冶集团关于行使涉案工程优先受偿权的主张不符合法律规定，依法应予驳回。

法院认为：根据《中华人民共和国合同法》第二百八十六条的规定，发包人未按照约定支付价款的，承包人可以催告发包人在合理期限内支付价款。发包人逾期不支付的，除按照建设工程的性质不宜折价或拍卖的以外，承包人可以与发包人协议将工程折价，也可以申请人民法院将该工程依法拍卖。建设工程的价款就该工程折价或拍卖的价款优先受偿。涉案合同虽为无效合同，但因优先受偿权属于承包人的法定权利，不因合同无效而受影响。故三冶集团有权就其承建的涉案工程行使优先受偿权。根据《最高人民法院关于建设工程价款优先受偿权问题的批复》第四条的规定，建设工程承包人行使优先权的期限为六个月，自建设工程竣工之日或者建设工程合同约定的竣工之日起计算。因涉案工程至今尚未竣工，根据《已完工程中间验收单》中体现的施工时段，截止到合同约定的竣工之日时，双方之间的施工合同仍在履行过程中，且因富锦开发公司未按约定支付工程进度款，涉案工程未能在约定期间内竣工不能归责于三冶集团，故三冶集团依据《中华人民共和国合同法》第二百八十六条的规定，享有的优先受偿权不受影响，三冶集团有权就其承建的涉案工程的折价或拍卖的价款享有优先受偿权。

5.6.2.3　裁判要点

涉案合同虽为无效合同，但因优先受偿权属于承包人的法定权利，不因合同无效而受影响。故三冶集团有权就其承建的涉案工程行使优先受偿权。因涉案工程至今尚未竣工，根据《已完工程中间验收单》中体现的施工时段，截止到合同约定的竣工之日时，双方之间的施工合同仍在履行过程中，且因富锦开发公司未按约定支付工程进度款，涉案工程未能在约定期间内竣工不能归责于三冶集团，故三冶集团依据《中华人民共和国合同法》第二百八十六条的规定，享有的优先受偿权不受影响，三冶集团有权就其承建的涉案工程的折价或拍卖的价款享有优先受偿权。

5.6.2.4 相关法条

《中华人民共和国合同法》（1999 **年颁布**）

第二百八十六条　发包人未按照约定支付价款的，承包人可以催告发包人在合理期限内支付价款。发包人逾期不支付的，除按照建设工程的性质不宜折价、拍卖的以外，承包人可以与发包人协议将该工程折价，也可以申请人民法院将该工程依法拍卖。建设工程的价款就该工程折价或者拍卖的价款优先受偿。

《最高人民法院关于建设工程价款优先受偿权问题的批复》（2002 **年颁布**）

四、建设工程承包人行使优先权的期限为六个月，自建设工程竣工之日或者建设工程合同约定的竣工之日起计算。

5.6.3 律师说法

虽然《最高人民法院关于建设工程价款优先受偿权问题的批复》明确规定建设工程承包人行使优先权的期限为六个月，自建设工程竣工之日或者建设工程合同约定的竣工之日起计算。但实践中常常发生施工合同解除、工程尚未竣工，以及承包人起诉并主张优先权时工程已实际停工超过六个月等复杂情况，此时承包人优先权的行使期限应该如何计算呢？对于优先权行使期限的起算问题，各地高院规定略有不同，但其基本原则是一致的，都是本着最大限度地保护承包人的合法权益的角度出发。

实践中常常发生承包人起诉时，工程已经因发包人责任导致工期延误超过合同约定竣工之日（或实际停工之日），甚至已经超过了六个月，在此情况下若从合同约定竣工之日（或实际停工之日）起算优先权行使期限，明显不利于保护承包人的合法权益。对此，最高院《全国民二审判工作会议纪要（2011 年）》（法办〔2011〕442 号）第 26 条意见可供借鉴："非因承包人的原因，建设工程未能在约定期间内竣工，承包人依据合同法第二百八十六条规定享有的优先受偿权不受影响；承包人行使优先受偿权的期限为六个月，自建设工程合同约定的竣工之日起计算；建设工程合同未约定竣工日期，或者由于发包人的原因，合同解除或终止履行时已经超出合同约定的竣工日期的，承包人行使优先受偿权的期限自合同解除或终止履行之日起计算。"

5.7　优先受偿权受限法律风险防范

5.7.1　概述

《中华人民共和国合同法》第二百八十六条规定："发包人未按照约定支付价款的，承包人可以催告发包人在合理期限内支付价款；发包人逾期不支付的，除按照建设工程的性质不宜折价、拍卖的以外，承包人可以与发包人协议将该工程折价，也可以申请人民法院将该工程依法拍卖；建设工程的价款就该工程折价或者拍卖的价款优先受偿。"该规定确立了建设工程价款优先受偿权制度。

然而，在司法实践中，也出现了建设工程价款优先受偿权和抵押权以及购房者准所有权的竞合问题。为了解决上述优先权竞合问题，《最高人民法院关于建设工程价款优先受偿权问题的批复》规定：一、人民法院在审理房地产纠纷案件和办理执行案件中，应当依照《中华人民共和国合同法》第二百八十六条的规定，认定建筑工程的承包人的优先受偿权优于抵押权和其他债权。二、消费者交付购买商品房的全部或者大部分款项后，承包人就该商品房享有的工程价款优先受偿权不得对抗买受人。

5.7.2　典型案例

浙江中南建设集团有限公司、滨州市金河房地产开发有限公司建设工程施工合同纠纷案（一审法院：山东省滨州市中级人民法院；二审法院：山东省高级人民法院）。

关键词：优先受偿权；消费者；商品房。

5.7.2.1　案情简介

2011 年 3 月 25 日，滨州市金河房地产开发有限公司（以下简称金河公司，发包方）对涉案工程经过招标，与浙江中南建设集团有限公司（以下简称中南公司，承包方）签订了《建设工程施工合同》。在施工过程中，双方又签订了《领域尚城二期施工补充合同》《补充协议》《补充协议（二）》《会议纪要》。

中南公司与潍坊市工程监理有限责任公司（以下简称潍坊监理公司）共同制作了《中南建设领域尚城二期二标段项目工程进度工程量核算表》，对领域尚城二期工程进度工程量进行了确认，截至 2014 年 8 月底，共计完成工程量 14205.2 万元，实际支付率按 85%，应付资金 12389.4 万元。截至 2014 年 12 月底，共计完成工程量 14417.23 万元，实际支付率按 95%，应付资金 13666.82 万元。

中南公司与潍坊监理公司共同于 2014 年 5 月 31 日对 4、5、7、12、21、25、29 号楼，于 2014 年 10 月 31 日对 17 号楼，于 2014 年 12 月 31 日对 3、8 号楼出具了《工程竣工报告》。潍坊监理公司认为，经预验收，该工程已完成施工图纸设计和合同约定的全部内容，工程质量符合有关法律、法规和工程建设强制标准，可以办理工程竣工验收手续。

其中在竣工条件具备情况栏目中，工程款支付情况符合合同约定。

自 2011 年 8 月 14 日至 2016 年 3 月 2 日，金河公司向中南公司支付工程款、代付材料款、维修费等共计 113701665 元，代付水电费 583819.25 元。

中南公司提起诉讼，请求判令金河公司支付工程结算款及逾期付款利息、垫付利息、工程进度款逾期付款利息；确认中南公司在金河公司欠付工程款范围内对领域尚城二期（十栋高层）工程折价或拍卖的价款享有优先受偿权。

金河公司提起反诉，请求判令中南公司支付工程逾期竣工违约金；判令中南公司在工程竣工验收合格后 10 日内，向金河公司交付领域商城二期全部工程竣工验收备案材料；判令中南公司支付因工程质量问题进行修复而造成的损失。

5.7.2.2 争议焦点

（1）中南公司主张的工程结算款及逾期付款利息的诉求应否处理。

一审法院认为：双方签订《建设工程施工合同》后，又签订了《领域尚城二期施工补充合同》，该合同明确约定本合同为该工程正式《建设工程施工合同》的执行合同，是发包方同承包方在施工、取费、结算、保修等过程中执行的主要依据，如果正式备案施工合同有关条文和已约定的条款与本合同相抵触，按本合同执行。《领域尚城二期施工补充合同》在改变工期、工程价款、工程项目性质等方面对《建设工程施工合同》并未实质性改变，涉案工程应当适用《领域尚城二期施工补充合同》。2015 年 11 月 18 日，金河公司与中南公司双方签署了《金河二期造价汇总表》，确认中南公司所承建的 10 幢高层楼、地下车库、商铺、凯旋门等审定值为 138580359 元，是双方对涉案工程价款的确认，对双方具有约束力。金河公司应当按照双方约定向中南公司支付工程款。金河公司辩称涉案工程未经验收，不具备结算及付款条件，中南公司提交的《工程竣工验收意见》不能代表工程已经竣工验收。一审法院认为，涉案工程已经勘查单位、设计单位、监理单位、施工单位和建设单位验收，并共同出具《工程竣工验收意见》，认定工程质量合格。涉案工程是否向质量监督部门备案或建立档案是行政管理行为，不影响涉案工程验收合格的认定。涉案的工程也大部分交付给买受人并居住，未经质量验收交付买受人不符合建筑行业惯例，应当认定涉案工程经过了工程质量验收。金河公司的辩称证据不足，一审法院不予支持。金河公司主张向中南公司支付工程款、材料费等共计 113701665 元和代付水电费 583819.25 元，而中南公司认可 111538582.8 元，以资金未到公司账户为由对其管理人员薛毅平签字支付工程款、材料费等不予认可。一审法院认为，中南公司的管理人员薛毅平自 2011 年 8 月 14 日至 2016 年 3 月 2 日代表中南公司在领取工程款、代付材料款、工程维修费和水电费等凭证上签字，得到中南公司的授权、认可或确认，符合表见代理的特征，中南公司也未提供其领域尚城二期项目部具体负责处理相关业务的人员非薛毅平的证据，仅以资金未到中南公司账户为由不予认可，不符合项目管理的日常习惯，中南公司在施工过程中不支付水电费也不符合客观实际，中南公司对其管理人员薛毅平的行为应当承担责任，对金河公司的主张依法应予确认。涉案工程还在双方约定的保修期间，保修金应当暂存金河公司，中南公司要求金河公司予以支付不当。金河公司欠中南公司工程款应为：工程审定值 138580359 元，扣除保修金 4157410.77 元，扣除金河公司已支付的工程款、材料费等共计 113701665 元和代付水电费 583819.25 元，金河公司应向中南公司支付工程款

20137463.98 元。根据《领域尚城二期施工补充合同》第十一条第三项的规定，逾期支付工程款，应当按银行同期逾期贷款利率支付利息。中南公司要求金河公司支付拖欠工程款利息，符合双方的约定，一审法院予以支持。

中南公司认为：一审判决关于金河公司已付工程款的事实认定错误，多计算已付工程款 822525.6 元。①一审认定金河公司已付工程款、材料款 113701665 元错误，重复计算了 300000 元。②没有朱峰和薛毅平签字的 179432.6 元不应认定为已付款。③一审认定金河公司代付水电费数额错误，多算 343093 元。

金河公司认为：涉案工程未竣工验收，金河公司不应当支付剩余的工程款，竣工验收意见不能视为涉案工程已经竣工验收，工程逾期竣工的责任在中南公司，根据合同规定应承担违约责任。

本案应以《施工合同》和《会议纪要》作为结算依据，一审判决对适用合同的事实认定错误。①本案诉争工程为招标工程，《施工合同》是经过备案的中标合同，《补充协议》与《施工合同》中关于工程进度款结算期限和方式约定不一致，属于合同的实质性内容不一致，应以《施工合同》作为结算工程款的依据。②《补充协议（二）》暴露了《补充协议》为黑合同，结算应当依据《施工合同》为依据。③《会议纪要》系对原合同的补充和变更，应与《施工合同》一起作为结算依据。

一审判决对支付工程款应达到的前提条件的事实认定不清。①涉案工程尚未竣工验收合格，中南公司提交的《工程竣工验收意见》是虚假的，应当进行笔迹鉴定并调取证据。②合同对诉争工程款的支付条件有特殊约定，一审判决忽略了合同约定的事实。③一审判决以《金河二期造价汇总表》作为结算依据错误，应以审计公司的审计结果为准。一审判决对剩余工程结算款数额认定错误，遗漏了 2012 年以后的水电费及应当扣除的 1295412.15 元审计费。

二审法院认为：双方围绕涉案工程施工先后签订了《建设工程施工合同》《领域尚城二期施工补充合同》《补充协议》《补充协议（二）》《会议纪要》《施工联系单》等，均系双方的真实意思表示，未违反法律、法规的强制性规定，应作为双方履行和确定权利与义务的依据。2015 年 10 月 27 日，涉案工程的勘查、设计、施工、监理、建设单位共同对涉案工程和地下车库出具《工程竣工验收意见》，同意竣工验收，工程质量合格。2015 年 11 月 18 日，金河公司与中南公司签署了《金河二期造价汇总表》，确认中南公司所承建涉案工程审定值为 138580359 元。因此，依法应确认涉案工程已竣工验收，质量合格，工程造价为 138580359 元，金河公司关于工程未竣工验收、不应支付剩余工程款的抗辩理由不成立。金河公司主张一审遗漏了 2012 年以后的水电费及审计费的主张，未提交证据证明，依法不应支持。涉案工程审定值 138580359 元，扣除保修金 4157410.77 元，扣除金河公司已支付的工程款、材料费 113701665 元和代付水电费 583819.25 元，金河公司应向中南公司支付工程款 20137463.98 元，并依约承担延期付款的利息。中南公司关于一审法院多计算已付工程款的主张，未提交证据证明，依法不予支持。

（2）中南公司主张的垫资利息、进度款逾期付款利息的诉求应否处理。

一审法院认为：金河公司与中南公司签订了《补充协议》，该《补充协议》对中南公司在 2012 年 6 月至 10 月垫付资金利息 344.5 万元、支付欠款的期限及逾期计算利息进行了约定，是双方当事人的真实意思，双方应当按照协议履行，中南公司主张金河公司支付垫资利息，一审法院应予支持。金河公司辩称垫资利息的约定不符合法律规定，且该项债权已经超过诉讼时效，不应得到支持。一审法院认为，《补充协议》中约定利息 344.5 万元，是平等主体之间达成的意思一致，形成了债权债务关系，一审法院予以支持。自 2012 年 11 月 4 日起，到还清垫资之日止，当事人双方约定逾期利率按月息三分计算和中南公司主张按月息二分计算，违反了《审理建设工程合同解释》第六条的规定，应当按中国人民银行同期同类贷款利率计算。《补充协议》中约定了支付垫付资金的期限和逾期支付利息的利率，并未约定支付利息的截止期限，金河公司以支付本金的期限作为支付利息的截止期限，没有法律依据。金河公司主张该债权超过诉讼时效的主张，一审法院不予支持。

《领域尚城二期施工补充合同》第十条对涉案工程支付进度款进行了约定。2012 年 12 月 19 日，金河公司与中南公司双方签署了《滨州领域尚城居住小区主体结构产值确认单》，对涉案工程结顶日期和应付工程款进行了确认。2015 年 10 月 27 日对涉案工程进行了验收，金河公司应当按照《领域尚城二期施工补充合同》中约定节点支付工程进度款，逾期支付工程进度款应当支付利息。虽然中南公司提交的证据证明收受工程款不符合合同约定的支付数额，金河公司应当支付利息，但中南公司与潍坊监理公司共同对涉案工程出具的《工程竣工报告》在竣工条件具备情况栏目中，工程款支付情况符合合同约定，应当视为中南公司对金河公司支付工程款情况的认可，中南公司要求金河公司承担出具《工程竣工报告》前逾期支付进度款利息，一审法院不予支持。根据双方约定涉案工程竣工验收后，金河公司应当付至工程进度款的 90%。金河公司辩称在工程进度款支付节点上，《领域尚城二期施工补充合同》与《建设工程施工合同》相冲突，应当以备案的《建设工程施工合同》为准，故中南公司要求的工程进度款的计算方式和支付时间节点存在错误，请求支付进度款利息不应支持。一审法院认为，虽然《领域尚城二期施工补充合同》对《建设工程施工合同》工程款的结算方式进行了变更，但工程款的结算方式不属于合同的实质性内容，中南公司依据《领域尚城二期施工补充合同》要求金河公司支付逾期支付进度款利息符合双方约定，金河公司的抗辩不能成立，一审法院不予支持。

金河公司认为：垫付利息的约定不符合法律规定，且债权超过诉讼时效，一审判决予以支持错误。《建设工程施工合同》中没有封顶这一工程进度款支付节点时间的约定，金河公司不应当向中南公司支付工程进度款利息。

中南公司认为：中南公司主张金河公司承担垫资利息，符合双方约定，并未过诉讼时效。

二审法院认为：关于金河公司应否向中南公司支付垫资款利息的问题。金河公司与中南公司签订的《补充协议》对中南公司在 2012 年 6 月至 10 月垫付资金利息 344.5 万元、支付欠款的期限及逾期计算利息进行了约定，是双方当事人的真实意思表示，中南公司主张金河公司支付垫资利息，依法应予支持。《补充协议》中约定了支付垫付资金的期限和逾期支付利息的利率，并未约定支付利息的截止期限，金河公司以支付本金的期限作为支付利息的截止期限，没有法律依据，金河公司关于中南公司债权超过诉讼时效的主张不成立。一审判决金河公司向中南公司支付垫资利息 4628153.84 元，符合法律规定和协议约定。

关于金河公司应否向中南公司支付进度款逾期付款利息的问题。根据双方签订的《领域尚城二期施工补充合同》第十条的约定，涉案工程竣工验收后，金河公司应当付至工程进度款的 90%。金河公司未按约定支付工程进度款，其辩称在工程进度款支付节点上，《领域尚城二期施工补充合同》与《建设工程施工合同》相冲突，应当以备案的《建设工程施工合同》为准，但与双方关于《领域尚城二期施工补充合同》作为结算依据的约定矛盾，上述抗辩不成立，一审判决金河公司应当支付进度款逾期付款利息 46401.68 元，符合双方约定。

(3) 中南公司对金河公司所欠工程款在所建领域尚城二期工程（十栋高层）中是否享有优先受偿权。

一审法院认为：虽然中南公司所承建的涉案（十栋高层）工程于 2015 年 10 月 27 日竣工验收，根据《最高人民法院关于建设工程价款优先受偿权问题的批复》第四条的规定，中南公司对所建领域尚城二期工程中金河公司所欠工程款享有优先受偿权。但金河公司对涉案的十栋楼房大部分已经出售给买受人并居住，中南公司在庭审时也予以认可，按照该批复的第二条规定，中南公司的优先受偿权不得对抗买受人。中南公司未提交证据证实涉案的楼房还在金河公司掌控之下，故对中南公司的该项请求，一审法院不予支持。

中南公司认为：一审判决未确认中南公司享有优先受偿权错误。①优先受偿权不得对抗买受人不等于丧失优先受偿权。②优先受偿权的成立不应以金河公司掌控涉案的楼房为前提。③中南公司已经举证证明涉案楼房还在金河公司的掌控之下。

金河公司认为：涉案工程未竣工验收合格，且已出售，中南公司不享有优先受偿权。

二审法院认为：《最高人民法院关于建设工程价款优先受偿权问题的批复》规定，消费者交付购买商品房的全部或者大部分款项后，承包人就该商品房享有的工程价款优先受偿权不得对抗买受人。本案中，一审法院以双方认可涉案楼房大部分已经出售给买受人并居住，中南公司未提交证据证实涉案的楼房还在金河公司掌控之下，对中南公司的请求不予支持。但金河公司对涉案楼房的出售情况并未提供充分证据证明，且对于未出售的楼房不能否定中南公司的优先受偿权，故应当判决中南公司在金河公司欠付工程款范围内对涉案工程折价或拍卖的价款享有优先受偿权，但消费者已交付购买商品房的全部或者大部分款项的除外。

(4) 金河公司的反诉请求应否处理。

一审法院认为：《会议纪要》明确约定涉案工程全部竣工验收时间为 2012 年 11 月 4 日。根据中南公司提供的《工程竣工验收意见》的时间为 2015 年 10 月 27 日，实际竣工验收时间比约定的竣工验收时间延误 1088 天，按照双方约定的每栋楼每延误一天罚款 2000 元，中南公司应当向金河公司支付逾期竣工验收罚款 21760000 元。但造成工程迟延的原因，既有金河公司未按约定支付工程款、及时组织竣工验收的主观原因，工程设计变更、修改等客观原因，又有金河公司分包的分包商工程延误的外在原因，建设方施工管理的自身原因。中南公司提交的证据不能证明其无过错，应当承担相应责任。如果按照双方的约定支付违约金显然过高，显失公平。中南公司也请求法院予以调低，结合本案客观实际酌情确定支付违约金的 20%，即 4352000 元。中南公司辩称金河公司多次对工程进行设计变更、修改施工做法、分包方拖延竣工等，应当由金河公司自行承担。一审法院认为，虽然中南公司提供的证据存在对施工工程进行设计变更、修改等问题，但施工工程进行设计变更、修改是否对工程期限影响或工期顺延的天数在签单没有约定，分包商只是对个别施工的楼幢竣工造成影响，以此抗辩不承担责任，显然证据不足。中南公司辩称金河公司自己拖延验收，应当承担由此导致的工期延误责任。一审法院认为，虽然中南公司提交了涉案工程的《竣工报告》，但该证据的时间超出了《会议纪要》双方约定的竣工验收期限，以此推定其不承担责任，一审法院不予支持。中南公司辩称金河公司未按约支付工程款，应承担工期延误的全部责任。一审法院认为，双方签订的《领域尚城二期施工补充合同》中约定，如果甲方不能及时拨付工程进度款和决算款，工期相应顺延。虽然金河公司存在延迟支付工程进度款的情形，按照双方约定可相应顺延工期，但如何顺延双方未明确约定，根据《建设工程施工合同》的通用条款的规定，如果因金河公司支付工程进度款造成对工期的影响，中南公司应当就延误的工期以书面形式向工程师提出报告，得到金河公司的确认，但中南公司并未因此而行使权利，向金河公司要求顺延工期，故请求不承担责任，一审法院不予支持。

根据双方的约定，中南公司在工程验收后，对金河公司工程验收备案的协作义务，中南公司应当积极配合金河公司完成涉案工程验收备案工作。涉案工程竣工验收后，到中南公司提起诉讼前，金河公司并未要求中南公司提交协助办理验收备案的材料。鉴于双方约定的提交备案材料过于笼统，本案涉及办理备案的材料过多，无法列举清楚，工程存在分包情形而需要分包商提交，人民法院无法判决中南公司应当提交验收备案材料。金河公司可根据验收备案所需材料要求中南公司协助办理，如果中南公司不积极协助提供，导致无法在质量监督部门办理备案，可另行主张权利。虽然金河公司根据《滨州市建设工程档案工作指南》的规定，列举出了办理建筑工程归档的材料范围，但建筑工程归档材料与工程验收备案材料不同，建筑工程归档材料是附随义务，金河公司要求中南公司提交建设工程归档材料超出了反诉请求范围，一审法院不予支持。

涉案工程经过竣工验收后，金河公司出售给买受人并居住，如果出现质量问题，可按照法律规定和《建设工程施工合同》的约定，要求中南公司履行保修义务。如果中南公司不履行保修义务，可待费用实际发生后另行主张权利。根据金河公司提供的付款凭证，也证实中南公司已经承担维修义务。金河公司在未要求中南公司履行保修义务的情况下，要求对质量问题进行修复的经济损失进行鉴定后赔偿，没有法律依据，一审法院不予支持。

中南公司认为：一审判决认定中南公司承担逾期竣工的违约责任缺乏事实依据。①2012 年 11 月 4 日至 2014 年 6 月 30 日的逾期责任不在中南公司。②2014 年 5 月 31 日至 2015 年 10 月 27 日的逾期责任应由金河公司承担。③中南公司有证据证明金河公司未按约定支付工程款，工期应当顺延。

金河公司认为：工程逾期系中南公司的责任，一审判决对延期责任的认定及对违约金的调整没有法律和事实依据。一审判决对竣工验收资料的范围认定错误，中南公司应当交付金河公司列举的竣工验收备案资料。

二审法院认为：关于中南公司应否向金河公司支付逾期竣工违约金的问题。《会议纪要》约定，涉案工程全部竣工验收时间为 2012 年 11 月 4 日，而实际竣工验收时间为 2015 年 10 月 27 日，实际竣工验收时间比约定的竣工验收时间延误 1088 天，中南公司应承担逾期竣工的违约责任。中南公司辩称金河公司未按约支付工程款、变更设计、拖延验收，应承担工期延误的全部责任。但根据约定，如果因金河公司支付工程进度款造成对工期的影响，中南公司应当就延误的工期以书面形式向工程师提出报告，得到金河公司的确认，中南公司并未申请确认，无法确定实际延误的时间。且金河公司虽有付款不到位，也依约承担了垫资利息。至于变更设计对工期造成的影响，中南公司未提供证据证明逾期的天数。中南公司提交涉案工程《竣工报告》的时间为 2014 年 5 月 31 日和 2014 年 10 月 31 日，也远超过约定的竣工时间。故一审法院综合上述情况，认为中南公司应承担延期竣工的违约责任，但如果按照双方的约定支付违约金显然过高，显失公平，中南公司也请求法院予以调低，结合本案客观实际酌情确定支付违约金的 20%，即 4352000 元，并无不当。

关于中南公司应否向金河公司交付涉案工程验收备案材料的问题。双方签订的《会议纪要》约定，工程竣工验收合格后十日内，乙方向甲方提供逐个验收交接单、工程资料、符合办理备案手续的资料和竣工图四套，否则不予安排结算，并且停止后期付款。虽然金河公司诉讼中主张涉案工程未竣工验收，但法院判决确认涉案工程已经于 2015 年 10 月 27 日竣工验收，中南公司诉讼中也同意配合进行备案验收，故对金河公司要求提供备案验收材料的主张，依法应予支持。一审认定该诉讼请求超出反诉请求范围，适用法律不当，依法应予纠正。

关于中南公司应否向金河公司支付因工程质量问题造成的损失。涉案工程已经竣工验收合格，如果出现质量问题，可要求中南公司履行保修义务，金河公司主张的质量问题造成的损失，没有证据证明，依法不予支持。

5.7.2.3　裁判要点

消费者交付购买商品房的全部或者大部分款项后，承包人就该商品房享有的工程价款优先受偿权不得对抗买受人。本案中，一审法院以双方认可涉案楼房大部分已经出售给买受人并居住，中南公司未提交证据证实涉案的楼房还在金河公司掌控之下，对中南公司的请求不予支持。但金河公司对涉案楼房的出售情况并未提供充分证据证明，且对于未出售的楼房不能否定中南公司的优先受偿权，故应当判决中南公司在金河公司欠付工程款范围内对涉案工程折价或拍卖的价款享有优先受偿权，但消费者已交付购买商品房的全部或者大部分款项的除外。

5.7.2.4　相关法条

《最高人民法院关于建设工程价款优先受偿权问题的批复》（2002 **年颁布**）

上海市高级人民法院：

你院沪高法〔2001〕14 号《关于合同法第 286 条理解与适用问题的请示》收悉。经研究，答复如下：

一、人民法院在审理房地产纠纷案件和办理执行案件中，应当依照《中华人民共和国合同法》第二百八十六条的规定，认定建筑工程的承包人的优先受偿权优于抵押权和其他债权。

二、消费者交付购买商品房的全部或者大部分款项后，承包人就该商品房享有的工程价款优先受偿权不得对抗买受人。

三、建筑工程价款包括承包人为建设工程应当支付的工作人员报酬、材料款等实际支出的费用，不包括承包人因发包人违约所造成的损失。

四、建设工程承包人行使优先权的期限为六个月，自建设工程竣工之日或者建设工程合同约定的竣工之日起计算。

5.7.3 律师说法

建设工程价款优先受偿权的行使是有条件并受到限制的。

5.7.3.1 优先受偿权行使条件

（1）工程欠款经催告逾期不支付。

（2）依法提起诉讼并明确主张。

因工程价款优先受偿权具有对抗第三人的抵押权和债权的效力，应通过诉讼的方式主张才具有公示效力；优先受偿权有法定条件和范围，应当接受司法的审查，避免发包人与承包人恶意串通损害其他债权人的利益。

5.7.3.2 优先受偿权的限制

（1）范围限制：建筑工程价款包括承包人为建设工程应当支付的工作人员报酬、材料款等实际支出的费用，不包括承包人因发包人违约所造成的损失。

（2）对抗限制：消费者交付购买商品房的全部或者大部分款项后，承包人就该商品房享有的工程价款优先受偿权不得对抗买受人。

（3）时间限制：建设工程承包人行使优先权的期限为六个月，自建设工程竣工之日或者建设工程合同约定的竣工之日起计算。

5.8 工程款利息法律风险防范

5.8.1 概述

《最高人民法院关于审理建设工程施工合同纠纷案件适用法律问题的解释》第十七条规定："当事人对欠付工程价款利息计付标准有约定的，按照约定处理；没有约定的，按照中国人民银行发布的同期同类贷款利率计息。"

（1）当事人对欠付工程价款利息计付标准有约定的，按照约定处理。

1991年最高人民法院印发的《关于人民法院审理借贷案件的若干意见》第六条规定："民间借贷的利率可以适当高于银行的利率，各地人民法院可根据本地区的实际情况具体掌握，但最高不得超过银行同类贷款利率的四倍（包含利率本数）。超出此限度的，超出部分的利息不予保护。"因此，在合同中约定利息如果超过上述规定，就是显失公平，法院不会支持。

（2）施工合同中没有约定利息的，按照中国人民银行发布的同期同类贷款利率计息。虽然合同中没有约定利息，但是只要发包方欠付了工程款，就可以依照此条规定主张同期同类贷款利息。这一条对于施工企业非常重要，工程欠款争议一般数额比较大，有的一拖好几年，最后还要通过诉讼解决，旷日持久。如果施工企业放弃欠款利息，损失就更加惨重。有的企业认为，如果在合同中没有约定利息，就认为不能主张利息。你不主张，法院也不会依职权主动支持。民事权利分为约定权利和法定权利。属于约定权利的，如果当事人未在合同中约定此项权利，那么当事人就不享有该项权利，比如垫资施工的利息、施工合同中的违约金等。属于法定权利的，虽然当事人没有约定，也可以直接按照法律规定行使权利，比如拖欠工程款的利息等。

5.8.2　典型案例

广东省徐闻县市政建设工程有限公司与徐闻县龙泉森林保护区管理服务公司、徐闻县公用事业管理局建设工程施工合同纠纷案（一审法院：广东省徐闻县人民法院；二审法院：湛江市中级人民法院）。

关键词：欠付工程款；利息。

5.8.2.1　案情简介

徐闻县龙泉森林保护区管理服务公司（以下简称龙泉公司）需建设徐闻县龙泉森林保护区首期基础设施配套建设工程而向社会公开招标，2010 年 5 月 28 日，广东省徐闻县市政建设工程有限公司（以下简称徐闻市政公司）参与投标而竞得该工程项目。2010 年 6 月 3 日，双方签订了一份施工合同，其中工程款给付约定：①工程内容未体现新增工程量的预付款按 95％预付；②有预付款的，预付款的金额为 438 万元，按 30％支付。

合同签订后，徐闻县公用事业管理局（以下简称徐闻公管局）作为履约责任担保单位在合同上盖章。徐闻市政公司在龙泉工程建设施工期间，龙泉公司需新增工程量。2010 年 8 月 15 日至 8 月 25 日期间，以龙泉公司为甲方和以徐闻市政公司为乙方就龙泉工程新增工程量分别签订了七份协议书，其中约定“七项工程的每项工程均约定了工程款的给付期限”。

2011 年 2 月 27 日，龙泉工程全部竣工，工程已交付给龙泉公司使用。徐闻市政公司向龙泉公司提出对龙泉工程进行结算，未果，遂于 2011 年 5 月 23 日将其自行结算并编制的徐闻县龙泉森林保护区工程结算书和竣工的相关资料送达龙泉公司，龙泉公司接收并立下收据给徐闻市政公司，而未予以任何回应。徐闻市政公司遂于 2015 年 6 月 23 日诉至法院，请求判令龙泉公司清偿工程款本金 11815015.76 元及工程款利息 6415897.24 元（利息计至 2015 年 3 月 31 日止）。

5.8.2.2　争议焦点

（1）徐闻市政公司主张龙泉公司欠其龙泉工程款的诉求应否支持。

一审法院认为：龙泉公司不予认可徐闻市政公司自行结算涉案工程款为 28199257.78 元，抗辩该工程结算书中涉及绿化的部分工程非徐闻市政公司垫资承建，但因龙泉公司未提出证据证明，故不予采纳。根据造价鉴定，龙泉工程总价款为 28297091.62 元。根据本案查明的事实显示，龙泉公司实际支付了 17298850 元，龙泉公司尚欠徐闻市政公司龙泉工程款数额为 10998241.62 元（28297091.62 元－17298850 元），故徐闻市政公司主张的欠款数额超出此范围的，本院不予支持。

龙泉公司、徐闻公管局认为：造价鉴定有多项不当，多计了1180888.09元，分别是：①绿化工程计款6152952.91元，多计913935.85元；②土石方、土建、道路及便道工程多计安全生产、文明施工费196657.02元；③签证、供水工程为招标项目外新增加的工程项目，鉴定造价多计此部分预算包干费30362.92元；④多计危险作业意外伤害险费39932.30元。故不应以造价鉴定为依据。

徐闻市政公司认为：造价鉴定总额为28297091.62元是正确的。第一，在施工过程中，龙泉公司、徐闻公管局和监理单位对绿化工程给予现场确认种植规划和任务，由于任务和时间紧急，徐闻市政公司把种植任务聘请社会力量种植，但种植费用由徐闻市政公司承担，有种植工人领取劳务费的证据可以说明。第二，关于土石方、土建、道路及便道工程多计安全生产、文明施工费196657.02元的问题。虽然没有签订补充协议，但根据龙泉公司、徐闻公管局的现场签证已确认，并且工程已经验收，鉴定意见根据广东省工程造价结算原则及相关规定结算出来就是正确的。第三，供水工程是经过双方确认现场签证工程，根据工程的招标报价规定，鉴定机构计算为包工费系数计算范围为2%是符合广东省工程造价结算原则及相关规定的。第四，关于在鉴定造价中是否多计危险作业意外伤害险问题。因工程已实际履行施工完毕，而且在施工过程中均有徐闻市政公司的现场签证认定，鉴定意见是依有关规定做出的，认定是正确的。

二审法院认为：第一，关于绿化工程计费问题。龙泉公司主张该项目的种植不是徐闻市政公司施工的，是由龙泉公司组织园林所工人种植的，但不能提供证据予以证明。而《主要材料设备价格现场签证表》及《建筑工程竣工验收报告》中均注明绿化工程的施工方为徐闻市政公司，徐闻市政公司也承认由于工期紧张，其聘请社会力量进行种植，并提供了支出费用的证据。故对龙泉公司的该主张不予支持。

第二，关于增加的土建、道路及便道安全、文明施工费问题。该部分双方之间没有签订补充协议，但施工过程中龙泉公司已现场签证确认，故应作为增加工程计价。关于增加的供水工程预算包干系数如何确定的问题。由于双方之间约定的预算包干系数计算范围是0～2%，鉴定机构根据工程实际采用预算包干系数2，未超出约定范围，没有违反工程造价结算原则，故不做调整。

第三，关于龙泉公司主张鉴定造价多计危险作业意外伤害险费39932.92元的问题。双方当事人在施工合同中约定了风险承担及办理保险的责任，即约定了工程规费的承担。根据相关规定，工程规费是工程造价的组成部分，应由建设方支付给施工方，并最终由施工方向政府有关部门缴纳。具体到本案，既然合同已有约定，且工程量发生增加，故鉴定机构根据工程量定额计算出规费数额并无不当。龙泉公司作为工程建设方，不能以此拒绝支付，因为没有法律或行政法规规定建设方支付工程规费应以施工方实际缴纳工程规费的金额为前提条件。综上，龙泉公司关于一审判决认定其支付给徐闻市政公司工程款有误的主张，不予支持。

（2）工程款利息应如何计算。

一审法院认为：由于龙泉公司对徐闻市政公司承建的工程验收合格后使用多年，但未按约定付清工程款，显属违约，基于龙泉公司于2011年5月23日收到徐闻市政公司出具的徐闻县龙泉森林保护区工程结算书和竣工相关资料后，对该工程款应当如何结算问题，采取消极不予回应的方式，违背了民事活动中当事人应遵守诚实信用的基本原则，根据《最高人民法院关于审理建设工程施工合同纠纷案件适用法律问题的解释》第二十条的规定以及涉案施工合同对逾期给付工程款违约利息的约定，徐闻市政公司主张龙泉公司存在六笔工程进度款不按时支付，主张逾期付款违约利息 6415897.24 元（违约利息计至 2015 年 3 月 31 日止），根据本案查明的事实，龙泉公司扣除其已支付工程款后，共有六笔工程款项逾期，逾期利息共计 5997432.32 元，即龙泉公司应当支付徐闻市政公司逾期付款违约利息为 5997432.32 元。

龙泉公司、徐闻公管局认为：一审判决龙泉公司、徐闻公管局应付违约利息款 5997432.32 元错误，应予纠正。第一，合同约定的工程价款已给付完毕，合同价款给付不存在违约。第二，双方对增加工程的价款结算、给付及延期付款的违约责任均没有约定。增加工程未及时结算是因双方未依法定程序结算造成的，双方对此工程款利息损失应各负 50%责任。第三，双方对增加工程的价款结算、给付及延期付款的违约责任均没有约定，根据《最高人民法院关于审理建设工程施工合同纠纷案件适用法律问题的解释》第十七条的规定，只能按银行同期贷款利率计息，一审判决按月利率 1%计息没有依据。

徐闻市政公司认为：一审判决龙泉公司、徐闻公管局应付利息 5997432.32 元是正确的。本案中，双方签订一份施工合同，后又签订七份协议书，由于增加工程均为龙泉工程的项目，本案施工合同中约定工程造价包括招标工程价款及非招标工程价款，七份协议中的配套工程项目为整个龙泉工程项目的组成部分，所以协议实际是施工合同的补充约定，权利和义务应适用施工合同规定。另外，根据施工合同第一条的规定，本案工程是一个配套建设工程，包括十八个建设项目在内，所以龙泉公司、徐闻公管局主张增加工程不能计息是无理由的。根据《最高人民法院关于审理建设工程施工合同纠纷案件适用法律问题的解释》第二十条的规定，徐闻市政公司在 2011 年 5 月 23 日已把竣工结算报告及结算资料交龙泉公司、徐闻公管局和县财政局签收，龙泉公司、徐闻公管局就必须按施工合同规定给付利息。

二审法院认为：双方当事人在合同中只约定了工程款逾期利息，而未约定违约金的计算方法。工程款利息是法定孳息，其利率不得超过中国人民银行发布的银行同期同类贷款利息。在建设工程已经完工且已经结算工程款数额的情况下，双方的关系已经转化为债权债务关系，故即使建设工程施工合同没有关于欠付工程款利息的约定，龙泉公司也应当支付工程款利息。根据《最高人民法院关于审理建设工程施工合同纠纷案件适用法律问题的解释》第十七条的规定，龙泉公司与徐闻市政公司之间约定逾期支付工程款的利息按月利率 1%计付，明显超过中国人民银行发布的银行同期同类贷款利率，故一审计算工程款逾期利息有误，应予纠正。根据查明的事实，龙泉公司扣除其已支付工程款后，共有六笔工程款项逾期，逾期利息共计 3124694.15 元，即龙泉公司应当支付徐闻市政公司逾期付款的利息为 3124694.15 元。故龙泉公司关于逾期工程款利息应按中国人民银行同期同类贷款利率计付的主张，符合法律规定，应予以支持。

5.8.2.3　裁判要点

工程款利息是法定孳息，其利率不得超过中国人民银行发布的银行同期同类贷款利息。根据《最高人民法院关于审理建设工程施工合同纠纷案件适用法律问题的解释》第十七条的规定，龙泉公司与徐闻市政公司之间约定逾期支付工程款的利息按月利率 1%计付，明显超过中国人民银行发布的银行同期同类贷款利率，故应予纠正。

5.8.2.4 相关法条

《最高人民法院关于审理建设工程施工合同纠纷案件适用法律问题的解释》（2004 **年颁布**）

第十七条　当事人对欠付工程价款利息计付标准有约定的，按照约定处理；没有约定的，按照中国人民银行发布的同期同类贷款利率计息。

第二十条　当事人约定，发包人收到竣工结算文件后，在约定期限内不予答复，视为认可竣工结算文件的，按照约定处理。承包人请求按照竣工结算文件结算工程价款的，应予支持。

5.8.3 律师说法

现实生活中，建筑工程发包人没有按合同约定支付工程款时，总能找到各种各样的理由，如工程质量有问题、资金周转困难等，但这些都不是发包人不付工程款的根本理由，很多时候就是一种借口。对承包人而言，一旦发现对方没有按时支付工程款意向的，就应及时催款，并要求对方支付逾期利息及承担违约责任。

但实践中，建筑合同中有时没有明确约定欠款利息事宜，以至于有部分人疑虑能不能向发包人追讨欠款利息。根据《最高人民法院关于审理建设工程施工合同纠纷案件适用法律问题的解释》的规定，当事人对欠付工程价款利息计付标准有约定的，按照约定处理。没有约定的，按照中国人民银行发布的同期同类贷款利率计息。因此，建筑工程双方有约定，利息根据约定处理；没有约定，可要求对方按同期贷款利率支付欠款利息。

同时根据该解释规定，工程欠款利息从应付工程价款之日计付。当事人对付款时间没有约定或者约定不明的，下列时间视为应付款时间：

（1）建设工程已实际交付的，为交付之日。

（2）建设工程没有交付的，为提交竣工结算文件之日。

（3）建设工程未交付，工程价款也未结算的，为当事人起诉之日。

参考文献

［1］廖玉凤，王伟．建设工程从业人员职业规划与风险防范［M］．成都：四川大学出版社，2017.

［2］李长江．建设行业职业道德及法律法规［M］．南京：江苏凤凰科学技术出版社，2016.

［3］徐云博，李林．建设法规与职业道德［M］．北京：中国电力出版社，2013.

［4］刘仁辉．职业道德与法律法规相关知识［M］．北京：中国建筑工业出版社，2016.

［5］何佰洲，杨宇，贾宏俊．工程合同法律制度［M］．北京：中国建筑工业出版社，2016.

［6］李永福．建设工程法规［M］．北京：中国建筑工业出版社，2011.

［7］丁浩民，赵昕．职业结构工程师业务指南［M］．北京：中国建筑工业出版社，2014.

［8］陈轮，本书编委会．注册岩土工程师执业资格专业考试法律法规汇编［M］．北京：人民交通出版社，2011.

［9］何伯森．国际工程合同与合同管理［M］．北京：中国建筑工业出版社，1999.

［10］成虎．建设工程合同管理与索赔［M］．南京：东南大学出版社，2000.

［11］孙镇平．建设工程合同［M］．北京：人民法院出版社，2000.

［12］范运林，何伯森，王瑞芝，等．工程招投标与合同管理［M］．北京：中国建筑工业出版社，2000.

［13］乌砚．建设工程合同纠纷254个裁判规则深度解析［M］．北京：法律出版社，2018.

［14］康志华，杨乃忠，陈蓓．建筑职业道德教育［M］．武汉：武汉大学出版社，2014.